El nirvana
aquí y ahora

Vivir la iluminación a cada instante

Edición y comentarios de Josh Baran

Título original: 365 NIRVANA HERE AND NOW
Traducido del inglés por Aquiles Balle
Diseño de portada: Editorial Sirio, S.A.

© de la edición original
 Josh Baran 2003

 Publicado en inglés por HarperCollins Publishers Ltd.

© de la presente edición
 EDITORIAL SIRIO, S.A. Nirvana Libros S.A. de C.V. Ed. Sirio Argentina
 C/ Panaderos, 9 Av. Centenario, 607 C/ Castillo, 540
 29005-Málaga Col. Lomas de Tarango 1414-Buenos Aires
 España 01620-Del Alvaro Obregón (Argentina)
   México D.F.
www.editorialsirio.com
E-Mail: sirio@editorialsirio.com

I.S.B.N.: 84-7808-457-6
Depósito Legal: B-50.498-2004

Impreso en los talleres gráficos de Romanya/Valls
Verdaguer 1, 08786-Capellades (Barcelona)

Printed in Spain

Josh Baran

El nirvana
aquí y ahora

Vivir la iluminación a cada instante

Edición y comentarios de Josh Baran

editorial  irio, s.a.

«Si te ha gustado *El Poder del Ahora*, este libro es para ti. Es la primera vez que una sabiduría de este calibre ha sido recopilada de tantas y diversas fuentes. *El Nirvana aquí y ahora* es, a la vez, entretenido y transformador.»— Raphael Cushnir, autor de *Setting Your Heart on Fire*.

«Josh Baran ha buscado **joyas de luz en todas las tradiciones espirituales** y las ha engarzado en un radiante tejido que atrapa la mente al vuelo infundiéndole un conocimiento espontáneo.» — Krishna Das, músico.

«**Este libro es un tesoro de sabiduría** que nos aporta una nueva comprensión de cómo estando presentes —viviendo el momento presente— podemos experimentar la vida más plenamente y sentirnos satisfechos con nuestras vidas cotidianas.» — Rodney Yee, autor de *Yoga: The Poetry of the Body*.

«Tanto si has emprendido algún camino espiritual como si simplemente buscas inspiración, **este maravilloso tesoro nos ofrece 365 días de sabiduría que perdurarán toda una vida**». — Lama Surya Das, autor de *Awakening the Buddha Within*, y maestro budista.

«Las palabras adecuadas en el momento adecuado pueden atravesar tus protecciones como una flecha. Este libro está lleno de mortales flechas portadoras de vida. **Ábrelo por cualquier página y disponte a morir como aquél que creías ser**.» — Roger Housden, autor de *Ten Poems to Change your Life* y *Ten Poems to Open your Heart*.

«Es pura diversidad: resplandecientes facetas de sabiduría, cada una brillando con su propia intensidad. **Gracias, Josh, por el cuidado que has puesto en estas maravillas**.» — Helen Palmer, autora de *The Enneagram*.

«*El Nirvana Aquí y Ahora* es, quizá, **la mejor recopilación impresa de breves y sabias enseñanzas**. El libro espiritual que has de tener en tu mesilla de noche. Reunir una recopilación contemporánea de este calibre requiere un editor como Josh Baran que reconoce, gracias a su propia experiencia personal, las verdades espirituales más eternas.» — Catherine Ingram, autora de *Passionate Presence* y *In the Footsteps of Ghandi*.

«Este **exquisito manual de la Iluminación** contiene más poder destilado, sabiduría y verdad, que cualquier otro libro que haya leído en muchos años. Ni religión, ni gurú, ni prácticas, ni límites. Sólo la enseñanza esencial de la liberación aquí y ahora, radical en su aplicación global, trascendente en su simplicidad. **Este libro cambiará vidas**.» — Mark Matousek, autor de *Sex, Death, Enlightment* y *The Boy He Left Behind*.

«*El Nirvana Aquí y Ahora* es una sabia y refinada recopilación que apunta infaliblemente hacia la verdad. **Nunca quiero desconectarme de esas enseñanzas**.» — Kate (Lila) Wheeler, autora de *When Mountains Walked*.

Dedicado a

Tulku Urgyen Rinpoche y Byron Katie

Con el «yo» eliminado...
esto es el *Nirvana* aquí y ahora.

BUDA

Está justo delante de ti.
En este instante
se te está dando todo.

YUANWU

Buscas a Dios en el cielo y en la tierra,
pero no conoces al que tienes delante de tus ojos
porque no sabes cómo buscar en este preciso instante.

JESÚS

Introducción

Detente. Ahora.

A sabiendas o sin saberlo, te encuentras al final de tu búsqueda en pos del descanso, la paz y el significado de tu vida. Se acabó el buscar. Se acabó el deambular. Se acabó la espera. La paz que buscas se encuentra ante tus ojos. Es un secreto a voces.

Este tesoro de citas –un canto del momento presente entonado por voces antiguas y modernas, abarcando diversos tiempos y distancias, religiones, tradiciones y culturas– es una invitación para que seas consciente de dónde estás, de quién eres, tal y como eres, aquí mismo, ahora mismo. La sabiduría contenida en este libro te muestra el sendero de la vida, libre de las agobiadoras historias de tu pasado y de las preocupaciones de un imaginado futuro. Detente y mira. Todo está frente a tu nariz. En la palma de tu mano. En la luz de tus ojos. En el gusto de tu lengua. Puede que hayas estado ignorando esta verdad durante toda tu vida, pero no has estado apartado de ella ni un solo instante. Todo lo que necesitas está ya aquí, desplegado ante ti a cada instante. Justo aquí, ahora mismo.

Cómo nació este libro

Empezaré con un recuerdo. Tengo 14 años. Con algunos buenos amigos estoy asistiendo a un concierto del grupo de música folk, *Peter, Paul and Mary,* cerca de la playa en Santa Mónica, (California). Llevo esperando este momento desde hace meses. Tenemos unos buenos asientos y las canciones nos encantan, pero, por alguna razón, a mitad del concierto me siento muy preocupado por los pensamientos que asaltan mi mente.

Lo que se había mantenido como un parloteo en el trasfondo, de repente salta al primer plano de mi atención. Mis pensamientos son constantes, poderosos y aleatorios, y se refieren a historias sobre el concierto comparándolo con conciertos anteriores, preparan lo que después contaré a mis amigos, sin parar. Me siento como atrapado en un desfile de carnaval, dando vueltas fuera de todo control. También percibo una sensación de separación del mundo como si me encontrara prisionero en una caja de cristal. Es un instante crucial en mi vida: desde ahora en adelante me iré volviendo, intensa y crecientemente, consciente de esta agitación mental imparable. Y es el deseo de liberarme de este caos interior el que inicia mi búsqueda.

Empiezo a buscar solo, rebuscando en libros de filosofía, religión y psicología. En un momento dado me siento atraído por el misticismo oriental. Cuando descubro la descripción que Buda hizo del *samsara* —el estado humano de confusión y sufrimiento— siento que se estaba dirigiendo a mí. ¡Qué alivio comprobar que, a pesar de todo, no estaba solo! ¡Qué apasionante descubrir que había una manera de despertar, de realizar el *nirvana,* ese estado de paz accesible a todos!

Un profundo anhelo de la verdad se apoderó de mi vida. Empecé a devorar historias de monjes zen, yoguis tibetanos y sabios indios. Ansiaba una realización de primera mano. Yo era una pura y vibrante interrogación: ¿Quién soy yo? ¿Qué es *Esto, esta* realidad, *esta* percepción de mí, *esta* vida, *esta* muerte, *este* instante? Parecía existir algo enormemente importante oculto ahí que me urgía descubrir. A los 19 años me había convertido en un auténtico buscador. Era a finales de los 60. En Occidente se vivía un renacimiento espiritual. La antigua sabiduría saturaba el aire en oposición a la vigente cultura americana: la guerra del Vietnam, el materialismo y Richard Nixon. Los *swamis*, los maestros sufíes, los derviches y los sabios budistas encontraron un buen público en Norteamérica y Europa. Asistí a todos los talleres sobre espiritualidad que encontré y busqué en todas las librerías, al acecho de las últimas publicaciones sobre misticismo. Al cabo de unos meses de ir de aquí para allá entre tradiciones y maestros, decidí que la única manera de llegar al corazón del asunto era elegir un camino y dedicarme por completo a él. Y elegí el budismo Zen.

El Zen me pareció el camino más directo y rápido hacia la comprensión, aunque ya sabía y había oído que los monasterios Zen eran legendarios campos de entrenamiento en los que los maestros llevaban a sus estudiantes hasta el punto de ruptura. Ingresé en una comunidad recién establecida en California compuesta totalmente por occidentales. Me afeité la cabeza, me puse los hábitos negros monásticos y me adentré en aquel mundo desconocido de meditación y disciplina. Durante los siguientes ocho años viví como monje y sacerdote zen.

Hay un antiguo dicho zen que reza: «Con el ideal llega lo real». Mi experiencia zen fue compleja, iluminadora en muchos aspectos y «tenebrosa» en otros. La exigente rutina y la práctica meditativa me permitió volverme más centrado y atento en mis actividades diarias. Empecé a darme cuenta del modo en que mi mente generaba confusión y apego. Pronto obtuve vislumbres de la paz acerca de la cual había leído.

Pero a medida que iban pasando los años, mis ojos se iban abriendo a la parte oscura de la comunidad zen. En la medida en que mis compañeros monjes y yo nos guiábamos por la devoción, empezamos a reprimir los sentimientos personales. Preguntar no sólo era desaconsejado, sino que estaba estrictamente prohibido. La obediencia total al maestro eclipsaba todas las demás consideraciones. Me descubrí ignorando mis sentimientos y negando mis dudas.

Al principio, me culpé de tener esos sentimientos, atribuyéndolos a mis propias limitaciones: «Si meditara y me entregara más, todo sería perfecto». Pero pronto me di cuenta de que el problema no residía en mí, sino en la ruda y dura cultura del monasterio. Tardé más de medio año, pero al final acumulé el valor suficiente para marcharme. Tiempo después descubrí que mi experiencia no había sido inusual. A principios de los 80, cientos de grupos espirituales empezaron a desintegrarse bajo el peso de sus autoritarias culturas.

No obstante, tras mi partida, persistía en mí –con una ardiente urgencia incluso mayor que antes– la búsqueda interior que me había conducido al Zen. Durante los siguientes 15 años proseguí al margen de toda organización espiritual, continuando mi exploración por mí mismo. A veces la iluminación parecía muy lejana y otras, más cercana, pero siempre fuera de mi alcance. No importaba las horas que meditase; los pensamientos que me distraían persistían.

En ocasiones viví poderosas experiencias, incluyendo intensos estados de beatitud. Entonces trataba de aferrarme a ellos, simplemente para verlos desaparecer o cambiar. ¿Estaba avanzando realmente en el camino? ¿Me estaba acercando? Después de dos décadas de meditar y de buscar, me sentía aún como aquel niño de 14 años en el concierto de *Peter, Paul and Mary*. Después de tanto tiempo meditando todavía me sentía confuso y deseaba alguna ayuda.

Durante este período de mi vida algunos amigos me habían animado periódicamente a visitar el Nepal para recibir las enseñanzas Dzogchen de un venerado maestro, Tulku Urgyen. El Dzogchen, una rama del budismo tibetano, destaca la experiencia personal directa. Durante siglos tales enseñanzas fueron celosamente mantenidas en secreto siendo entregadas exclusivamente a cualificados estudiantes que hubieran completado décadas de práctica meditativa. Afortunadamente, el enfoque de Tulku Urgyen era distinto y no sólo creía en el compartir su saber con los occidentales, sino que lo hacía incluso al comienzo de la instrucción.

Un día me encontré volando a través de medio mundo hacia Nepal. Me dirigí al templo de Tulku Urgyen, en lo alto del valle de

Katmandú, donde me incorporé a un pequeño grupo de estudiantes occidentales. Cada mañana nos sentábamos con Tulku Urgyen en su reducida habitación, en la cual impartía las tradicionales enseñanzas Dzogchen, apuntando hacia la verdadera naturaleza de la mente. Tulku Urgyen comunicaba esa inmediata e intemporal realidad de una forma tan poderosa e inmediata que mi «ser», de súbito, se detuvo. Ni fuegos artificiales, ni rayos; nada había... tan sólo la repentina, obvia, y pasmosa realización de la pura consciencia que había estado pasando por alto durante toda mi vida sin que estuviera ni escondida, ni en otra parte.

Ante esta vivencia o «estado en el ahora», toda búsqueda, peregrinación y espera se esfumó ante mis ojos. Me di cuenta de lo mucho que mis energías vitales habían estado enfocadas en una búsqueda en algún imaginado futuro en vez de simplemente celebrar el omnipenetrante presente, tratando de obtenerlo «ahí» en vez de *ser* «aquí». Mis anteriores años de esfuerzos y meditación forzados me parecieron, retrospectivamente, algo inútil. Lo único que necesitaba era llevar a mi corazón las palabras de Tulku Urgyen: «Simplemente sé de manera natural, sin técnicas, sin artificios».

Los místicos han compartido esa misma visión durante miles de años. En palabras de Maestro zen Hakuin:

A este instante, ¿le falta algo?
El *Nirvana* es aquí mismo, ahora, delante de tus ojos.
Este lugar es el Paraíso de Buda.
Este cuerpo, ahora, es el Buda.

La segunda línea también suele traducirse como «El *Nirvana* es inmediato». No está oculto, distante, o en el futuro, sino aquí mismo, delante de ti: *Este cuerpo, este lugar.*

Cuando volví a América, descubrí que no conseguía aguantar ya mi colección de libros espirituales. Me parecían repletos de proposiciones que glorificaban la búsqueda, el albergar esperanzas y las experiencias mágicas. Muchos autores no paraban de hablar de «vivir el momento presente», para, acto seguido, dedicarse a promocionar sus programas y a perpetuar esa infructuosa búsqueda. Antes de ir a Nepal había aceptado el lema de la New Age: todos los caminos conducen a la cima de la montaña. Ahora veía que esos caminos servían, frecuentemente, para crear más capas de ilusiones. Tenía hambre de palabras que rezumaran realización y que reflejaran la visión intemporal que Tulku Urgyen había indicado. Lentamente empecé a recopilar escritos.

Mi colección empezó con las enseñanzas de las tradiciones budista y tibetana, para pronto extenderse e incorporar la sabiduría de los maestros indios, de los místicos cristianos, de los poetas sufíes, de los rabinos judíos y de los sabios occidentales. Todas las selecciones encarnaban una visión calificada frecuentemente de «no dualidad», la cual no es exclusiva de ninguna tradición religiosa y trasciende cualquier doctrina o sistema.

La no dualidad refleja la comprensión de la unidad de todas las cosas. Uno mismo y el otro, *nirvana* y *samsara*, forma y vacío, cuerpo y mente, pasado y futuro, todo es realmente la misma esencia, con un solo sabor. Cuando Buda dice: «Esto lo es Todo», cuando Meister Eckhardt escribe: «Todo sabe a Dios», cuando Ramana Maharshi enseña: «Sólo hay un Ser», todas esas palabras expresan la misma realización.

A medida que iba recopilando estas enseñanzas espirituales empecé a incluir fragmentos de poetas, novelistas, cantautores, artistas, guionistas y científicos. Además, descubrí inspirados comentarios de gente que había experimentado lo Divino en su vida cotidiana. Después de años de ir acumulando todos estos tesoros, gozosamente los comparto contigo.

Acerca de este libro

Los extractos que siguen pertenecen a un período de miles de años y, no obstante, expresan el mismo presente intemporal. Aunque cada sección podría presentarse aisladamente, también forma parte de un importante y colorido colectivo. Particularmente, me he sentido fascinado por los inconformistas espirituales que, de forma ocasional e inesperada, surgen con independencia de toda tradición, incluyendo a Tony Parsons, Stephen Jourdain, John Wren-Lewis, Steven Harrison, Scott Morrison y Byron Katie.

Las opiniones respecto a quién se ha realizado, quién es auténtico o místicamente correcto, varían ampliamente. Por favor, no consideres este libro como un «Quién es quién en la Iluminación». He incluido las citas siguientes solamente porque para mí rezuman «hogar». Algunas me abandonan a mí mismo; otras me hacen llorar o me ponen la piel de gallina. El material aparece dispuesto de modo que facilita su exploración espontánea y tiene su origen en una gran diversidad de fuentes, desde las tradicionales por excelencia hasta las más salvajemente iconoclastas.

Evidentemente, es natural que descubras diferencias y contradicciones las cuales reflejan la inmensa paradoja que supone plasmar una realidad más allá de las palabras, del tiempo, de los conceptos y de los pensamientos. Eso resulta evidente al tratar temas como el esfuerzo, la meditación y las prácticas espirituales. Por ejemplo: el debate respecto al esforzarse –el «hacer» frente al «no hacer» como medio para alcanzar la realización– dura ya miles de años. Por una parte, muchos sabios tradicionales enseñan que el estado de consciencia natural y sin esfuerzo únicamente puede ser alcanzado a través de décadas de esfuerzo. Esta visión requiere un adiestramiento muy serio, meditación y práctica. Por otra parte y en el polo opuesto del espectro, sabios como Krishnamurti o Poonjaji consideran contraproducente cualquier esfuerzo intencionado para despertar o aquietar la mente, siendo éste una expresión del «yo» atrapado en las fantasías de metas, progreso y logros.

He observado que mucha gente comienza a considerar la espiritualidad de una manera mucho más integrada, focalizándose en el esfuerzo relajado en el momento presente sin tratar de conseguir nada ni hacer que algo suceda. Es una indagación honesta, abierta y sincera en los sentimientos, pensamientos y experiencias sin evitar, o intentar, fijarlas ni modificarlas. Esta sutil consciencia envuelve cada instante de nuestra vida e ilumina lo verdadero y lo falso. La única práctica espiritual que se requiere es, sencillamente, reconocer este estado natural: ahora, ahora y ahora.

A medida que avances por estas páginas te irás dando cuenta de la diversidad de enfoques. Deja de lado las creencias que puedas tener. Deja que cada visión hable por sí misma. Sé consciente de las veces que dices: «Sí, pero...» ¿Piensas acaso que la realización sólo es para los santos y no para ti? ¿No crees poder comprender ahora mismo sino sólo en algún punto de un distante futuro? Yo los llamo: «Pensamientos del «no es para mí», «no es para ahora»». Cuando surjan estos pensamientos, cuestiónalos. Pregúntate a ti mismo: «¿Quién sería yo si no tuviera estos pensamientos?».

Las páginas que siguen contienen muchos más ejemplos de autoindagación, una forma especial de plantear preguntas que difiere radicalmente del proceso corriente de preguntas y respuestas. Por lo general, cuando se te plantea una pregunta, tu respuesta se basa en tus experiencias pasadas, en lo que conoces, o en lo que crees. Por el contrario, la autoindagación es una expresión de la «mente de principiante» la cual no tiene pasado y es fresca y está abierta a este momento. La tradición zen es legendaria al respecto, particularmente por la utilización de preguntas, diálogos e historias paradójicas llamadas *koans*, como por ejemplo: «¿Cuál es el sonido de una mano aplaudiendo?». Ramana Maharshi sugería que te preguntaras a ti mismo: «¿Quién soy yo?». Y Byron Katie pregunta: «¿Es eso verdad?».

Las citas de estas páginas pueden servirte de ayuda para disipar esas creencias que te impiden darte cuenta de que lo que estás buscando

ya está aquí. Tú eres Buda. ¡Ahora! No más adelante. No «*después de*».
Puedes darte cuenta de esto de inmediato o ir posponiéndolo 30 años.
¿Por qué esperar a un «ahora» futuro? A los practicantes espirituales que han estado «en el camino» desde hace tiempo, este libro puede servirles como recordatorio de su posible sonambulismo. Sé –de primera mano– que la disciplina espiritual puede convertirse en una rutina obnubiladora, posponiendo el gozo y la frescura que está siempre disponible aquí y ahora. Una meditadora experimentada me dijo recientemente: «Espero tener en mi lecho de muerte alguna experiencia de la Iluminación». Años y años de meditación no han despertado en ella nada más real; sigue siendo aún un sueño de un futuro imaginario.

Puesto que la verdad del aquí-ahora está al alcance de todos, puede que te plantees si vale la pena viajar hasta Asia, convertirte en estudiante zen, meditar, o buscar a un maestro. Los maestros y mentores pueden deempeñar un papel transformador en nuestras vidas. En buenas manos, las prácticas espirituales pueden ser beneficiosas. Formar parte de un grupo espiritual puede proporcionar una sensación de sostén y comunidad. Por otra parte, cualquier enseñanza o práctica, por profunda o antigua que sea, puede quedarse en algo meramente conceptual. Respecto a los maestros iluminados, no hay escasez de vendedores de santidad.

Aun sabiendo que mi papel no es el de dirigirte, una palabra para los sabios –y tú eres sabio tanto si lo sabes conscientemente como si no–: Tú eres la suprema autoridad de tu vida. Despertar es deshacer tus suposiciones personales e individuales largo tiempo mantenidas y que te impiden ver quién eres realmente. Tanto si estás sentado en una cueva en el Tíbet como si estás en una parada de autobús en Hoboken, puedes darte cuenta de esta clara visión en cualquier instante, ahora mismo y aquí. Tal como dijo Jesús: «Reconoce lo que tienes delante de tus ojos». Vayas adonde vayas y hagas lo que hagas, ten presente que tu hogar se encuentra donde estás, donde empiezas y acabas.

Las palabras nunca podrán describir la naturaleza de las cosas. Sólo pueden indicarla. A medida que vayas leyendo estas citas, por favor no te dejes atrapar por las palabras y los conceptos, por muy fascinantes que parezcan. En lugar de ello, detente y mira. Fíjate hacia adónde señalan y luego olvídalas... por completo. Lo que Buda, Jesús, o los maestros zen realizaron no guarda relación alguna con tu propia comprensión. Al final, todo son puras especulaciones y habladurías. Tal y como escribió Rumi: «No escuches lo que digo como si estas palabras surgieran desde un interior y se dirigieran hacia un exterior. Mis palabras son fuego». Que las palabras de este libro te susurren con la intimidad del amante. Cuando Joshu pregunte: «¿Quién eres?», hazte a ti mismo esa pregunta como si fuera ésta la primera vez. Cuando Patrul pregunte: «¿Oyes el ladrido de los perros?», escucha con atención. Y cuando Woody Guthrie cante: «Este gran y eterno momento es mi gran y eterno amanecer», observa la salida del sol con tus propios ojos.

Josh Baran. Nueva York. Octubre de 2003

En este momento

Antes de sumergirte en este libro te invito a detenerte durante un instante dejando que guíe tu atención a tu experiencia de este mismo momento. Hazlo como si fueras un recién nacido que se diera cuenta de todo por primera vez. Fija tu atención en tu respiración a medida que entra y sale a través de tu pecho y de tus fosas nasales. Escucha los sonidos que te rodean, sean los que sean: las bocinas de los coches, el ladrar de los perros, o el viento entre los árboles. Date cuenta del movimiento de tus ojos recorriendo las líneas de esta página. Percibe el peso de este libro en tus manos, la sensación de tu espalda contra la silla, tus pies descansando sobre el suelo, tus ropas presionando tu piel. A medida que vayas leyendo estas palabras puedes estar diciéndotelo en silencio. Y al mismo tiempo, aparecen los pensamientos: sucesiones de palabras, de imágenes, fragmentos de conversación. Sé consciente de ellos surgiendo y disipándose; sé consciente de su aparición y desaparición, cada uno enlazando con el siguiente.

Todo esto está siendo experimentado específicamente por alguien: tú. ¿Quién es este «tú»?

Tómate un tiempo para explorarlo. ¿Quién está leyendo estas palabras ahora mismo? ¿Quién está viendo y escuchando? Estas preguntas pueden parecerte absurdas y con una obvia respuesta: «Yo... yo, evidentemente». Puede que respondas dando tu nombre, tu edad, tu raza, tu descripción física, etc. Puede que hables de tu pasado, del lugar en que naciste o de tu currículum. Pero ¿quién o qué es este «yo» que ocupa el centro de cada instante de tu vida? ¿De qué manera parece ser especial y único, distinto de todos los demás «yoes» de este mundo? ¿Qué es lo que *realmente* sabes de este «yo»?

Puede que estés tan inmerso en la automática, habitual e interminable corriente de pensamientos basados en el «yo», que seas inconsciente de ellos. Puede que nunca te hayas detenido a pensar en la naturaleza de este drama que está aconteciendo siempre. ¿Empiezas a ver que este «yo» es un cuentista inagotable que hilvana historias pasadas, presentes y futuras, y que constantemente corrige, interpreta y dirige esta película interior?

Tómate unos minutos de tranquilidad... Empieza a darte cuenta de cómo emerge el «yo»: «Yo soy... yo siento... yo quiero... yo necesito... yo debería...» Observa cada pensamiento cuando emerge. Ahora pregúntate a ti mismo: «¿Quién está pensando estos pensamientos?» ¿Hay ahí alguien «pensándolos»? No revises pasadas experiencias, suposiciones, ni nada de lo que hayas leído u oído. Fíate sólo de tu experiencia directa en este momento.

Repara ahora en la conciencia misma que está indagando en este «yo». ¿Qué es? ¿Dónde está localizada? ¿De dónde surge? Examínala detenidamente. No es el «yo». No son los pensamientos. No es un estado, un lugar, un objeto o un concepto. Este «saber» es claro y transparente y contiene y lo permea todo. Este sentido de ser se halla siempre presente, inmutable, sin aparecer ni desaparecer.

Esta presencia viva *es* íntimamente aquí y totalmente ahora, sin pasado ni futuro, más allá de toda conceptualización, de todos los opuestos. No necesitas cerrar los ojos, meditar o esforzarte en verlo. Tan sólo observa esta presencia. Tiene muchos nombres: Nirvana, Tao, No-Yo, naturaleza Búdica, Ahora, Mente Original, Iluminación, Lo-No-Nacido.

Este libro celebra ese estado de «despertar», completamente accesible y abierto a cada instante.

Acerca de los comentarios

Algunas de las secciones de este libro incluyen un breve comentario a pie de página. Esas anotaciones pretenden devolver tu atención al momento presente. Te animo a implicarte en tu propio diálogo con esas intuiciones vitales.

Acerca de la bibliografía

En el capítulo de Bibliografía, al final del libro, podrás encontrar una lista completa de las fuentes de donde se han extraído las citas de esta recopilación, incluyendo las páginas web más importantes, de manera que puedas profundizar en determinadas enseñanzas y escritos.

El nirvana
aquí y ahora

Sabiduría diaria

Este preciso instante

A todos vosotros, los que buscáis el Camino,
por favor:
No desperdiciéis este preciso instante.

ENSEÑANZA ZEN

El primer principio

—Has vuelto a mencionar el primer principio, pero aún no sé qué es –le dije a Suzuki.

—Yo tampoco. *Es* el primer principio –me contestó.

SHUNRYU SUZUKI

Muchas veces a lo largo del día me digo a mí mismo: «No sé nada». Cuando reconozco que no sé nada, veo el mundo con frescura en mis ojos, con eso que Suzuki llama «mente de principiante». Ahora se abren nuevas posibilidades. Al fin y al cabo, ¿qué es lo que realmente sé?

Éste es el momento. Éste es el lugar. Ésta es la inmensidad. Aquí mismo es el paraíso. Siempre. Siempre.

BYRON KATIE

A este instante, ¿le falta algo?
El Nirvana está aquí mismo, ahora, delante de tus ojos.
Este lugar es el Paraíso de Buda.
Este cuerpo, ahora, es el Buda.

HAKUIN

Pon tus manos ante tus ojos.
Estás contemplando las manos de Dios.

RABÍ LAWRENCE KUSHNER

Lo que estamos buscando
es lo buscado.

SAN FRANCISCO DE ASÍS

El collar perdido

... No es necesario ningún esfuerzo especial para realizar el Ser. Todos los esfuerzos se centran en eliminar el actual oscurecimiento de la Verdad.

Una mujer lleva un collar en el cuello. Se olvida de él, cree haberlo perdido e, impulsivamente, se lanza a buscarlo aquí, allí y por todas partes. Al no encontrarlo les pregunta a sus amigos si lo han visto en alguna parte, hasta que uno de sus amigos, señalándole el cuello, le dice que se toque el collar que lleva ceñido. Así lo hace y se siente feliz por haber hallado su collar.

Y cuando, de nuevo, se encuentra con sus amigos, estos le preguntan si ya encontró su collar. Y ella les responde: «sí», como si lo hubiera perdido y recuperado. Su felicidad al descubrirlo ciñéndole el cuello es la misma que si hubiera recuperado algo suyo perdido. En realidad, nunca lo había perdido ni nunca lo recuperó. Y, no obstante, se sintió desgraciada y ahora es feliz. Ocurre igual con la realización del Ser.

RAMANA MAHARSHI

Despertar no es un secreto inalcanzable. La paz que buscas está justo aquí y ahora. Ningún gurú, ningún Buda, podrá proporcionártela. Simplemente fíjate claramente en este instante. A medida que vayas leyendo estas páginas, recuérdalo.

¿Quién eres tú?

Un monje preguntó:
—¿Qué es Buda?
El maestro le contestó:
—¿Quién eres tú?

JOSHU

En el momento presente no nos interesan los sabios del pasado ni las promesas del futuro. Si quieres saber qué es Buda, contempla tu propia mente. ¿Quién eres tú ahora?

La contemplación del rostro original

Sentado en silencio, percibe lo que está sentado ahí.
Explora el cuerpo en el que te sientas.
Observa el fascinante campo de sensaciones que llamamos «cuerpo».
Date cuenta de la insuficiencia de las palabras para describir lo que sientes.
Esa sensación de simplemente ser, reverberando por todo el cuerpo.
Sumérgete en esa sensación hasta la sutil vivencia mediante la cual la sensación es conocida. Percibe la sensación dentro de la sensación.
Asiéntate en esa sensación de ser, en esa vitalidad que vibra en cada célula.
Descansa en el ser.

Siéntate en silencio y date cuenta. Deja que la consciencia se sumerja en sí misma. Date cuenta de que te das cuenta.
Experimenta directamente esa sensación mediante la cual imaginas que existes.
Adéntrate en ella incondicionalmente. Asiéntate en el centro de esa reverberación.
¿Tiene un origen? ¿Tiene un final?
¿Hay solamente una sensación de ser, eterna, no nacida e imperecedera?
No preguntes a la mente que siempre se autolimita con definiciones.
Pregúntale al corazón que no sabe de nombres, pero que mora siempre en ella.
Descansa en el ser.

STEPHEN LEVINE

Que tu meditación sentada sea sencilla. No trates de volverla espiritual o compleja. Sencillamente, siéntate sin una meta especial, sin estrategia alguna. Los pensamientos vienen y van, como las nubes en el silencioso cielo.

Y yo fui el tiempo

En un clásico *koan* zen se te pide que describas tu rostro original, el que tenías antes de nacer. Nunca he estado tan cerca de poder responder a esa pregunta como en el año en que murió mi madre.

Tenía cáncer y tuvo que guardar cama durante un breve período. En los últimos tres o cuatro días de su vida, su apariencia física empezó a cambiar de manera ostensible. Perdió peso rápidamente y su piel comenzó a estirarse y sus arrugas, a desaparecer. En realidad, empezó a transformarse en alguien de apariencia muy relajada y realmente joven. Comenzó a parecerse enormemente a las fotos que yo había visto de ella, a la de las fotos que habían sido tomadas cuando tenía unos 20 años. Parecía una joven de pelo encanecido, como por capricho. Un inquieto eco de tiempos más felices.

Mientras la miraba me sentí engullido en una especie de enorme regalo. Era como si se me hubiera concedido la oportunidad de ver a mi madre tal y como era antes de nacer yo. El tiempo parecía haberse detenido. Y el tiempo se convirtió en algo excepcionalmente real para mí debido únicamente a que había dejado de transcurrir. La mujer que tenía ante mí era el tiempo. Y yo era el tiempo. Y la habitación era el tiempo.

GARY THORP

Tú eres la verdad

Tú eres la verdad desde los pies a las cejas.
¿Qué más quieres saber?

RUMI

Dónde y en qué momento estamos

Los verdaderos enemigos de nuestra vida son los «debería» y los «si...». Nos hacen retroceder a un inalterable pasado y nos proyectan a un impredecible futuro, mientras que la verdadera vida se desarrolla en el aquí y el ahora. Dios es un Dios del presente. Dios es siempre en este momento, sea este momento difícil o fácil, doloroso o placentero. Cuando Jesús hablaba de Dios siempre lo hacía refiriéndose a Él como siendo dónde y cuando estamos. «Cuando me ves, ves a Dios. Cuando me escuchas, escuchas a Dios». Dios no es alguien que fue o será, sino Aquél que Es; el que es para mí en el momento presente. Por eso, Jesús vino para eliminar la carga del pasado y las preocupaciones por el futuro. Quiere que descubramos a Dios donde estamos, aquí y ahora.

HENRI J. M. NOUWEN

Es más sencillo que la filosofía o la religión. Se trata de no mirar a ninguna parte más que aquí.

Deja de fingir

Todas las grandes enseñanzas hacen hincapié unánimemente que el universo, la paz, la sabiduría, y el gozo se hallan en nuestro interior. No hemos de obtenerlos, desarrollarlos o alcanzarlos. Como el niño que se halla en un hermoso parque con los ojos cerrados, no nos es necesario imaginarnos árboles, flores, ciervos, pájaros o cielos. Sencillamente hemos de abrir nuestros ojos y darnos cuenta de lo que ya está aquí, de quiénes somos realmente... en cuanto dejemos de fingir nuestra pequeñez o nuestra poca santidad.

Podría caracterizar casi cualquier práctica espiritual como simplemente «ser»: Reconócelo y detenlo; reconócelo y detenlo; reconócelo y detenlo. Reconoce la miríada de formas bajo las cuales la limitación y el engaño se apoderan de nosotros, y ten el valor suficiente para detenerlas. Poco a poco, en nuestro interior el diamante empieza a relucir, los ojos se abren, surge la alborada, y nos convertimos en lo que realmente somos. *Tat-Twam-Asi*: Tú Eres Eso.

BO LOZOFF

Sin el pensamiento de que eres insignificante o de que no estás iluminado, ¿quién eres? Ahora es el mejor momento para dejar de fingir.

Poniéndote los calcetines

Cuando vives en esta atención, dejas de pensar en hacer esto, en que suceda esto otro, o en que aquello otro desaparezca. Si, por ejemplo, te levantas por la mañana y te pones los calcetines aplicando al ponerte esos calcetines la misma atención que pones en seguir tu respiración sobre el cojín [meditando], tan sólo existe tu brazo moviéndose, la sensación del calcetín deslizándose por tu pie, la curva de tu cuello cuando te inclinas... Sin pensar en nada y volcándote absolutamente en ese tirar del calcetín, de repente, el mundo se abre. Surge una enorme avalancha de gozo sin razón aparente. Todo, en tu interior y en tu exterior, es engullido por ese calcetín deslizándose por los dedos de tu pie. Sucede tan deprisa que eres incapaz de determinar la duración de ese instante. No hay siquiera la sensación de ti mismo tirando del calcetín. Podría ser igualmente que el calcetín tirara de ti. Tú y tu calcetín y tu pie y tu codo y tu cuello os habéis evaporado en la acción misma. No es que desaparezcas físicamente o hayas entrado en un estado alterado de conciencia. Sencillamente sucede que te has dejado caer en el puro gozo de unir la separación existente entre tú y el instante de tirar de tu calcetín.

MANFRED B. STEGER & PERLE BESSERMAN

¿Dónde se encuentra la separación entre tú y el mundo?
Es eliminada en un instante. ¿Existió nunca?... Ponte los
calcetines y compruébalo por ti mismo.

Abriéndote desde el corazón

Ahora mismo, en cada instante del ahora, te estás abriendo o cerrando. O bien estás esperando, tensamente, algo –más dinero, seguridad, afecto– o estás viviendo desde la profundidad de tu corazón, abriéndote al momento presente y entregando sin dilación aquello que más deseas dar.

Si estás esperando *algo* para poder vivir y amar plenamente, entonces sufres. Cada instante es el instante más importante de tu vida. Ningún tiempo futuro es mejor que el ahora para bajar la guardia y amar.

Todo lo que ahora estás haciendo crea ondas que afectan a todo el mundo. Tu postura puede hacer brillar tu corazón o transmitir ansiedad. Tu aliento puede irradiar amor o contaminar de depresión la habitación. Tu mirada puede generar alegría. Tus palabras, inspirar libertad. Cada uno de tus actos puede abrir corazones y mentes.

Abriéndote desde el corazón, eres como un regalo para todos.

A cada instante te estás abriendo o cerrando. Ahora mismo ¿estás eligiendo abrirte y entregarte o estás a la espera? ¿Qué escoges?

DAVID DEIDA

¿Cómo te sientes cuando das la espalda a un desconocido, a un vecino, a un compañero, o a tus pensamientos o sentimientos? Cuando así lo haces, ten presente que estás rechazando la aparición del Nirvana en ese mismo instante.

Adentrándonos en el fuego

La única manera de obtener el máximo de apertura es vivir cada instante sin una sola idea preconcebida. Si no, nos resistimos a aquello que no encaja con nuestro modelo. A pesar de lo mucho que sepamos o de lo evolucionados que estemos, hemos de dejar a un lado todo eso y sumergirnos en el misterio, desnudos y sin defensas.

Cuando verdaderamente odiamos lo que está sucediendo, nuestro instinto nos induce a alejarnos de ello como de una casa en llamas. Pero si aprendemos a darnos la vuelta y a adentrarnos en el fuego dejando que queme todas nuestras resistencias, entonces nos descubriremos surgiendo de las cenizas con un nuevo sentido de poder y libertad.

A veces, sin ninguna respuesta a la que asirnos, nos parecerá como si no fuéramos nada. En otras ocasiones, apabullados por la rugiente vorágine de la vida, nos parecerá como si lo fuéramos todo al mismo tiempo. Estas dos impresiones son, en verdad, las dos caras de una misma moneda. Son un preludio de lo que ocurre cuando las barreras de nuestra personalidad se vuelven porosas. Entonces encaramos la vida directamente sin nada que mengüe su intensidad. En esos instantes percibimos claramente cómo el «yo» con el que cargamos no es más que una herramienta de nuestro organismo, un sistema que nos permite funcionar, pero también nos damos cuenta de que, milagrosamente, poseemos la habilidad de abrirnos paso a través de él.

RAPHAEL CUSHNIR

Nada existe fuera del ahora

Pregunta: ¿No son pasado y futuro tan reales como el presente, a veces incluso más reales? Al fin y al cabo, el pasado determina quiénes somos y cómo percibimos y nos comportamos en el presente. Y nuestras metas futuras determinan nuestras acciones del presente.

Respuesta: Aún no has captado la esencia de lo que estoy diciendo porque estás intentando comprenderla mentalmente. La mente no puede entenderlo. Sólo tú puedes. Por favor, *simplemente escucha*.

¿Has experimentado, hecho, pensado o sentido algo fuera del Ahora? ¿Crees que alguna vez lo harás? ¿Es posible que algo ocurra o sea fuera del Ahora? La respuesta es obvia, ¿o no?

Nada ha ocurrido nunca en el pasado. Ha ocurrido en el Ahora.

Nada ocurrirá nunca en el futuro. Ocurrirá en el Ahora.

Lo que crees que es el pasado no es más que un recuerdo de un Ahora anterior almacenado en la mente. Cuando recuerdas el pasado reactivas un recuerdo. Y lo haces en el Ahora. El futuro es un Ahora imaginado, una proyección de la mente. Cuando llega el futuro, llega como Ahora. Cuando piensas en el futuro, lo haces en el Ahora. Pasado y futuro, no tienen, evidentemente, realidad por sí mismos. Al igual que la Luna carece de luz propia y sólo puede reflejar la luz del Sol, pasado y futuro son tan sólo pálidos reflejos de la luz, del poder y de la realidad del eterno presente.

ECKHART TOLLE

Sin la historia de un pasado, ¿quién eres en este presente intemporal? Sin la proyección de un imaginado futuro, ¿quién eres ahora?

Cuando persigues el espejismo

¿Para qué esperar? Exactamente, ¿qué estás esperando? ¿Te va a dar alguien eso que siempre has estado esperando? ¿Llegará un tren desde el cielo cargado de golosinas? Nada de lo que pueda sucederte podrá ser tan precioso y bueno como eso que eres ahora. Lo que te impide ser, estar presente, no es más que tus esperanzas futuras. El esperar algo que te haga ser diferente te hace dirigir tu atención hacia una fantasía futura. Pero eso es un espejismo; nunca llegarás ahí. El espejismo te impide ver la obviedad, el valor del Ser. Es una gran distorsión, una gran tergiversación de lo que te va a satisfacer. Cuando persigues el espejismo te estás rechazando a ti mismo.

A.H. ALMAAS

¿Qué estás esperando?

Este mismo instante

Buscas a Dios en el cielo y en la Tierra, pero no conoces al que tienes delante de tus ojos porque no sabes cómo buscar en este mismo instante.

JESÚS

¿A qué? ¿De qué?

¿A qué nos hemos de aferrar compasivamente
para estar en paz ahora mismo?

¿De qué hemos de liberarnos
para estar en paz ahora mismo?

JACK KORNFIELD

*La paz está siempre aquí. ¿Hay algo que se interponga
en tu camino?*

La música

Tocar el piano, sin ego, es estar en el lugar donde lo único que existe es el sonido y el movimiento hacia el sonido. La música de la hoja que era exterior a ti, ahora está en ti y te traspasa. Eres un canal para la música y tocas desde el centro de tu ser. Todo lo que conscientemente has aprendido, todo tu conocimiento, emana desde tu interior. Hay una sensación de unidad en la que el corazón de la música y el corazón del compositor, se encuentran; en la cual no queda espacio para pensamientos sobre uno mismo. En este acto eres uno contigo mismo y sientes como si el tocar aconteciera en ti y tú, sin esfuerzo alguno, lo liberaras. La música está en tus manos, en el aire, en la sala. La música está en todas partes y todo el universo se halla contenido en la experiencia del tocar.

MILDRED CHASE

Cuando te conviertes en tu actividad, te olvidas del «yo».
Tan sólo existe la música que se encuentra en todo y por
todo.

Aquí mismo, ahora mismo

Yo soy... la expresión divina exactamente como soy. Aquí mismo, ahora mismo. Tú eres la expresión divina exactamente como eres. Aquí mismo, ahora mismo. Eso es la expresión divina, exactamente como es. Aquí mismo, ahora mismo. No hay que añadirle ni quitarle nada, absolutamente nada. No hay una cosa más válida o sagrada que otra. No hay requisitos que satisfacer. El infinito no se encuentra en alguna otra parte esperando que lo merezcamos.

No tengo ninguna experiencia de «la noche oscura del alma», o de entregarme, o purificarme, o pasar por algún tipo de transformación o proceso. ¿Cómo puede el ilusorio y separado «yo» practicar algo para revelarse como ilusorio? No necesito ser serio, honesto, deshonesto, moral o inmoral, estético o burdo. No hay puntos de referencia. La historia de la vida que aparentemente ha acontecido es singular y exactamente apropiada para cada despertar. Todo es como debería ser, ahora mismo. No porque contenga un potencial hacia algo mejor, sino sencillamente porque todo es expresión de la divinidad.

TONY PARSONS

Ésta es una bella canción de reconocimiento. Si te has quedado atrapado en el buscar y en el esforzarte, simplemente siéntate en quietud y lee este párrafo en voz alta para ti mismo, como si hubiera sido escrito sólo para ti.

Gozando en el presente

La literatura nos proporciona el mayor regalo del momento presente. A medida que vamos leyendo nos vamos adentrando en la mente del autor y la empezamos a seguir como un tren sigue las vías. Nos lleva muy lejos... o muy adentro. ¡Y ahí estamos! No en otro lugar. Mente con mente...

Pero tú preguntas: «¿No es el momento presente sólo esto: el sol que llega a través de la ventana; yo, inclinado sobre un escritorio de madera; mis ojos recorriendo las páginas; mis piernas cruzadas; sin distracciones; con mi mente inmersa en el relato del autor?»

Sí. Eso también es el momento presente, pero por lo general, sentado ahí, sin leer, soy una persona dividida. La mitad de mí está ahí; la otra mitad está afuera: yendo por la calle a comprar arroz integral, pensando en la cena o en lo que disfruto estando con un amigo. Pero cuando estoy leyendo y me gusta lo que leo, me hallo totalmente conectado, completo. Yo y Shakespeare; yo y Milton... sin tiempo ni espacio entre nosotros. Somos uno, no dos. No hay división.

Entonces, con esa unidad, rebosando concentración y vivencia, levanto la vista y veo y experimento realmente a través de todo mi cuerpo la luz que se filtra por la cristalera y cómo juega sobre el escritorio donde está mi libro, mientras percibo mis piernas cruzadas por debajo la mesa.

NATALIE GOLDBERG

¿Estás leyendo ahora, totalmente presente y conectado?

Bienvenida, mañana (pasaje)

El gozo
está en todo:
en el pelo que me cepillo cada mañana;
en la toalla recién lavada
con la que me seco mi cuerpo cada mañana;
en los huevos
que me preparo cada mañana;
en el gemido de la tetera
que calienta mi té
cada mañana;
en la cuchara y la silla
que gritan «Hola, Ana»
cada mañana;
en la divinidad de la mesa
en la que dispongo mi cubertería de plata
cada mañana.
Todo eso es Dios...

ANNE SEXTON

Delante de ti

Está justo delante de ti.
En este instante
se te está dando todo.

YUANWU

¿Lo estás recibiendo?

Olvídate de ti mismo

En ese sentido podemos decir que el propósito de la práctica (Zen) es la ausencia de propósito alguno. Si tenemos un propósito, tendremos problemas. Establecemos toda clase de metas y nos esforzamos por conseguirlas. Pero lo sorprendente es que ¡la meta está aquí mismo! Estamos en la línea de salida y, al mismo tiempo, hemos llegado ya a la línea de meta. En otras palabras: vivimos ya la vida de los Budas. Nos demos o no nos demos cuenta, tanto si somos principiantes como experimentados practicantes, somos intrínsecamente Budas. Sin embargo, hasta que lo vemos, sencillamente no somos capaces de aceptar el hecho.

... Lo más importante es olvidarte de ti mismo. Lo que la mayoría de las veces hacemos es exactamente lo contrario: reforzamos el «yo». Siempre soy «yo» el que hace algo. Éste es el problema. Nosotros mismos creamos esa separación. Cuando realmente te olvidas de ti mismo, ante tus narices se despliega un escenario muy distinto. La otra orilla se encuentra donde tú estás. Así que, por favor, por mucho que hayas practicado, céntrate en olvidarte de ti mismo.

TAIZAN MAEZUMI ROSHI

¿En qué medida eres capaz de olvidarte de ti mismo? Si intentas aniquilar tu ego, no funcionará. El «yo» no es un objeto con existencia propia. En vez de eso, simplemente date cuenta de tus pensamientos y tus sentimientos. Pon en duda su veracidad.

Veremos

A donde te quiero llevar es a lo siguiente: a ser consciente de la realidad que te rodea. «Ser consciente» significa «observar», darte cuenta de lo que acontece en tu interior y a tu alrededor. La expresión «acontece» es realmente exacta: árboles, hierba, flores, animales, piedras,... toda la realidad está aconteciendo. Uno la observa. La mira. Para el ser humano es esencial observar toda la realidad y no sólo a sí mismo.

¿Estás aprisionado en tus conceptos? ¿Quieres liberarte de tu prisión? Entonces fíjate, observa. Emplea tu tiempo observando. ¿Observando qué? Todo: las caras de la gente, las formas de los árboles, el pájaro que vuela, el montón de piedras, el crecer de la hierba. Entra en contacto con todo, obsérvalo todo.

Quizás entonces puedas salirte de estas rígidas pautas que hemos desarrollado, de lo que nuestros pensamientos y nuestras palabras nos han impuesto. Quizás podamos ver.

¿Y qué veremos? Eso que hemos decidido llamar «realidad», sea lo que sea más allá de palabras y conceptos.

Éste es un ejercicio espiritual, conectado con el salir de tu caja, conectado con el liberarte de la prisión que forman los conceptos y las palabras.

¡Qué triste sería pasar por la vida sin verla nunca con los ojos de un chiquillo...!

ANTHONY DE MELLO

Sin culparte a ti mismo, haz retornar tu atención a lo que tienes delante de tus narices. Haciéndolo tan suavemente como te sea posible, se convierte en algo natural y espontáneo.

Me lleven a donde me lleven mis andanzas, el paraíso es donde yo estoy.

VOLTAIRE

Quítate los zapatos. El suelo que estás pisando es un suelo sagrado.

ÉXODO I : 5-6

La felicidad en este instante

La sinceridad, la disponibilidad incondicional, es la clave. Lo único que has de hacer es prestar atención, ser sincero, y continuar así. La verdad se descubre cuando sencillamente te niegas a seguir mintiéndote. El amor se descubre cuando dejas de mimar a tu «yo», cuando dejas de abandonarte al miedo y a la ira.

No has de mejorarte a ti mismo, sino, simplemente, revisar tus contradicciones. Deseas amar y ser amado, y, sin embargo, utilizas, hieres y te distancias de aquellos que quisieras amar al máximo. Deseas ser sincero, pero encuentras un millón de excusas para continuar fingiendo, para condescender con tu «yo», para continuar defendiéndote psicológicamente. Deseas sentirte feliz y en paz, y, no obstante, te aferras a una visión de las cosas competitiva, errónea y dañina.

¿Quieres realmente ser feliz? Simplemente presta atención y sé amable, incondicionalmente amable, ahora mismo. Olvídate del futuro. Sólo ahora. No importa cuáles sean las circunstancias. Sé amable. Con el amigo, con tu pareja, con el miembro de tu familia, con el que parece odiarte, con aquél que nunca has saludado por la calle, con tu propio y dulce cuerpo animal. Simplemente sé amable, de la forma adecuada, sea cual sea. Todo lo demás se irá solucionando por sí mismo y tú empezarás a percibir tu Corazón Puro en todas partes. ¡Qué sorprendente!

Es muy sencillo: tan sólo sé amable.

En este instante.

SCOTT MORRISON

Olvídate de tener grandes sentimientos compasivos. Sé amable ahora mismo. Amable contigo mismo.

La gran búsqueda

En su forma más elevada, el buscar adopta la forma de la Gran Búsqueda Espiritual. Deseamos salir de nuestro estado no iluminado (de pecado, engaño o dualidad) y pasar a un estado iluminado más espiritual. Deseamos abandonar el lugar donde no se encuentra el Espíritu e ingresar donde el Espíritu mora...

La Gran Búsqueda Espiritual es, sencillamente, ese impulso, el impulso final, que obstaculiza la presente realización del Espíritu. Y es así por una sencilla razón: la Gran Búsqueda presupone la pérdida de Dios. La Gran Búsqueda refuerza la errónea creencia de la no presencia de Dios y, de esta manera, vela por completo la realidad de Su Presencia inmanente. La Gran Búsqueda, fingiendo amar a Dios, es en realidad el mecanismo por el cual apartamos a Dios; el mecanismo mediante el cual nos prometemos hallar mañana aquello que existe únicamente en el ahora intemporal; el mecanismo que obcecadamente nos fija en el futuro haciendo que nos perdamos el evanescente presente y con él, el rostro sonriente de Dios.

KEN WILBER

Levanta la piedra y me encontrarás; parte el leño y estaré ahí.

JESÚS

Frente a frente, todo el tiempo.

SHIYU

La atención interior

... La mayoría de nosotros cree que la atención es algo misterioso que hay que practicar y que deberíamos reunirnos cada día para hablar de la atención. Nunca desarrollarás la atención de esta manera. Pero si fijas tu atención en los objetos exteriores –en la curva de la carretera, en la figura de un árbol, en el color de las ropas del compañero, en el contorno de la montaña recortándose contra el cielo, en la delicadeza de una flor, en el dolor reflejado en el rostro del transeúnte, en la ignorancia, la envidia y los celos de los demás, en la belleza de la tierra– viendo todas esas cosas exteriores sin condena, sin elección, podrás subirte en la marea de la atención interior. Entonces serás consciente de tus propias reacciones, de tu mezquindad, de tus celos. Desde la atención exterior te desplazarás a la atención interior. Pero si no eres consciente de lo exterior, probablemente no alcanzarás lo interior.

Cuando existe una atención interior respecto a todas las actividades de tu mente y de tu cuerpo, cuando eres consciente de tus pensamientos, de tus sentimientos, sean ocultos o expresados; conscientes o inconscientes, entonces de esa atención surge una claridad que no es inducida ni obtenida por la mente. Sin esa claridad podrás hacer lo que quieras –buscar por cielos y tierras, en las profundidades–, pero nunca descubrirás aquello que es verdad.

J. KRISHNAMURTI

La persona desaparece

No eres la mente. Es axiomático que el perceptor no puede ser lo percibido. Puedes percibir tu cuerpo, por lo tanto, no eres el cuerpo. Puedes percibir tus pensamientos; por lo tanto, no eres la mente. Eso que no puede ser percibido ni concebido es lo que tú ERES.

Si un individuo se considera iluminado, no lo está. La condición previa de la iluminación es que el «yo» individual autoidentificado haya sido aniquilado. Ningún «yo» individual, ningún fenómeno individual, se ha iluminado nunca. Cuando uno despierta de su existencia de ensueño, la persona desaparece, simultáneamente con todos los demás fenómenos.

La realización del ser no implica ningún esfuerzo. Lo que estás tratando de encontrar es lo que *ya eres*. La iluminación es el vacío total de la mente. No hay nada que puedas hacer para obtenerla. Cualquier esfuerzo que intentes solamente se convertirá en un obstáculo para llegar a ella.

Pero si dejas esa inútil conceptualización, serás lo que eres y lo que siempre has sido. Ver la *realidad* no implica, simplemente, un cambio en la dirección de tu visión sino un cambio en su mismo centro en el cual el propio espectador desaparece.

RAMESH S. BALSEKAR

En vez de tratar de dejar de juzgar, practica la forma más sencilla de atención: date cuenta de tus pensamientos y tus creencias a medida que van surgiendo e investiga su autenticidad.

Un instante nada especial

[*A Hannah, la hija de tres años de Maria Housden, se le diag-nosticó un cáncer terminal.*]

Fue justo entonces cuando sucedió. Fue algo tan extraño y maravi-lloso que si no lo hubiera experimentado yo misma, no lo habría creído posible. ¡Me olvidé de que Hannah estaba enferma! Ni siquiera me di cuenta de que lo había olvidado. Fue como si algo me hubiera succiona-do apartándome de aquella historia de cánceres, tratamientos, preocupa-ción y muerte. Hannah estaba jugando con la tierra y un amigo me esta-ba visitando. Fue un instante nada especial, un instante en que nada suce-dió. En un abrir y cerrar de ojos, fuera lo que fuera aquello que me había absorbido me devolvió de nuevo. No obstante, seguía sintiéndome dife-rente. Aunque recordaba ahora lo enferma que estaba Hannah, una parte de aquella quietud subsistía.

Luego, me senté bajo el porche, en el residuo de aquella quietud, a retirar las capas del cielo nocturno... el cielo nocturno era como mi vida: cada capa, un nivel de experiencia, sin ningún elemento o instan-te mayor o menor que otro, mejor o peor que otro. Todos eran una ofrenda al Todo en su negra e inmutable quietud.

Escuchando la noche me sentía serena ante esa grandiosidad, absolutamente segura de que el silencio que percibía era Dios.

MARIA HOUSDEN

Las preocupaciones y las cavilaciones de repente desa-parecen y, en ese momento, la inmensa sensación de que todo está bien, resplandece. La grandeza de lo nada especial.

El parque de atracciones

El momento presente siempre está aquí. ¿Dónde estás tú? Cuando no estás presente, ¿dónde estás exactamente?

En la escuela, mis maestros pasaban lista para comprobar quién asistía a clase. Nosotros teníamos que contestar: «¡Presente! Si el maestro veía que estábamos en clase, pero que no habíamos contestado»¡Presente!», dejaba de pasar lista hasta que estábamos suficientemente presentes como para contestar «¡Presente!». A veces, en clase, yo no decía «¡Presente!». ¿Dónde me encontraba? Me encontraba en el parque de atracciones de mi mente.

La mente está llena de entretenimientos excitantes. Algunos son alegres. Otros dan miedo. Otros nos ponen sentimentales. Si embargo, ninguno de esos entretenimientos se encuentra aquí, donde el maestro espera.

La mente salta describiendo imparables arcos desde el pasado al futuro. La mente nunca puede estar presente. La mente tan sólo puede ver el presente por su espejo retrovisor porque el presente es demasiado real e inmediato. Para la mente, el presente es sólo otra idea, otro concepto. La mente crea representaciones de la realidad. Nunca puede asir la realidad porque la realidad misma es demasiado sutil.

Sólo cuando abandonamos el parque de atracciones de nuestra mente podemos penetrar en la realidad.

ROBERT RABBIN

El principio de la cuerda

Ha de haber una completa atención al momento presente, pues éste constituye el cabo de la cuerda. Siguiéndola con una completa atención, esta cuerda nos conducirá siempre hacia adentro. Y en este descubrimiento se irán desvelando ideas.

Si somos capaces de prestar una atención total a cada paso a medida que lo damos, el pensamiento no se verá atrapado en la dualidad y, por lo tanto, no habrá meta alguna. El pensamiento desconoce aquello que constituye su centro. Al ir encontrándonos sucesivamente con cada idea en dicha «cuerda» de sucesos, desconocemos lo que el futuro nos deparará. Por lo que sabemos, eso puede ser lo último que comprendamos antes de despertar.

El tiempo, en cierta manera, no se halla implicado. Si fuera posible seguir algo directamente hasta su final, no habría tiempo implicado. Podría suceder inmediatamente. Sólo se requiere tiempo, cronológicamente hablando, cuando somos incapaces de mantener en todo momento esa completa atención. Éste es el origen de la idea de que el tiempo es necesario.

Esta idea sobre el tiempo genera la falsa idea del crecimiento espiritual, del progreso, de la dilación, del Salvador, de los gurús, del Camino y de la reencarnación como aplazamiento supremo. Eso son todo excusas debidas a nuestra incapacidad para seguir algo directamente hasta su final. Podemos justificar esa incapacidad de mil y una maneras, pero la cruda realidad es ésa. Sentirnos desanimados por nuestros errores pasados tampoco resuelve los problemas. Con cada fracaso el descubrimiento de nosotros mismos puede emerger con renovada energía.

ALBERT BLACKBURN

Una interminable celebración

Ama a la vida.
A todo
—luces difusas,
mercados atestados
de verdes lechugas,
rojas fresas,
doradas uvas,
y moradas berenjenas—
¡Todo tan extraordinario!
¡Tan increíble!
Realmente entusiasmado,
hablas con la gente
y la gente te habla.
Les tocas
y ellos te tocan.
Todo es mágico,
como una interminable
celebración.

EUGENE IONESCO

Desde donde estamos

Cuando abandonamos la idea de desear que ocurra algo en este instante, estamos dando un gran paso hacia la posibilidad de encontrarnos con lo que es aquí y ahora. Si mantenemos la esperanza de ir a alguna parte o de desarrollarnos en cierto modo, solamente podremos partir de donde estamos. Y si no sabemos dónde estamos –un conocimiento que deriva directamente del cultivo de la plena atención– solamente podremos andar en círculos a pesar de todos nuestros esfuerzos y expectativas.

Por eso, en la práctica meditativa, la mejor manera de ir a donde sea es desembarazarnos de la idea de llegar a alguna parte.

JOHN KABAT-ZINN

Siempre estamos luchando por llegar a alguna parte. ¿Cómo me sentiría si dejara de esforzarme por completo y permaneciera quieto?

El único Maestro

Wittgenstein proclamaba que la filosofía lo deja todo tal y como lo encuentra. La filosofía no crea un lenguaje nuevo y más preciso que reemplace al que ya utilizamos. Más bien nos ayuda a prestar atención a lo que tenemos delante de nosotros y nos enseña a examinar la manera en que opera realmente el lenguaje.

También el Zen lo desnuda todo. Pero para la mayoría de nosotros, desnudarlo todo resulta un trabajo muy duro. Sin esforzarnos duramente no parecemos ser capaces de desnudar nuestra vida y, simplemente, vivir. Enfrentados al dilema del sufrimiento buscamos, consciente o inconscientemente, un antídoto o una escapatoria. Y buscando escapar de nuestro sufrimiento le damos la vuelta a nuestra vida, de dentro a fuera, retorciendo nuestra «mente corriente» y convirtiéndola en una «mente aislada» que busca distanciar, controlar y disociar un «yo» interior de un dolor exterior.

Perseguimos la iluminación y otros estados especiales de conciencia que eliminarán nuestros sufrimientos y nos garantizarán una felicidad perfecta,... o así lo hemos oído. Pero tanto si nuestra idea es alejarnos del dolor como perseguir la felicidad, el resultado es el mismo: una vida apartándose de sí misma y de este momento. Y este momento resulta ser la única respuesta, el único «yo» que existe, el único maestro y la única realidad. Y todo oculto a simple vista.

BARRY MAGID

En contacto con los milagros

Según Buda, mi maestro, la vida sólo es aprensible en el aquí y ahora. El pasado ha desaparecido y el futuro aún no ha llegado. Solamente existe para mí un momento que vivir: el momento presente. Por esto, lo primero que he de hacer es volver al momento presente. Haciéndolo así entro profundamente en contacto con la vida. Inhalo vida; exhalo vida. Cada paso que doy es vida...

Muchos de nosotros pensamos que la felicidad no es posible en el momento presente. La mayoría de nosotros cree que hay unos cuantos requisitos más que satisfacer antes de que podamos ser felices. Por eso somos absorbidos hacia el futuro siendo incapaces de estar presentes en el aquí y ahora. Por eso nos perdemos muchas de las maravillas de la vida. Si seguimos alejándonos hacia el futuro no podremos contactar con las múltiples maravillas que la vida nos ofrece ni podremos vivir en el momento presente en el que se produce la sanación, la transformación y el gozo.

THICH NHAT HANH

Cuando descubras tus pensamientos preocupándose por fantasías futuras, no es necesario que te culpes. Con delicadeza, date cuenta de que estás en el aquí y ahora.

¿Qué es esta mente?

... [El camino directo para convertirte en Buda] no es otro que descubrir tu propia Mente. Y ¿qué es esta Mente? Es la verdadera naturaleza de todos los seres sensibles, esa que existía antes de que nuestros padres nacieran y, por tanto, antes de nuestro propio nacimiento. Ésa que existe en el presente, inmutable y eterna. Por eso la llamamos «El rostro anterior al nacimiento de nuestros padres».

Esta Mente es intrínsecamente pura. Cuando nacemos no es creada de nuevo y cuando morimos, no perece. No es diferente en hombres que en mujeres, ni es coloreada por el bien ni por el mal. No puede ser comparada con nada. Por eso se la llama: «La naturaleza búdica». Y no obstante, incontables pensamientos emanan de esa naturaleza del Ser al igual que surgen las olas en el océano, o como son reflejadas las imágenes en un espejo.

Para descubrir tu propia Mente primero has de indagar en el origen desde donde fluyen todos los pensamientos. Durmiendo o trabajando, de pie o sentado, pregúntate profundamente a ti mismo: «¿Cuál es mi propia mente?», con una intensa urgencia por resolver esta cuestión. A esto se le denomina «adiestramiento», o «práctica», o «anhelo de la verdad», o «sed de realización». Lo que llamamos «zazen» (meditación) no es más que mirar dentro de la propia mente.

BASSUI

El Zen enseña que una intensa indagación conduce a una gran iluminación. Aquí tienes tu koan: «En este instante, ¿quién está leyendo estas palabras?»

No se esconde

Un jasidín entró de repente en el estudio del rabino Yerachmiel Ben Israel.

—Rabí –le espetó jadeante– ¿cuál es el camino que conduce a Dios?

El rabí levantó los ojos y le contestó:

—No hay camino que conduzca a Dios porque Dios no es más que el aquí y ahora.

—Entonces, rabí, dime cuál es la esencia de Dios.

—No hay una esencia de Dios porque Dios lo es todo y no es nada.

—Entonces, rabí, revélame el secreto para que pueda reconocer que Dios lo es todo.

—Amigo mío –suspiró el rabí Yerachmiel– no hay camino, no hay esencia, no hay secreto. La verdad que buscas no se esconde de ti. Tú te estás escondiendo de ella.

RABÍ RAMI M. SHAPIRO

¿De qué verdad te estás ocultando? Ahora mismo.

Nada más sobre la tierra

—Un nuevo camino, nuevos planes –gritó él (Zorba)–. He dejado de pensar en lo que me sucedió ayer. He dejado de preguntarme qué va a suceder mañana. Sólo me preocupo de lo que sucede hoy, en este instante. Me digo:

—¿Qué estás haciendo ahora mismo, Zorba?

—Estoy durmiendo.

—Bien, bien. Duerme.

—¿Qué estás haciendo en este instante, Zorba?

—Estoy trabajando.

—Bien, trabaja bien.

—¿Qué estás haciendo en este instante, Zorba?

—Estoy besando a una mujer.

—Bien, bésala bien, Zorba. Y olvídate de todo lo demás mientras lo estés haciendo. No hay otra cosa en la Tierra. ¡Sólo tú y ella! ¡Continúa!

NIKOS KAZANTZAKIS

La vivencia lo es todo

... El pensamiento siempre aparece en escena como «yo», el personaje principal –el que impide el flujo de sucesos con su referencia a sí mismo, reaccionando, haciendo comentarios y siendo emocional respecto a sí mismo–, que se apega a lo que experimenta y siente como «buen yo» y rechaza aquello que juzga como «mal yo»: «No quiero ser así. Ése no soy yo. No me gusta». Siempre estamos aferrándonos, negándonos o huyendo de nosotros mismos.

¿Dónde estamos justo en este momento? ¿Qué somos? ¿Es posible observar estos siempre cambiantes estados de sentimientos y emociones desapasionadamente sin convertirnos o dejar de convertirnos en sus amos?

La pura presencia es la esencia de lo que realmente somos. No somos esos diferentes estados de ánimo, sentimientos y humores que se suceden uno tras otro. Cuando el pensamiento no se identifica con ninguno de ellos todos llegan y se van como nubes, sin dejar rastro, suavemente.

Estar aquí y ahora es, sencillamente, ver, oír, experimentarlo todo como el zumbido de un avión [un avión pasa sobre nuestras cabezas] sin necesidad de convertirnos en nada. Escuchándolo todo sin convertirnos en oyentes.

¿Qué soy yo, en este instante, sin elaboración mental alguna?

TONI PACKER

¿Qué eres?

La realización del nirvana por parte de Buda fue, en realidad, descubrir aquello que había estado ahí todo el tiempo. Buda no se adentró en un nuevo territorio: vio las cosas tal y como eran. Lo que se extinguió fue únicamente la falsa visión del «yo». Lo que desde siempre había sido una fantasía, fue entendida como tal. Nada cambió excepto la perspectiva del observador.

Cuando un potencial y asombrado seguidor le preguntó:

—¿Qué te ha sucedido?

Buda tan sólo le respondió:

—He despertado.

Tal y como reza un importante sutra Mahayana: «Si nuestra confusa subjetividad no nos lo impide, ésta, nuestra vida cotidiana, es una actividad del nirvana mismo».

MARK EPSTEIN

Tus pautas mentales y creencias son cuentos que te has estado contando durante toda tu vida. Cuentista, ¿quién eres? Sin todas esas historias, ¿qué eres?

El corazón de la sabiduría

... la forma no es más que vacío; el vacío no es más que forma.
La forma es exactamente vacío; el vacío, exactamente forma.
La sensación, la percepción, la reacción,
	y la consciencia son también vacío.

... todas las cosas son expresión del vacío,
ni nacidas, ni destruidas;
ni mancilladas, ni puras;
ni simples, ni complejas.
Por eso, el vacío no es forma, ni sensación, ni percepción, ni reacción,
	ni consciencia.

Ni ojo, ni oído, ni nariz, ni lengua, ni cuerpo, ni mente;
ni color, ni sonido, ni olores, ni sabores, ni cosas tangibles, ni objetos
	de la mente;
ni elementos del órgano visual, ni elementos de consciencia;
ni ignorancia, ni extinción de la ignorancia;
ni vejez, ni muerte;
ni cesación de la vejez, ni de la muerte;
ni sufrimiento, ni cesación del sufrimiento;
ni camino; ni sabiduría, ni logros, ni no logro.

Los Bodhisattvas viven este Prajna Paramita
sin impedimentos mentales.
Al no haber obstáculos, no hay miedo.
Trascendiendo todos estos espejismos,
el Nirvana es aquí.

EL SUTRA DEL CORAZÓN

Este texto, recitado a diario en los templos Zen, es considerado como la sabiduría suprema no dual «Prajna Paramita». No hay opuestos. Si lo ves, ves el nirvana.

Circunstancia (pasaje)

Todo lo que siento y para todo lo que sé,
no hay alto ni bajo,
ni ola quieta, ni piedra rodante,
ni hombre vagabundo, ni un gran interrogante.
Y no hay tiempo, ni lugar,
ni hay forma, ni rostro...

Todo lo que siento y para todo lo que veo
no hay tú, ni hay yo,
    ni viento ululante, ni lluvia torrencial,
    ni estrella en el ocaso, ni tren solitario.
Y no hay manantial, ni río caudaloso,
ni montaña sólida, ni marea carmesí...

Para todo lo que siento y para todo lo que soy
no hay león, ni cordero,
    ni rueda que gire, ni cuadrado perfecto,
    ni bastón de paseo, ni silla mecedora.
Y no hay ni cómo, ni cuándo.
Y no hay ni ahora, ni luego.
Y no es nada especial... sólo este infinito cielo...

BUTCH HANCOCK

En el interior de mi cuerpo se encuentran todos los lugares sagrados del mundo. El más profundo peregrinaje que puedo emprender es hacia el interior de mi propio cuerpo.

SARAHA

Él está más próximo que tu respiración
y más cerca que tus manos y tus pies.

ALFRED, LORD TENNYSON

¿Qué es «aquí»?

Cuando llegas a mí, dejas atrás la región humana, dejas atrás la región de la vida. Mucho antes de llegar Aquí, abandonas la región del color, de la forma y de la materia.

Recorre todo el camino hasta aquí y déjalo todo atrás.

¿Qué soy yo, Aquí?

Lo que *es* Aquí –esta pura desnudez del Ser emergiendo del No Ser, el «Yo soy» del «No soy»– es el origen de la vida, el lugar de donde todo procede.

DOUGLAS E. HARDING

Cuando uno percibe la impermanencia, se verifica la percepción del no ser. Con la percepción del no ser, el concepto de «yo» es eliminado y el nirvana es aquí y ahora.

BUDA

Cuando dejas atrás el «yo» artificial, el verdadero «Yo» que permanece percibe directamente y no a través de las fangosas y distorsionadoras aguas del falso «yo».

El «aroma del laurel silvestre», el «ciprés del patio», la «taza de té», el «cuando tengo hambre, como; cuando tengo sed, bebo; cuando estoy cansado, me acuesto», el «nada se te oculta», de los Maestros Zen, son la visión directa. Es el agua libre del hielo que la mantiene congelada.

Pero también es tan sólo mirar delante de tus ojos. No es nada distante, lejano, misterioso, fuera de tu alcance, imperceptible en este instante. Es lo que es aquí y ahora.

WEI WU WEI

Fúndete. Fluye. Evapórate en el resplandeciente cielo.

Toca las campanas que aún pueden sonar.
Olvídate de tu perfecta ofrenda.
En todo hay una grieta
por donde penetra la luz.

LEONARD COHEN

No gires la cabeza.
Continúa mirando hacia el lugar oculto.
Por ahí es por donde la luz entra en ti.

RUMI

Y ni por un instante creas
que te estás sanando a ti mismo.

RUMI

La capacidad de ver

La vida continúa, tanto si actuamos como cobardes o como héroes. La única disciplina que la vida nos impone es descubrirla, aceptándola sin vacilación.

Todo aquello ante lo que cerramos los ojos; todo aquello de lo que nos alejamos; todo aquello que negamos, denigramos o despreciamos, es, al final, utilizado para derrotarnos. Lo que nos parece nauseabundo, doloroso y perjudicial puede convertirse en fuente de alegría, belleza y fortaleza, si se afronta con una mente abierta.

Cada instante es un instante de oro para aquél que tiene la capacidad de reconocerlo como tal.

HENRY MILLER

Contemplando el mágico espectáculo

¿Has practicado alguna vez el *surf*? Imagínate que ahora estás sobre una tabla de *surf* esperando a que llegue la gran ola. Te dispones a ser llevado por su energía. ¡Ahí llega! ¿Sientes esa energía ahora mismo? Eso es empatía. Sobran las palabras; tan sólo siente esa energía.

Cuando me conecto con aquello que está vivo en otra persona, los sentimientos que me invaden son semejantes a los que siento cuando practico el *surf*.

Para hacerlo, no has de cargar con nada del pasado. Por eso, cuanta más psicología haya estudiado, más difícil me resultará sentir esa empatía. Las categorizaciones y las experiencias del pasado pueden, instantáneamente, tirarte de la tabla. Esto no significa negar el pasado. Las experiencias pasadas pueden estimular lo que está vivo en este momento. Pero ¿estás pendiente de lo que estaba vivo entonces o de lo que la persona siente y necesita en este instante?

Si estás pensando en lo próximo que vas a decir –cómo solucionarlo o hacer que esa persona se sienta mejor–... ¡Bum! ¡Te caíste de la tabla! Ya estás en el futuro.

La empatía requiere permanecer con la energía que se halla aquí, en este instante. No hay que utilizar ninguna técnica. Simplemente has de estar presente.

Cuando me he conectado realmente con esa energía, es como si yo no estuviera aquí. A eso lo llamo: «Contemplando el mágico espectáculo».

En esta presencia una energía tremendamente valiosa opera a través de nosotros pudiendo sanar lo que sea liberándome de mis tendencias «solucionadoras».

MARSHALL B. ROSENBERG

La música secreta

Este mundo no posee marcas, signos o evidencias de existencia, y los ruidos que contiene –como las voces, los sonidos del viento o de los animales–, escuchados atentamente, están siempre embebidos –desde siempre, por siempre y para siempre– en la eterna trama del silencio. Eso es debido a que el mundo no es más que un sueño, sólo un pensamiento, al que la interminable eternidad no le presta ninguna atención.

Por la noche, bajo la luna, o en una habitación tranquila, el silencio, la secreta música de lo No nacido se extiende, más allá de todo lo imaginable, más allá de la existencia.

Hablando con propiedad, despertar nunca es «despertar» porque la dorada eternidad nunca se ha dormido. Puedes afirmarlo por el constante sonido del Silencio que se abre paso, seccionando este mundo como un mágico diamante, a través del engaño que supone desconocer que tu mente es la causante del mundo.

JACK KEROUAC

Dibujos en el agua

En este instante, contempla directamente el presente pensamiento en tu mente. ¿Tiene forma? ¿Tiene color? En primer lugar, ¿ha surgido? ¿Dónde reside? ¿Dónde se extingue? ¿Cuándo se extingue? ¿Se extingue realmente? ¿Surgió de alguna parte? ¿Va a alguna parte? Cuando no hallamos ninguna respuesta, nos relajamos y descansamos tranquilos.

... Cuando la mente es distraída por los objetos exteriores, aplicamos las consignas del capitán del barco y la tripulación: «Cuando el cuervo se aleja del barco, tan sólo mira hacia donde va». No has de hacer nada más. Sin embargo, cuando lo examinas, el pensamiento que fue atraído por los objetos exteriores, desaparece, de manera que no hay forma de contemplarlo. Es la atención contemplándose a sí misma. De modo que no hay nada que ver ni hay nadie que vea. Una bandada de cuervos puede dispersarse en distintas direcciones al mismo tiempo, pero los pensamientos no. Los pensamientos son como dibujos en el agua: desaparecen en cuanto los esbozas. Sólo queda la mente contemplándose a sí misma.

Lo más importante es mirar directamente cualquier pensamiento que surja... y relajarte. A esto se le conoce como el método de meditación en el cual no hay diferencia entre un erudito y alguien que no lo es.

KHENPO TSULTRIM GYAMTSO

Mira directamente, ahora.

Para siempre

Sobre mi escritorio tengo enmarcada una pequeña foto de mi padre rodeándome con su brazo, junto a un telescopio en lo que es, evidentemente, un mirador-parador de una autopista. Detrás de la foto está escrito: «Montaña Lookout, Windham, Nueva York, 12 de julio de 1939». De modo que tengo tres años.

Sé que durante mi infancia, los dos visitamos muchos miradores, de lo cual deduzco que mi recuerdo de sus consejos para poder ver con claridad es en realidad una combinación de recuerdos. Era algo así: «Mira con tus dos ojos, Silvia. Mantenlos abiertos. Sitúate ante las dos lentes. Justo aquí. Si no, no verás bien».

Puede que aquella fuese la parte más importante: «Ahora mira», solía decir mi padre, «porque nos tendremos que ir y no lo habrás visto». Ésta es la instrucción: «Tan sólo conecta». Estés donde estés ahora, presta atención. Y para siempre.

SILVIA BOORSTEIN

Y no lo olvides: «para siempre» es ahora.

Si dejas de albergar esperanzas

Si dejas de tener esperanzas, probablemente descubrirás que tu vida es infinitamente más rica. Y aquí va el porqué: Cuando vives esperanzado normalmente lo haces porque estás evitando la realidad. Si esperas que tu compañero deje de beber, ¿no temes realmente que él o ella lo consiga? ¿No tienes miedo de tomar la iniciativa de forma decisiva para cambiar la situación? Si sigues esperando que deje de beber, en realidad estás tratando de evitar esforzarte por manejar la situación de forma efectiva.

Las esperanzas se convierten en una droga o un somnífero que te hace un poco más soportable el dolor. Y, como todas las drogas, presenta efectos secundarios. Uno de los principales es que te sentirás algo menos vivo, algo más embotado. El esperar que la situación cambie te mantendrá alejado de tus verdaderos sentimientos: de la tristeza, de la ira y del miedo. Todos esos sentimientos son mejor evaluados desde cerca. Siéntelos profundamente y dejarán de ser una molestia. Desea alejarlos y te acecharán todo el día.

GAY HENDRICKS

Si esperas que algo mejor suceda, ¿cómo vas a vivir este momento?

Gratitud por cada instante

[*Un marido cuida a su esposa y ésta muere de cáncer.*]

Como en un sueño, ininterrumpidamente se sucedían muchas cosas, pero de manera instantánea –como en un abrir y cerrar de ojos– dentro de un contexto de inmutabilidad. Eran palpables inmensos significados, pero la mente consciente no podía aprehenderlos. Y, como en un sueño, yo actuaba irreflexivamente, sin cuestionarme qué hacía. Me descubrí «viviendo sin un ¿por qué?», repitiendo las mismas tareas, las mismas acciones que requería un paciente confinado a su lecho; siempre lo mismo y siempre diferente. Era una vida sin pensamientos discursivos.

Y también, como en un sueño, resultaba difícil concentrarse, focalizarse de la manera habitual. Y, no obstante, comprobé que ponía todo mi ser –y no sólo una parte– en la tarea que tuviera entre manos.

Utilizando otra metáfora, el tiempo, a cada instante, se convertía en un regalo, en una gracia. Era como si todo estuviera en las manos de Dios. Habiéndolo entregado todo, todo se convertía en un regalo. Dejé de experimentar el movimiento del tiempo, la corriente de la vida, horizontalmente, con un antes y un después, con un pasado y un futuro –el primero empujando, en cierto sentido, desde atrás y el otro acercándose desde delante– para sentirlo verticalmente. Cada momento surgía a modo de milagrosa oportunidad. Un regalo que era realizado, recibido como devolución...

CHRISTOPHER BAMFORD

Cuando no evitas nada, todo es el rostro de Lo-que-es.

Si nuestra vida carece de una constante magia se debe a que elegimos observar nuestros actos perdiéndonos a nosotros mismos en elucubraciones sobre su imaginada forma, en vez de ser impulsados por su fuerza.

ANTOIN ARTAUD

Aquí está, ahora mismo.
Empieza a pensar en ello y te lo perderás.

HUANG PO

Sin nada que hacer

Pareces no poder impedir que tu mente deje de correr por todas partes buscando algo. Por eso el Patriarca dijo: «¡Pobres gentes! ¡Usan su cabezas para buscar sus cabezas!».

Ahora mismo has de dar la vuelta a tu luz y enfocarla hacia ti mismo sin buscar nada en otra parte. Entonces comprenderás que, en cuerpo y mente, no eres diferente de los patriarcas y los Budas... y que no queda nada por hacer.

LIN-CHI (RINZAI)

En vez de tratar de detener tus pensamientos, tan sólo contempla directamente aquello que es consciente de ellos. Aparta tu atención de lo que es percibido como externo y hazla descansar sobre sí misma, plenamente despierta.

El corazón de la presencia

Si quieres ser libre,
conócete como el Ser,
el testigo de todo,
el corazón de la atención.

Deja a un lado tu cuerpo.
Establécete en tu propia vivencia.

Serás, de una vez, feliz.
Sereno para siempre.
Libre para siempre.

Sin forma y libre,
más allá del alcance de los sentidos,
el testigo de todas las cosas.

¡Sé feliz pues!

Bien o mal,
alegría y tristeza,
eso pertenece sólo a la mente,
no a ti.

Tú eres en todas partes,
eternamente libre.

EL CORAZÓN DE LA PRESENCIA: ASHTAVAKRA GITA

Muy cerca de ti

Esta enseñanza no es remota ni misteriosa,
ni se halla más allá del mar,
de modo (que no puedes decir): «¿Quién cruzará el mar y nos lo traerá
    para que así podamos oírlo y conservarlo?
Está muy cerca de ti.
Está en tu boca y en tu corazón
para que puedas practicarla.

DEUTERONOMIO 30: 11-14

*La visión del mundo del Antiguo Testamento difiere de la
del misticismo oriental, pero textos como el anterior se
encuentran en todas las tradiciones.*

Meditación conduciendo

Para practicar la Meditación en Movimiento has de admitir que ahora mismo te encuentras aquí, en tu coche. Despójate de todas tus expectativas, modelos comparativos y técnicas. Asume este claro, observador y no obstruido estado de ser y ¡sigue conduciendo! En vez de estar sentado erguido y atento en un tranquilo y quieto lugar –sea un *zendo* o una sala de meditación– estás sentado erguido y atento en tu vehículo en marcha. Estás meditando al mismo tiempo que conduces. No te dejes guiar por nada de tu interior o del exterior. Observa y experimenta sin intrusiones, pero cuando una intrusión alce su fea cabeza en forma de ira, una opinión o un conductor que te cierra el paso, sencillamente date cuenta y vuelve a enfocarte en ser consciente de todo aquello que te rodea. Conduciendo debes estar íntimamente implicado en la acción mientras eres consciente de que todo a tu alrededor está aconteciendo por primera vez. Todo cambia constantemente y cada situación en el tráfico requiere su propio conjunto de respuestas. Nada debe hacerse de memoria. Mantén tu mente, cuerpo y sentidos plenamente despiertos y al conducir sé consciente de que todo lo que ves es tan nuevo como la sonrisa de un bebé, a pesar de las veces que creas haberlo visto antes.

K.T. BERGER

Prueba con esto. Pásate la tarde caminando, conduciendo o comiendo y experiméntalo todo como si fuera la primera vez. Fresco, nuevo, abierto.

El precioso presente

Y entonces, ¡sucedió!
No supo por qué sucedió,
cuándo sucedió.
Simplemente... ¡sucedió!

Se dio cuenta de que el *Precioso Presente*
era simplemente eso:
el Presente.

No era el pasado,
ni el futuro,
sino
el Precioso Presente.

Se dio cuenta de que
el momento presente
es siempre precioso.
Y no debido a su ausencia absoluta
de imperfección,
cosa que frecuentemente no ocurre,
sino debido a
que es absolutamente todo
lo que ha de ser...
en este instante.

SPENCER JOHNSON

En donde estamos es meditación

Todos hemos practicado toda clase de técnicas de meditación y, no obstante, seguimos neuróticos, en conflicto, insatisfechos.

Nos dejamos caer, agotados por nuestros esfuerzos, desanimados. Desechamos la idea de meditar. Abandonamos.

Y ahí nos quedamos. Finalmente hemos llegado donde estamos. Donde estamos es meditación, sea donde sea.

No hay ni salida ni entrada, ni hacer ni no hacer, ni técnica, ni resultado, ni poder, ni experiencia.

La meditación de «donde estamos» no es ni siquiera espiritual. Es la vida misma, moviéndose a su antojo, fluida, quieta, hermosa y auto-satisfecha.

En donde estamos no hay meditador; sólo meditación. No hay pensador; sólo pensamiento. No hay hacedor; sólo acción. No hay amante; sólo amor.

No necesitamos un tiempo o un lugar especial para estar donde estamos. No necesitamos retirarnos, aislarnos, para estar donde estamos. No necesitamos nada. Sólo «nada».

STEVEN HARRISON

Sin un lugar o un tiempo especial, ¿qué es la meditación para ti?

Mi práctica

Sí, tengo mi propia práctica. La llamo: «Vivir una vida humana». Y trato de practicar con regularidad.

A veces me olvido de mi práctica y empiezo a hacer cosas extrañas y extravagantes como meditar, o retener el aliento, o lo que sea. Pero la práctica con la que estoy realmente comprometido es la de llevar una vida corriente.

De modo que mi práctica implica la *sadhana* de ser padre de dos maravillosos niños. Mi *sadhana* implica escuchar cuando la gente me hace observaciones y tener presente la humildad de no ser inaccesible al reproche. Mi práctica incluye sentirme deseoso de estar absolutamente inmerso en el lodo de la humanidad siendo, al mismo tiempo, pura consciencia. Mi práctica se ha convertido en no utilizar ideas, ni fugaces experiencias espirituales para escapar, sea de la forma que sea, del currículum de la vida humana.

... No creo que haya necesidad de práctica alguna más allá de estar aquí en este planeta afrontando con un corazón abierto lo que la vida te presenta.

ARJUNA NICK ARDAGH

Cíñete simplemente a esto: permanece aquí, permanece abierto.

El lugar correcto

... Permanecer en el medio nos prepara para afrontar lo desconocido sin miedo. Nos prepara para afrontar ambas cosas: nuestra vida y nuestra muerte. El estado intermedio –donde, instante a instante, el guerrero se descubre a sí mismo aprendiendo a relajarse– es el campo de adiestramiento perfecto. Realmente carece de importancia el que eso nos inspire o nos deprima. No hay absolutamente ninguna manera de hacerlo bien...

A medida que persistimos en el adiestramiento, evolucionamos más allá del pequeño «yo» que continuamente busca espacios de confort. Poco a poco descubrimos que somos suficientemente grandes para abarcar algo que no es verdad ni mentira, ni puro ni impuro, ni bueno ni malo. Pero primero hemos de apreciar la riqueza del vivir sin suelo sobre el que sostenernos y mantenernos ahí.

Es importante que sepamos de este estado intermedio. Si no, creeremos que el viaje del guerrero es, o bien uno en el que nos quedamos atrapados, o bien aquél en el que nos liberamos. El hecho es que nos pasamos mucho tiempo en el medio. Éste, el lugar correcto, es un lugar fructífero en el que estar. Descansar aquí por completo –experimentando imperturbablemente la claridad del momento presente– es lo que se llama: «Iluminación».

PEMA CHÖDRÖN

El camino medio de Buda es el camino de no aferrarnos a ninguna experiencia, estado o forma de ver. Esto no es árida filosofía, sino viva presencia. Este «intermedio» no descansa sobre nada ni se aferra a nada.

Tu rostro original

Hui-Ming se postró (ante Hui-Neng, el Sexto Patriarca) y le dijo:

—Por favor, explícame las enseñanzas, trabajador[1].

Yo le dije:

—Puesto que has venido por la enseñanza, deberías expulsar todos los objetos y no concebir ni un solo pensamiento. Entonces te expondré la enseñanza.

Hui-Ming guardó silencio durante largo rato. Yo le dije:

—Cuando no estás pensando en el bien ni en el mal, ¿cuál es tu rostro original?

Al oír estas palabras Hui-Ming experimentó una fuerte iluminación. Entonces preguntó:

—¿Hay alguna otra idea secreta además de la idea secreta que en secreto me acabas de exponer?

Yo le dije:

—Lo que te he dicho no es secreto. Si reflexionas en tu interior, el secreto está en ti.

HUI-NENG

Si tu rostro original no es el que ves en el espejo ni la máscara que muestras al mundo, ¿cuál es?

1.- Al decir «trabajador», se refiere al Sexto Patriarca que había sido un trabajador corriente.

Al leer esto, siéntete dispuesto

Desde ahora: ¿qué quieres recordar?
¿Cómo se arrastra la luz del sol sobre un reluciente suelo?
¿El aroma que flota sobre la madera?
¿El amortiguado sonido exterior que colma el aire?

¿Entregarás nunca un mejor regalo al mundo
que el respeto que transpiras y que
llevas ahora contigo a donde quiera que vas?
¿Estás esperando a que el tiempo mismo te revele
mejores pensamientos?

Cuando te des la vuelta, desde ahora,
llévate este nuevo vislumbre que has encontrado;
llévate a la noche todo lo que quieras de este día.
El intervalo empleado en leer u oír esto,
guárdalo toda tu vida.

¿Quién te podrá ofrecer algo superior al ahora,
empezando desde aquí, aquí mismo en esta habitación,
cuando te das la vuelta?

WILLIAM STAFFORD

Ya tienes el mejor regalo. Date la vuelta.

Uno con esto

Sentado en meditación, justo después de haber dicho en voz alta para beneficio de sus discípulos: «Ni llegada impedida, ni partida consiguiente», Daibai [un maestro Zen] oyó el chillido de una comadreja, el «este» del siguiente poema. Se dice que al recitarlo, expiró.

Soy uno con éste, sólo éste.
Vosotros, mis discípulos,
defendedlo firmemente.
Ahora puedo morir.

DAIBAI

Mientras leías esas palabras puede que oyeras un coche pasar o a gente hablar. Sé uno con ello. En este momento, no hay nada más. No hay después.

El río
en el que acabas
de mojar tu pie,
ya no existe.
Esas aguas,
se han convertido en esto,
ahora son esto.

HERÁCLITO

¿Quién te lo impide?

[*Un Maestro Zen respondiendo a un desanimado estudiante.*]

En tu carta me dices que tu naturaleza es débil y perezosa, de manera que aunque te esfuerzas por cultivar y mantener el Dharma, nunca has gozado de un instante de iluminación trascendente.

Aquél que puede reconocer la debilidad y la pereza, no es, definitivamente, ni débil ni perezoso. ¿En qué otra parte quieres buscar la iluminación trascendente? Sencillamente: emerge aquí mismo y contempla lo que es. Aquél que aparece no es alguien distinto; es, simplemente, el que se reconoce débil y perezoso. Y el que se reconoce débil y perezoso no es otro que tu propia y fundamental identidad.

Ésta es la medicina que te doy para combatir la enfermedad. No hay otra alternativa: te señalo el camino para que vuelvas a casa y descanses en paz. Eso es todo.

... Simplemente date cuenta de que aquél que reconoce esa debilidad y pereza, en último término, es. Simplemente mira aquí mismo; no busques una iluminación trascendente. Tan sólo observa y observa y, de repente, estallarás en carcajadas. Aparte de esto no se puede decir nada más.

TA HUI

Ahora mismo deja de leer y date cuenta tan sólo de cómo te sientes. Inspira profundamente. En vez de quedarte con esa sensación, retrocede un paso atrás y fíjate en esa presencia que todo lo ve.

Me he dado cuenta de que pasado y futuro son ficciones. Existen en el presente, que es todo lo que hay y todo lo que es.

ALAN WATTS

El Ahora en el que Dios hizo el primer hombre, el Ahora en el que el último hombre desaparecerá y el Ahora en el que estoy hablando, son todos uno en Dios en el cual sólo existe un Ahora. ¡Mira! El que vive bajo la luz de Dios no es consciente del tiempo pasado ni del tiempo futuro, sino sólo de la eternidad única.

MEISTER ECKHART

¡Es tan fácil!

La mente ha inspirado en el budismo tantos abstrusos –el aplauso con una sola mano– discursos como cualquier otro tema. Tenzin Palmo sostiene, sin embargo, que no es necesario escandalizarse por ello porque experimentamos la mente siempre que vemos las cosas tal como realmente son: «Si simplemente nos quedamos quietos y nos relajamos, ¡somos pura consciencia! Es muy fácil porque es lo que realmente somos...»

Tenzin Palmo desoye las quejas respecto a la dificultad de contactar con la mente. «No nos creemos que sea tan sencillo. Por eso insistimos en que es difícil», dice ella. «No necesitamos practicar durante horas y horas... pero no nos lo creemos. Hemos de viajar por todo el mundo para darnos cuenta de que ya tenemos lo que estamos buscando». Y con una sonrisa y un suspiro añade: «Para la mayoría de la gente es muy difícil darse cuenta de que no hay nada que hacer».

WINIFRED GALLAGHER

¿Acaso no es la vida suficientemente difícil? ¿Por qué complicarla todavía más? No hagas nada y compruébalo por ti mismo.

Un paso atrás

La gente espiritual puede resultar la gente más violenta con la que puedas encontrarte. Principalmente, es violenta consigo misma.

Intentan controlar su mente, sus emociones y sus cuerpos con violencia. Se enfadan consigo mismos y se castigan por no alcanzar la idea de la mente condicionada respecto a lo que ha de ser la iluminación. Nadie se libra nunca totalmente de esa violencia. ¿Por qué tan pocos son realmente libres? Por que tratan de acomodar sus ideas, sus conceptos y creencias a sus mentes. Intentan concentrar su camino hacia el cielo... pero la Libertad tiene que ver con el estado natural, con la espontánea expresión de ser sin conciencia del «yo».

Si deseas hallarla, date cuenta de que la idea misma de «alguien que controla» es un concepto creado por la mente. ¡Da un paso atrás hacia lo desconocido!

ADYASHANTI

El «yo» persiste implacablemente en la caza de un imaginario tesoro. ¿Tienes tú el valor de dar un paso atrás hacia lo desconocido?

Ahora, ¡empieza a vivir!

Quisiera que acabaras con el hábito de esperar. ¡Ya has esperado suficiente!

... Ya has esperado más de lo necesario. Ahora, ¡empieza a vivir! Y sólo hay una manera de vivir y es empezar ahora. No existe el mañana. El tiempo sólo es ahora. Todos los mañanas son imaginarios. El pasado es recuerdo; el futuro es imaginación. Solamente este instante es real. Solamente este instante es la puerta hacia lo divino.

... Inmediatamente verás surgir en ti una nueva vida.

OSHO

¿La ves?

Conviértete en este instante

Justo ahora un instante de tiempo está esfumándose. ¡Captura su realidad pintándolo! Para hacerlo, hemos de vaciar nuestra mente de todo lo demás. Hemos de convertirnos en ese momento, hemos de convertirnos en una sensible superficie apta para ser grabada... ofreciendo la imagen de lo que realmente somos y olvidándonos de lo que hemos visto antes.

PAUL CÉZANNE

Plena consciencia presente

Deja que tu plena consciencia presente simplemente se despliegue,
sin elaboración alguna.
No trates de mejorar su frescura.
Que ningún recuerdo pasado,
ni ningún plan futuro,
te mantenga ocupado
inmerso en una dualista apreciación del presente.
No te centres en nada como objeto de meditación.
Permanece totalmente libre,
vívidamente claro,
completamente despierto.

TSOKNYI RINPOCHE

*La vivencia natural no necesita ser reforzada. ¿Qué tal
si dejas de intentar manipular tu mente y simplemente
ser aquí?*

Por una vez

Donde vas
y donde estás
es lo mismo.
Aquello por lo que suspiras
y lo que has dejado atrás
son cosas tan inútiles como tu nombre.
Por una vez,
sal fuera, al campo,
y contempla el impresionante roble...
en su interior late aún una bellota.

PETER LEVITT

La vida misma

El peligro reside en que podemos preocuparnos tanto del camino que no lo utilicemos para ir a ninguna parte y mientras, la vida a nuestro alrededor prosigue su curso. [Meister] Eckhart concluye... que, «aquél que busca a Dios sin seguir un camino especial, Le encuentra tal como es... y Él es la vida misma». Pero, ¿cómo podemos buscar a Dios sin disponer de un camino para hacerlo?

Esto nos conduce hasta una paradoja tan dura como la piedra: sin una disciplina espiritual no vamos a ninguna parte, pero el seguir intencionadamente una disciplina nos puede llevar únicamente a la práctica de esa disciplina.

Puede que la clave para resolver esta paradoja resida en la cruda afirmación de Eckhart de que lo que hemos de buscar es «la vida misma». Si la vida de disciplina es distinta de la vida corriente, ¿puede que haya una disciplina oculta tras lo corriente? ¿Hemos estado desde siempre caminando hacia ser quienes somos antes de que fuéramos... sin saberlo? ¿Somos místicos antes de que intentemos serlo, incluso antes de que sepamos nada de misticismo?

Como dicen los budistas: «Todos somos Budas inconscientes y nuestros esfuerzos por elevarnos por encima de la vida corriente es lo que nos impide captar nuestra naturaleza».

JAMES P. CARSE

El Nirvana aquí y ahora

¿Qué es concentración?
Comida en la escudilla, bebida en el vaso.

DAVID ROTHENBERG

Me di cuenta con claridad de que la mente no es más que las montañas, los ríos y la inmensidad de la Tierra, el Sol, la Luna y las estrellas.

DOGEN

No faltaba nada

Un día del último noviembre vimos una maravillosa puesta de sol. Estaba caminando por un prado por el que discurría un pequeño arroyo, cuando por fin el sol, justo antes de ocultarse después de un día frío y gris, alcanzó un espacio sin nubes en el horizonte. Una luz increíblemente suave y brillante cayó sobre la seca hierba y los troncos de los árboles en el horizonte opuesto y sobre las hojas de los robledales en la ladera de la colina, mientras nuestras sombras se alargaban hacia el este de la pradera como si fuéramos sólo motas de polvo bajo sus rayos. Era una luminosidad inimaginable un instante antes y el aire era tan cálido y sereno que a aquella pradera no le faltaba nada para considerarla un paraíso.

Y cuando nos dimos cuenta de que aquello no era un fenómeno singular e irrepetible, sino que sucedería de nuevo –por siempre y para siempre– en un infinito número de atardeceres, alegrando y tranquilizando al cualquier chiquillo que por allí pasara, resultó aún más magnífico.

HENRY DAVID THOREAU

En tu propio campo

Empieza a buscar y a cavar en tu propio campo
en pos de esa perla de eternidad que yace en él.
Por mucho que pagues por ella, nunca será demasiado;
su coste nunca será excesivo, querido,
porque lo es todo.

Y cuando la encuentres
sabrás que
todo lo que has vendido o dado por ella
no es más
que una burbuja sobre el agua.

WILLIAM LAW

En el metro

Estaba sentado solo en el IRT [el metro de Nueva York] de camino para recoger a mis hijos después de su clase de música. El tren acababa de dejar la estación de la calle 33 y estaba acelerando hasta su velocidad de crucero...

Entonces, de repente, la mortecina luz del vagón empezó a brillar con excepcional lucidez hasta que todo a mi alrededor resplandeció con un aura indescriptible y contemplé en la abigarrada fila de viajeros de enfrente la milagrosa conexión de todos los seres vivientes. No la sentí; la vi. Lo que empezó como un deslavazado pensamiento se convirtió en una visión, enorme y unificadora, en la cual toda la gente del vagón, incluyéndome a mí mismo, se precipitaba al unísono hacia el centro de la ciudad, de la misma manera que toda la gente del planeta giraba al unísono en torno al sol —nuestro compañero vivo— formando una familia unida, conectada indisolublemente por el singular y misterioso accidente de la vida. Pese a las infinitas diferencias superficiales, éramos iguales, éramos uno, simplemente por estar vivos en aquel instante de entre todos los posibles instantes que, infinitamente, se prolongaban hacia delante y hacia atrás.

La visión me inundó con un amor desbordante hacia toda la raza humana y la sensación de que por muy incompletas y maltrechas que estuvieran nuestras vidas, éramos muchísimo más afortunados por estar vivos.

Entonces el tren llegó a la estación y me bajé.

ALIX KATES SHULMAN

Estés donde estés, ese lugar es sagrado.

No es nada especial

¡Contempla en tu interior tu propia mente!
Parece realmente apasionante, cuando no es examinada,
pero cuando lo es, no es nada especial.
Pareciendo sin ser, no es más que vacío.
No puede ser identificada diciendo: «¡Es esto!»,
sino que es evanescente y escurridiza como la bruma.

Contempla cualquier cosa que pueda aparecer
en cualquiera de las diez direcciones.
No importa cómo aparezca,
pues en sí misma, su verdadera naturaleza,
es la naturaleza –similar al cielo– de la mente,
más allá de la proyección y disolución de pensamientos y conceptos.

Todo posee la naturaleza del vacío.
Cuando el vacío contempla el vacío,
¿quién está ahí para contemplar el vacío?

NYOSHUL KHENPO

La mente es vacío, como el espacio. Busca un estado o
experiencia determinado... y no la verás.

Henchido y pleno

[*Ciego cuando niño, Lusseyran creció y se alistó en la Resistencia Francesa. Fue capturado y encarcelado en un campo de concentración donde se convirtió en la inspiración de sus compañeros prisioneros.*]

Lo más notable fue que el escuchar los miedos de los demás había acabado por liberarme casi por completo de toda ansiedad. Me sentía alegre y estaba alegre casi todo el tiempo, sin quererlo, sin ni siquiera pensarlo...

Recuerdo muy bien aquella noche de septiembre cuando 500 ucranianos me obligaron a sentarme en medio de su barracón y formando un círculo a mi alrededor cantaron, bailaron, tocaron el acordeón, lloraron y se pusieron a cantar de nuevo, todo de manera cariñosa y grave, sin un grito. Aquella noche, te lo prometo, dejé de necesitar defenderme del pasado o del futuro. El presente era tan redondo y pleno como una esfera, aportándome su calidez en todo momento.

Y, finalmente, si alguien les hubiera dicho a aquellos hombres que se estuvieron riendo y abrazando durante una hora, lo desgraciados que eran por estar en un campo de concentración, no le hubieran creído. Le hubieran mandado a paseo.

JACQUES LUSSEYRAN

Un día *geshe* Drom le dijo a un anciano que estaba dando vueltas en torno al monasterio de Reting:

—Verte dar vueltas hace que me sienta feliz, pero ¿no preferirías practicar el *dharma*?

Reflexionando al respecto, el anciano consideró que haría mejor leyendo algunas escrituras budistas. Mientras las leía en el patio del templo, *geshe* Drom le dijo:

—Me complace verte leyendo el *dharma*, pero ¿acaso no preferirías practicarlo?

Entonces el anciano pensó que lo mejor sería meditar concentrándose en un solo punto. Dejó a un lado su lectura y se sentó sobre un cojín con los ojos medio cerrados. Drom le dijo:

—¡Qué bien que medites! Pero... ¿no sería mejor que practicases el *dharma*?

No sabiendo ya qué hacer, el anciano le dijo:

—Geshe, por favor, ¿cómo he de practicar el *dharma*?

—Cuando lo practicas –replicó Drom–, no hay distinción entre el *dharma* y tu propia mente.

TSUN BA JE GOM

Tu mente no está separada de lo que buscas.

En todas partes al mismo tiempo

—Sí, Sidhartha –dijo– ¿es eso a lo que te refieres? ¿A que el río es el mismo simultáneamente en todas partes, en su origen y nacimiento, en las cascadas, en el transbordador, en la corriente, en el océano y en las montañas, en todas partes, y que para él sólo existe el presente, no la sombra del pasado ni la sombra del futuro?

—Eso es –dijo Sidhartha –. Y cuando aprendí eso, repasé mi vida y vi que había sido también como un río, y Sidhartha el niño, Sidhartha el hombre maduro, y Sidhartha el viejo se hallaban separados tan sólo por sombras, no por la realidad. Las vidas previas de Sidhartha no se hallaban en el pasado; ni su muerte y su retorno a Brahma, en el futuro. Nada era, nada será. Todo es realidad y vivencia.

HERMANN HESSE

Olvídate de qué es lo importante

De modo que el secreto consiste únicamente en decir: «¡Sí!» y saltar desde aquí. Entonces no hay problema.

Eso quiere decir que has de ser tú mismo en el momento presente. Siempre tú mismo, sin aferrarte al viejo «yo». Olvídate de todo respecto a ti mismo y serás refrescado. Eres un nuevo «yo» y antes de que este «yo» se convierta en un nuevo «yo», di. «¡Sí!» y dirígete a la cocina a desayunar.

Lo importante de cada momento es olvidarse de qué es lo importante y aumentar tu práctica.

SHUNRYU SUZUKI

¿Puedes estar tan ocupado diciendo: «¡Sí!» que no te quede tiempo suficiente para decir: «¡No!»?

Como si

A su tiempo, hemos de volver al punto de partida. El tiempo no puede sacarnos del tiempo, de la misma manera que el espacio no puede sacarnos del espacio. Esperando sólo obtienes más espera. La perfección absoluta es aquí y ahora, no en algún futuro, próximo o lejano. El secreto está en la acción, aquí y ahora. Es tu comportamiento el que te ata a ti mismo. Descarta todo lo que piensas sobre ti y actúa como si fueras absolutamente perfecto, sea cual sea la idea que puedas tener de la perfección. Lo único que necesitas es coraje.

Mi gracia es el decirte ahora: mira en tu interior. Tienes todo lo que necesitas. Utilízalo. Compórtate como mejor sepas, haz lo que crees que deberías hacer. No temas equivocarte; siempre podrás corregir tus errores. La intención es lo único que importa. El rumbo que toman las cosas no está en tu poder; sólo las motivaciones de tus actos.

SRI NISARGADATTA MAHARAJ

Aquí tienes una tarea: vive este día como si fueras absolutamente perfecto, sin miedos ni reservas.

De las bocas de mil pájaros (pasaje)

Hay una Plegaria que se eleva como el sol procedente de las bocas de mil pájaros.

Hay una asombrosa inmensidad de movimiento y Vida que emana luz y sonido procedente de mis manos plegadas y de mi extraordinariamente simple ser y corazón.

Querido, ¿es cierto que tu mente es a veces como un carnero enfurecido recorriendo la ciudad, despotricando enfurecida, interior y exteriormente, sobre diez mil cuestiones irrelevantes?

También Hafiz estuvo durante muchos años, de joven, dándose golpes en la cabeza y creyéndose muy lejos, muy distante de alcanzar un armisticio con Dios.

Pero por eso este viejo peregrino lleno de cicatrices se ha convertido en una cosecha extremadamente dulce que llora y canta por ti. Por esto Hafiz tocará eternamente su címbalo en sus versos llamándote.

O escucha aún más detenidamente lo que, ahora mismo, contiene tu interior.

En mi mundo, todo lo que queda es la maravillosa invitación a la danza y a la oración que se eleva como mil soles surgiendo de la boca de un solo pájaro.

HAFIZ

Nada que decir

Nacimiento, vejez,
enfermedad y muerte.
Desde el principio
ésta es la manera
en que siempre han sido las cosas.
Cualquier pensamiento
de liberarte de esta vida
únicamente te envolverá aún más estrechamente
en su red.
La persona que duerme
busca un Buda.
La que tiene problemas
se vuelve hacia la meditación,
pero el que sabe
que no hay nada que buscar
sabe también que no hay nada que decir.
Y mantiene su boca cerrada.

LY NGOC KIEU

Esmalte de uñas

Un día, la *Roshi*[1] Maurine Stuart tomaba el té en su casa de Cambridge con unos amigos cuando sonó el teléfono.

—¿Se ponen los Budas esmalte de uñas? –inquirió el interlocutor, una niña de siete años.

—¿Llevas tú esmalte de uñas? –respondió la *Roshi*.

—¡Sí! –gritó la niñita. Y colgó.

MAURINE STUART

1.- Roshi es un título zen que significa «maestro» o «profesor».

... No nos damos cuenta de que nuestra vida aquí mismo, ahora mismo, es el nirvana. Quizá creamos que el nirvana es un lugar en el cual no existen los problemas, los espejismos. Quizá creamos que el nirvana es algo muy hermoso, algo inalcanzable. Siempre creemos que el nirvana es algo muy diferente de nuestra propia vida. Pero hemos de comprender que en verdad se encuentra aquí mismo, ahora mismo.

¿Cómo es posible? Podemos aseverar que nuestra práctica se propone poner fina la separación que existe entre lo que *creemos* que es nuestra vida y lo que es realmente nuestra vida como sutil mente del nirvana. O más exactamente: ¿cómo podemos darnos cuenta de que realmente y para empezar, no existe separación alguna?

No vivas en la dualidad. Sé verdaderamente uno con tu vida como sutil mente del nirvana.

¿Qué significa «sutil»? Una cosa es sutil, no porque esté oculta, ni porque sea esquiva, sino porque se halla aquí mismo. No la vemos precisamente porque se encuentra justo delante de nosotros. En realidad, la vivimos. Y viviéndola, no pensamos en ella. En cuanto pensamos en ella, empezamos a funcionar en un estado de dualidad y no vemos lo que es nuestra vida.

TAIZAN MAEZUMI ROSHI

Me pasé años tratando de construir imaginarios puentes que unieran el aquí y el allí. Entonces me di cuenta de que siempre había estado donde deseaba estar. La separación existía sólo en mi mente.

Tu naturaleza es ver

¿Se requiere algún esfuerzo en este camino? Personalmente he descubierto que cada vez tengo menos energía para esforzarme en la dirección que sea.

No puedes esforzarte sin tensión. Pero ¿por qué te esfuerzas? Sólo porque estás buscando un resultado, algo fuera de ti mismo. Una vez te das cuenta de que en verdad aquello que estás buscando es tu verdadera naturaleza, el ímpetu por esforzarte desaparece.

De manera que date cuenta de cómo estás esforzándote siempre. Una vez que eres consciente de este proceso, realmente te hallas fuera de él. Y puede que te llegue como una percepción genuina de que realmente eres quietud.

Pero, ¿acaso ver esto no requiere algún esfuerzo?

No. Ver esto es tu estado natural. Simplemente sé consciente de que no ves. Sé cada vez más consciente de tu sempiterno reaccionar. Ver no requiere esfuerzo alguno porque tu naturaleza es ver, es ser quietud. En cuanto dejas de perseguir un resultado, en cuanto dejas de criticar, evaluar o sacar conclusiones, y simplemente miras, puedes darte cuenta de este reaccionar y dejas de ser su cómplice.

JEAN KLEIN

Date cuenta de cómo opera el esfuerzo en tu vida y de las maneras que te esfuerzas buscando un resultado. ¿Qué estás buscando? ¿Adónde crees que vas?

En la meditación Zen, no hay un «próximamente».

ANTIGUO PROVERBIO ZEN

Eternamente, siempre, sólo hay un ahora. Un único y mismo ahora. El presente es lo único que no tiene fin.

ERWIN SCHRODINGER

Un breve dicho para volverte cuerdo

La próxima vez que estés haciendo algo absolutamente corriente, o incluso mejor, la próxima vez que estés haciendo algo absolutamente necesario –sea orinar, hacer el amor, afeitarte, lavar los platos, el bebé, tu cuerpo, o la habitación– repítete a ti mismo: «¡Todo se reduce a esto!»

LEW WELCH

Todo se reduce a esto. Lee estas palabras. No sigas.
Justo delante de ti. Tan sólo eso.

Aquí está su morada

Querida hermana: estás buscando a Dios y Él está en todas partes. Todo te habla de Él, todo te Lo está revelando, todo te Lo está acercando. Él está a tu lado, a tu alrededor, en tu interior. Su morada es aquí y, no obstante, continúas buscándole. ¡Ah! Estás buscando a Dios, la idea de Dios en su ser esencial. Buscas la perfección y ésta reside en todo lo que te sucede. Tus sufrimientos, tus actos, tus impulsos, son los misterios bajo los cuales Dios se te está revelando. Pero Él nunca se mostrará bajo la apariencia de esa exaltada imagen a la cual tan vanamente te aferras.

El momento presente alberga infinitas riquezas que exceden la mayor de tus fantasías, pero sólo podrás disfrutarlas en la medida de tu fe y de tu amor. Cuanto más ama un alma, cuanto más anhela, cuanto más espera, más alcanza. La voluntad de Dios se manifiesta a cada instante. Es un inmenso océano en el cual el corazón se sumerge en la medida en que rebosa fe, confianza y amor.

JEAN PIERRE DE CAUSSADE

Te invito a desprenderte de tus exaltadas imágenes, ideas santas y conceptos espirituales. Vuelve al momento presente. Éste es el Dios que buscas.

Descansa en lo que eres

Así pues, de nuevo, ¿cómo has de investigar?

Primero: descubre si hay algo que creas ser, algo que no sea simplemente un pensamiento o una imagen mental, acompañada de sensaciones emocionales y físicas. Si, tras un minucioso examen, te resulta evidente que todo aquello que crees de ti mismo, toda tu identidad, no es más que el juego de tu memoria –de las cosas que has oído, leído o pensado sobre ti mismo–, entonces puede resultarte evidente que ese «tú» no existe...

Experimentalmente, si quieres, durante al menos unos segundos deshazte incluso de la idea de que pueda existir el «tú». Si lo haces, descubrirás que eso es siempre aquí, que nunca ha nacido ni nunca morirá. Y descubrirás que no tiene límites. Te invito a relajarte en ello, a que te olvides por completo de todo lo que de ello se cuenta, a que te des cuenta de que no hay manera de describirlo ni de contenerlo. ¿Cómo vas a estar separado de eso? Tú eres eso. Es simplemente inmenso, infinito; lo es todo. Es lo que eres. Tú eres ese infinito e incondicional silencio en el cual todo surge y todo desaparece. ¿Por qué no acabas con el juego, la lucha, la simulación? ¿Por qué no te relajas en este no saber? Es una paz absoluta e incondicional, una absoluta e incondicional seguridad. Relájate y descansa en lo que eres.

SCOTT MORRISON

Saboreando la sopa de avena

Era la segunda mañana del *sesshin* (retiro) de fin de semana. El primer día estuve todo el tiempo sentado inquieto, dolorido y aburrido, preguntándome qué estaba haciendo aquí. ¿Qué me mantenía sentado soportando todo aquello? Cuando llegó la segunda mañana era incapaz de imaginarme cómo podría seguir soportándolo.

Nos dieron el desayuno sentados en nuestros cojines. Cuando se me acercó el que la servía, le ofrecí mi cuenco y puso en él algo de sopa de avena. Después de que todos estuvieron servidos, empezamos a comer. Yo probé un poco de la sopa de avena y sentí un estremecimiento. Me quedé perplejo: era absolutamente deliciosa. Empecé a llorar. En ese instante me di cuenta de que, por muchas veces que la hubiera comido, nunca antes había saboreado la sopa de avena.

UN ESTUDIANTE ZEN[1]

*Cuando nos desembarazamos de la idea de que sabemos,
solemos asombrarnos de lo que es... y la vida es deliciosa.*

1.- Tomado de *Milagros Zen*, de Brenda Shoshanna.

Una manera especial de mirar

... Lo que estamos diciendo aquí es que debemos olvidar todas nuestras metas; de hecho, venimos haciendo hincapié en este mismo punto, casi excesivamente. Estamos diciendo que no hay "haz esto" y "no hagas esto"... no hay directrices. Has de olvidar por completo cualquier otro estado que no puedas alcanzar. Simplemente mira y concéntrate en lo que es aquí y ahora. Cuando hayas hecho eso, lo cual implica un cien por cien de enfoque negativo, inmediatamente empezarás a descubrir cómo funcionas y cómo te creas tu propia desdicha. Una vez visto esto con claridad, algo más se pone en su sitio automáticamente. Tú no lo haces, el proceso completo que continuamente se está desarrollando sin nosotros está en el pensamiento. El pensamiento siempre está esforzándose por alcanzar algún estado placentero. Quiere satisfacción para sí mismo. Todo el tiempo, tratando de conseguir algo, se halla en conflicto. Así que cuando mires las cosas con el pensamiento -o a través de él-... nunca serás derrotado, porque el pensamiento traducirá lo que vea según sus propios condicionamientos...

Por tanto, observar el pensamiento de uno mismo requiere una manera especial de mirar. Hay que mirar sin trasfondo -es decir, el mecanismo completo del pensamiento, que siempre está diciendo: esto es bueno, esto es malo, siempre engañándose, debe ser desactivado... Cuando el observador y el observado son uno, entonces existe una manera de ver completamente distinta.

ROBERT POWELL

No tienes que añadir ninguna verdad prefabricada. Sólo sustraer todo lo que sea falso. ¿Qué queda?

¿Quién te ha sometido nunca?

Un monje preguntó:

—¿Cómo se emancipa uno?

El maestro le dijo:

—¿Quién te ha sometido alguna vez?

El monje:

—¿Qué es la Tierra Pura?[1]

El Maestro:

—¿Quién te ha corrompido?

El monje:

—¿Qué es el nirvana?

El Maestro:

—¿Quién te ha sometido al nacimiento y a la muerte?

SHI TOU

¿Quién te ha sometido alguna vez?

1.- La Tierra Pura, en el budismo Mahayana, es un lugar cósmico o ideal establecido por Buda fuera del mundo de sufrimiento.

Si lo persigo, me divido en perseguidor y perseguido.
Si lo soy, lo soy y nada más.

JOHN LILLY

No es necesario que salgas de tu habitación. Quédate sentado a la mesa
    y escucha.
Ni siquiera escuches; tan sólo espera.
Ni siquiera esperes. Permanece tranquilo y solitario.
El mundo se te ofrecerá libremente, sin máscaras. No hay elección. Se
    postrará extasiado a tus pies.

FRANZ KAFKA

La verdadera meditación

La verdadera meditación es espontánea. Es una pura bienvenida porque uno no elige nada de lo que aparece en su campo de consciencia. No hay elección. Sólo hay una apertura sin elección, consistente en percepciones externas, sentimientos, sensaciones corporales, pensamientos, o en su ausencia. Todo es permitido por igual, no como práctica, sino porque la mente ha comprendido sus propias limitaciones. Eso es lo único que tiene que hacer el buscador de la verdad. No es necesario que emprenda una nueva práctica espiritual.

En esta apertura, vivimos en el ahora. No hay nada que ganar, nada que perder. La consciencia no es algo que haya que adquirir al finalizar un proceso. Ya tenemos todo aquello que necesitamos.

FRANCIS LUCILLE

Durante años, como meditador zen, estuve rezando para que una mística pistola de rayos destruyera todos mis pensamientos negativos. Luego me di cuenta de que los pensamientos no eran el enemigo y aprendí a darles la bienvenida con los brazos abiertos.

Lago Tilicho

En este lugar elevado
es tan sencillo como esto:
deja atrás todo lo que sabes.

Avanza hacia la fría superficie,
entona la antigua oración de amor no refinado
y abre tus brazos.

Los que se acercan con las manos vacías
contemplarán atónitos el lago, ahí,
bajo la fría luz
reflejando la nieve pura,
la verdadera silueta de tu propio rostro.

DAVID WHYTE

La única realidad

Un martes de marzo, habiendo realizado ya la mitad de la compra, me hallaba ante el mostrador de la carnicería del supermercado contemplando un bistec cuando, de repente, ¡*fui* el bistec! Y eso era lo que yo era: un animal despiezado colocado en un expositor refrigerado de una carnicería, listo para ser comprado, cocinado y comido. No me veía a mí misma como tal desde el exterior, sino desde dentro, sintiendo cómo mi ser interpenetraba cada molécula del bistec, cada espacio entre las moléculas.

Entonces, ligada a esa forma, sentí que me ahogaba en una oscura ciénaga. Me hallaba perdida en aquella extraña dimensión de la materia hasta que algo, una especie de *sentimiento*, me hizo recordarme a mí misma y deseé desesperadamente volver a ser *yo* de nuevo, aunque una inmensa fuerza se oponía a mi vuelta.

... Estupefacta, no podía moverme, pensar, sentir ni oír. En aquel instante todo se había detenido. Todo era quietud como si mis pies se hubieran fundido con el todo. Y entonces, empecé a escuchar algo que emergía de aquel silencio. No eran palabras, sino un sonido-sentimiento cuyo significado tuve que traducir. Mi atención se hallaba completamente centrada en aquel mensaje –el cual sabía que podía ayudarme a regresar a la realidad– aunque se hallaba fuera de mi alcance. «¿Necesito saber qué es esto?», supliqué en silencio. «Dímelo». Y entonces me focalicé en mi cuerpo. En el instante en que el sonido de bolsas de papel penetró en mis oídos, me llegó la respuesta: «¡El ahora es la única realidad!»

DONNA LEE GORRELL

¡Vive!

Lo estás viendo todo por última vez y todo lo que ves está dorado con adioses. La mano del niño como una estrella de mar en la almohada; tu mano en el pomo... Es la habitación donde, durante años, se han sucedido las navidades... La nieve cayendo tan espesa sobre la ventana que a veces ha empezado a nevar en la habitación; la luminosidad de la mesa, los libros, las sillas,...; el llamativo árbol del rincón; una familia ahí sentada; muñecos de nieve; nieve por todo; ciegos al loco transcurrir de aquello que ellos creen que nunca pasará. Y ahora todo pasará porque es el último día. Por última vez estás contemplando caer esta lluvia sobre tu mente, esa nieve, este niño que duerme, este gato. Por última vez estás escuchando revivir a esta casa porque tú, que formas parte de su vida, has revivido. Si alguna vez tuvieron que ser cumplidas las promesas rotas, han de serlo este día. Si hoy no dices todas las palabras no dichas, nunca serán dichas. Si no vives hoy con ellos, con la gente –con aquellos que amas y con aquellos que aborreces hasta la muerte–, nunca vivirás toda la vida que tienes en ti para vivirla con ellos.

... Vive si puedes hoy, durante todo el día, todos los días de tu vida...

FREDERICK BUECHNER

¿Pensabas esperar hasta mañana para estar vivo?

¿Qué es para ti la vida?

¿Dónde buscas tu vida? ¿Qué es lo que te hace sentir más vivo? ¿Qué es la vida para ti? Reflexiona sobre estas cuestiones y disfrútalas.

Ahora, hoy, momento a momento, date cuenta de que cada persona y cada acontecimiento en tu vida es vida para ti. La vida no está en ninguna otra parte. Fíjate en lo plenamente que puedes aceptar esta vida que se despliega ante ti ofreciéndosete ahora.

BRENDA SHOSHANNA

La gente dice con frecuencia: «¡Cómo pasa la vida!» ¿Cómo es eso posible con esta vida desplegándose siempre en este preciso instante?

Sin gradaciones

Es un completo absurdo pensar en lo que sucederá tras la muerte, pensar en el cielo, en el paraíso. No hay necesidad de preguntarse nada sobre lo que sucederá tras esta vida. Esas preguntas son el fruto del egoísmo y atormentan a la gente innecesariamente.

El aquí-y-ahora contiene la eternidad.

Practicar el *zazen*[1] aquí y ahora es practicar la verdadera enseñanza de Buda. No hay gradaciones ni pasos. El *zazen* mismo es el *satori*[2]. Aquí y ahora somos Budas.

TAISEN DESHIMARU

1.- El *zazen* es la meditación Zen estando sentado.

2.- El *satori* es la experiencia de la iluminación.

El significado de la vida

Pregunta: Katie, yo creo que la vida carece de sentido. Ésa es mi experiencia. No le puedo encontrar ningún sentido.

Katie: Así que la vida no tiene sentido. ¿Es eso cierto?

Pregunta: No le puedo encontrar sentido. Así es como yo la veo.

Katie: Para mí, la vida está plena de sentido.

Pregunta: Sí,... pero no para mí.

Katie: Para mí, el significado de la vida reside sencillamente en estar sentada aquí contigo. Nunca se convierte en algo más complicado que eso. Está tan próximo a ti que no lo reconoces. ¿Qué significado tiene la vida? Para mí, es estar aquí sentada. Eso es. Estar sentada. Hasta que me levante. Es algo tremendamente simple. ¿Cuál es el propósito de la vida? Estar aquí sentada contigo.

BYRON KATIE

¿Puedes olvidarte de tu búsqueda para dar un sentido a la vida y ver lo que está justo delante de ti?

Nuestro centímetro cuadrado

... No esperes con expectación tu iluminación en un día venidero. Tan sólo has de levantarte y dirigirte [interiormente] hacia tu centímetro cuadrado [de mente]. Busca ahí y no en ninguna otra parte.

Si así lo haces, cientos de miles de enseñanzas e incontables aspectos referentes a los Budas fluirán desde ahí y llenarán cielos y tierra. Es importante evitar buscar el camino [externamente]; no hay más que confiar en el Ser.

Si a pesar de andar de aquí para allá durante incontables eones sin estar por un solo instante separado del Ser, desconoces Su existencia, eres como alguien que Lo tuviera en sus manos y Lo estuviera buscando desde Oriente hasta Occidente. Por muy confuso que eso pueda parecerte, sólo se debe a que te has olvidado del Ser. Hoy, el maravilloso mundo de los Budas y las distintas transmisiones de los maestros consiste —contemplándolo en toda su extensión— solamente en esto. Por esto nunca dudamos de ello.

KEIZAN

Keizan, el cofundador de la escuela de Zen Soto, en Japón, enseñó que simplemente sentarse en meditación era en sí iluminarse. Sin buscar ninguna experiencia especial. Simplemente estando sentado en quietud.

Un proceso natural

Hace tan sólo un instante me estaba lavando la cara. Las solapas de mi chaqueta me molestaban, los ojos me ardían por culpa del jabón, y yo pensaba: «¡Cómo duele esto!»

En este instante me di cuenta de que no podía resistirme ni impedir que mi cuerpo limpiara su propia cara. La fantasía que creaba la resistencia era: «Yo me estoy lavando la cara». El «yo» que lavaba interfería en el proceso; no lo realizaba. El «yo» se interponía en un proceso natural.

Tras liberarme de la ilusión del control, la cara fue lavada y secada sin mayores problemas. No pareció transcurrir tiempo alguno desde el momento en que el «control» fue aflojado hasta que la acción fue finalizada, sin que surgiera ni escozor de ojos, ni problemas con las solapas de la chaqueta. Sucedió una acción instantánea. Parecía que el cuerpo sabía mejor que «yo» cómo limpiarse a sí mismo.

OMKARA DATTA

Vivito y coleando

La mayoría de la gente cree que vivimos en el mundo actual mientras estamos vivos y que después del último suspiro empezamos a deambular por el difuso reino del espíritu. Es un gran error distinguir dos dimensiones separadas. En oposición a esto, el lugar en el que vivimos es, de hecho, la dimensión espiritual, una dimensión de mil millones de mundos, que trasciende tres, cuatro e incluso infinitas dimensiones. El peligro es creer que ésta es una dimensión vacía e ilimitada. ¡Cuidado! Es evidente aquí mismo en este instante. Está vivita y coleando.

SOEN NAKAGAWA

El reino de los cielos no se encuentra sólo en tus manos.
¡Es tus manos!

El que mora en el interior de tu corazón

Pregunta: ¿Voy por el buen camino hacia el Origen?

Respuesta: Aún albergas una duda. Necesitas un camino por el que ir de un sitio a otro, de la misma manera que necesitas un camino para ir de Malasia hasta India. Pero en la realización del Ser, ¿cuántos kilómetros tendrás que recorrer? ¿Qué camino has de seguir para llegar a tu Ser? ¿Necesitas un coche, un tren o un avión?

No necesitas vehículo alguno porque lo que buscas se encuentra justo Aquí y Ahora. Has de comprenderlo Ahora mismo. Tan sólo compréndelo y no te esfuerces por alcanzarlo.

¡Comprende que el Ser es eterno y que es siempre Aquí!

Cuando vas de aquí hasta allí, el Ser no se mueve. El Ser está siempre en tu interior mientras tú viajas de aquí para allá. El Ser es el que mora en el interior de tu corazón. Reside en la gruta del corazón. No es móvil y todo existe en Él. Has de comprenderlo ahora mismo.

H.W.L. POONJA (POONJAJI)

En lo corriente

La búsqueda de lo exótico, lo raro, lo inusual, lo poco corriente, ha adoptado con frecuencia la forma de peregrinación, de un alejamiento del mundo, del viaje a Oriente, a otro país, o a una religión diferente. La gran lección de los verdaderos místicos –desde los monjes zen hasta los actuales psicólogos humanistas y transpersonales– es que lo sagrado se encuentra en lo corriente y que hay que hallarlo en la vida cotidiana, entre los vecinos, los amigos y la familia o en el propio jardín, y que viajar puede ser una escapatoria para no afrontar lo sagrado. Y esa lección puede ser fácilmente desaprovechada. Mirar hacia cualquier otra parte en busca de milagros es, para mí, un signo inequívoco de ignorar que todo es un milagro.

ABRAHAM H. MASLOW

Aquí tienes otro ejercicio: durante el día de hoy repítete a ti mismo: «Esto es un milagro». No importa lo que esté sucediendo; dilo. Sé consciente de cómo esta forma de ver cambia tu modo de relacionarte con tus experiencias cotidianas.

Un único koan

La verdadera meditación es convertirlo todo –toser, tragar, saludar, movimiento y quietud, hablar y actuar, bien y mal, fama y vergüenza, pérdida y ganancia– en un único *koan*.

HAKUIN

Y no es necesario que esperes a que un Maestro Zen te proponga este koan.

Lo que encuentres ahora

Amigo, espera al invitado mientras estás vivo,
¡lánzate a la experiencia mientras estás vivo!
Piensa... y piensa... mientras estás vivo.
Lo que tú llamas «salvación» pertenece al tiempo anterior a la muerte.

Si no desatas tus ligaduras mientras estás vivo,
¿crees que los fantasmas lo harán después?

La idea de que el alma se unirá al éxtasis
simplemente porque el cuerpo se ha corrompido,
es pura fantasía.
Lo que encuentres ahora, lo encontrarás luego.
Si ahora no hallas nada
acabarás simplemente en un aposento en la Ciudad de la Muerte.
Si ahora haces el amor con Dios,
en la próxima vida ofrecerás el rostro del deseo satisfecho.

KABIR

La idea de que la muerte supone la liberación es otro concepto que únicamente crea más espera. Si quieres encontrarte con el divino «invitado», rompe tus ataduras ahora.

¡El tiempo es ahora!

La salvación es ahora. Tenemos la tendencia a vernos hacia atrás o hacia delante en el tiempo, pero los Evangelios nos indican que, o dejamos que Jesús nos salve ahora, o no nos salvará en absoluto. A eso se le llama «la gracia siempre disponible del momento presente».

Ésa es lo primero que Jesús proclama: «¡El tiempo es ahora! El reino está presente aquí y ahora. ¡Vuélvete! Cree en la Buena Nueva». Estas cuatro frases resumen toda la enseñanza de Jesús. No es nada esotérico o pseudomístico. Es, sencillamente, la infinita naturaleza del ahora.

RICHARD ROHR

El manantial de leche

No lo busques fuera de ti.

¡Tú eres el manantial de leche! ¡No ordeñes a los demás!

En tu interior hay un manantial de leche.

No des vueltas por ahí con el cubo vacío.

Posees un canal hacia el océano y, no obstante,

mendigas el agua de un pequeño estanque.

Pide esa expansión de amor.

Medita exclusivamente sobre ESO.

El Corán dice:

«Y Él es contigo».

RUMI

Aquí y ahora, chicos

Se oyó un crujido en los arbustos de su izquierda y, de repente, como un cuco de un reloj de pared, apareció un gran pájaro negro del tamaño de una grajilla, aunque, obviamente, no era una grajilla. Agitó un par de alas de puntas blancas y, cruzando al vuelo el espacio existente, se posó en la rama más baja de un arbolillo muerto, a unos 10 metros de donde Will estaba tumbado. Su pico era naranja y tenía una mancha amarilla y sin plumas bajo cada ojo, con unas barbas de color canario cubriendo los lados y la parte superior de la cabeza con un grueso moño de carne desnuda. El pájaro ladeó la cabeza y le miró, primero con el ojo derecho y luego con el izquierdo. Después abrió su pico naranja y silbó unas diez o doce notas de una sencilla melodía en la escala pentatónica, hizo un ruido como el de alguien con hipo y luego, en un soniquete –*do, do, sol, do*– dijo: «Aquí y ahora, chicos: Aquí y ahora».

Las palabras dispararon un resorte y, de súbito, lo recordó todo...

ALDOUS HUXLEY

La puerta sin puerta

... Quizá estés contemplando la montaña relajándote en el fácil estado de tu vivencia del momento presente, cuando, de repente, la montaña lo es todo y tú no eres nada. Tu sensación de identidad separada desaparece completa y repentinamente y sólo permanece aquello que va surgiendo a cada instante. Eres perfectamente consciente, estás perfectamente atento y todo parece completamente normal... excepto que no puedes encontrar-*te*. No estás de esta parte de tu cara contemplando la montaña ahí enfrente. Simplemente eres la montaña, eres el cielo, eres las nubes, eres todo aquello que surge a cada instante, muy simple y claramente.

... Y, además, una vez vislumbras ese estado –ése al que Buda llama «Único Sabor», porque tú y el universo sois un único sabor o una única experiencia– resulta obvio que no eres tú el que se adentra en este estado sino que más bien este estado, de una manera realmente profunda y misteriosa, ha sido tu condición primigenia desde un tiempo inmemorial. De hecho, nunca has dejado de ser ese estado ni un solo segundo.

Por eso la gente del Zen lo llama: «La Puerta Sin Puerta». Desde esta parte, parece que tengas que hacer algo para lograr ese estado, parece como si tuvieras que atravesar una puerta. Pero cuando así lo haces y te das la vuelta mirando hacia atrás, no hay puerta alguna ni nunca la ha habido.

KEN WILBER

El nirvana natural

Puesto que todos los aspectos del camino hacia tu iluminación –tu innata capacidad para alcanzar la iluminación a través del camino, el propio camino, y los resultados del camino hacia la iluminación– están desprovistos de una intrínseca existencia, todos ellos poseen el nirvana natural.

Mediante el cultivo de la atención sobre este nirvana natural, serás capaz de disipar y superar los sufrimientos resultantes de la errónea comprensión de hechos y sucesos, o lo que es lo mismo: el resultado de la ignorancia fundamental.

Y no sólo pueden ser eliminados los sufrimientos, sino incluso puede serlo la propensión del ser hacia la ignorancia y las improntas dejadas por las acciones ignorantes del pasado. De esta manera, puedes eliminar por completo la ignorancia en el presente, sus huellas pasadas y la tendencia hacia la ignorancia en el futuro. Trascendiendo toda ignorancia... te liberas del miedo de manera natural y moras en el nirvana final y sin morada de Buda.

SU SANTIDAD EL DECIMOCUARTO DALAI LAMA

¿He de repetirlo de nuevo?
Para llegar ahí,
para llegar a donde estás,
para salirte de donde no estás,
has de recorrer un camino donde no existe el éxtasis.

Para llegar a lo que no sabes,
debes recorrer un camino: el camino de la ignorancia.
Para poseer lo que no posees
has de recorrer el camino del desprendimiento.
Para llegar a lo que no eres
has de recorrer el camino en el que no eres.

Y lo que no sabes es lo único que sabes.
Y lo que posees es lo único que no tienes.
Y donde estás es donde no estás.

T. S. ELIOT (DE «EAST COKER»)

Vivencia

—¿Dónde he de buscar la Iluminación?

—Aquí.

—¿Cuándo me sobrevendrá?

—Te está sucediendo ahora mismo.

—Entonces, ¿por qué no me doy cuenta?

—Porque no te fijas.

—¿En qué debería fijarme?

—En nada. Simplemente mira.

—¿Mirar qué?

—Todo aquello en lo que se fijen tus ojos.

—¿He de mirar de alguna manera especial?

—No. Basta que mires de forma normal.

—Pero, ¿acaso no miro siempre de manera normal?

—No.

—¿Por qué no?

—Porque para mirar has de estar ahí y casi siempre estás en alguna otra parte.

ANTHONY DE MELLO

Date cuenta de cuándo tu mente se pierde en cuándos y dóndes. Si no estás aquí y ahora te hallas probablemente perdido en un mundo de imaginaciones y preocupaciones. Date cuenta de esto simple y llanamente.

¿Qué hora es?

Si ahora pones el despertador para levantarte a las 3:47 de la madruga-
da y cuando suene la alarma te levantas y la apagas diciendo: «¿Qué
hora es?», di:
Ahora, ahora.
¿Dónde estoy?
¡Aquí! ¡Aquí!

Y luego vuélvete de nuevo a la cama.
Levántate a las 9 en punto. ¿Dónde estoy?
¡Aquí!
¿Qué hora es?
¡Ahora!

Inténtalo a las 4:32 durante tres semanas desde el próximo martes.
Eso es.
No puedes separarte de ello.
Así es como es.
Eso es
el Eterno Presente.

Finalmente te darás cuenta de que sólo es el reloj el que da vueltas.
Cumple su función, pero tú... tú estás sentado
aquí
justo ahora
y
siempre.

RAM DASS

Una escucha total

¡Qué hermosa y tranquila mañana! El tenue zumbido de los insectos, la fresca brisa acariciando la piel. La respiración... ¿La sentimos?... El cuerpo que vibra con los latidos del corazón. La gente sentada tranquilamente en grupos... ¿estamos aquí?

¿Es, esencialmente, una escucha total o estamos encerrados en nuestros mundos privados pensando, recordando, anticipándonos? ¿Surge, de tanto en tanto, una escucha abierta que no crea divisiones en nosotros? ¿Puede esta vivencia pulsante, vibrante, vital, reemplazar el mundo del fantasear, del preocuparse y del desear?

... Pero hay otro modo, absolutamente simple, de ser aquí. Hablar o leer sobre él no equivale a sumergirse profundamente en él. Ahora mismo ¿puedes simplemente escuchar, atento y presente, lo que aparece como sonidos, sentimientos o pensamientos en medio de este abierto silencio? Un inmenso espacio donde escuchar sin preferencias ni juicios de valor, sin nadie aquí que escuche. Sucede por sí mismo.

Prestar atención a lo que está sucediendo a cada momento no es una técnica. ¡Es lo que es y eso es todo!

TONI PACKER

Ahora, deja de leer. Escucha los próximos minutos como si estuvieras escuchando los sonidos por primerísima vez.

Perdido

¡Quédate quieto!
Los árboles de delante de ti y los arbustos de detrás
no se han perdido.
Estés donde estés, es Aquí
y has de tratarlo como un poderoso extraño.
Has de pedirle permiso para conocerlo y ser conocido.
El bosque respira.
Escucha.
Te responde: «Yo he hecho este espacio que te rodea.
Si te vas, podrás regresar diciendo: «Aquí»»
No hay dos árboles iguales para el cuervo,
ni dos ramas son las mismas para el chochín.
Si desconoces lo que es un arbusto,
estás absolutamente perdido.
¡Quédate quieto!
El bosque sabe dónde estás.
Deja que te encuentre.

DAVID WAGONER

Tú eres siempre Aquí. ¿Dónde si no, podrías ser? ¡Qué descanso!

¿Qué estás haciendo?

Peter: ¿Crees que, en este instante, podría decirte algo que disipara todas tus dudas e incertidumbres?

Rob: Posiblemente. He leído muchas historias de maestros que han despertado a sus estudiantes simplemente diciéndoles una o dos palabras.

Peter: Según tú, ¿qué es lo que está sucediendo ahora?

Rob: Simplemente estoy diciendo que, históricamente, muchos han sido despertados gracias a la habilidad de sus maestros. A veces no fue ni siquiera necesario que sus maestros les dijeran nada. Tan sólo les miraron de una forma determinada o canalizaron su atención hacia la luna en el cielo, o algo así.

Peter: ¿Qué es lo que estás haciendo?

[Silencio] *Rob*: Ya lo veo. Estoy empezando a construirme una historia: si me quedo con maestros suficiente tiempo puede que acaben *conmigo*. Estoy creándome otro asidero.

[Un largo silencio] Peter: Solamente quiero dejar claro que no estoy rechazando el que haya gente, libros, enseñanzas, prácticas y lo que sea, que puedan ayudar a abrirte a una forma de ser más amplia. Evidentemente, existen. Tampoco rechazo los maestros que, en ocasiones, abren a la gente mediante intervenciones realmente mínimas si alguien se halla preparado para un salto así. Eso sucede. Pero también es muy fácil para nosotros desviarnos tras la fantasía de que existe una técnica, un libro, una forma de ver o de mirar que solucionará el tema de una vez y para siempre.

PETER FENNER

¿Estás esperando a que un maestro te sumerja en una permanente y gozosa paz? ¿Cómo vives tu vida mientras estás aguardando este acontecimiento?

Vivencia despreocupada

No puedes buscar la felicidad porque es el resultado de realizar la Verdad. La personalidad, teniendo como objetivos la seguridad y el placer, no puede ser feliz. Perseguir el placer o la seguridad conlleva ocultar cualquier verdad desagradable o atemorizadora. Y esto, automáticamente, cancela el Gozo. El Gozo es el resplandor del corazón cuando se aprecia la Verdad.

El estado de Gozo es de ligereza, disfrute, complacencia, felicidad y dulzura. Uno se convierte en resplandor, en alegría, en una vivencia despreocupada. Te complaces en la realidad. Ves la vida como una simple y lúdica aventura. Cada instante es una fuente de singular gozo pues es la vivencia misma de la Verdad. Te das cuenta de que el Gozo es el fulgor del Amor, el cual es el aliento de la Verdad.

H. ALMAAS

En Seattle, alguien pidió a Ajahn Chah que describiera cómo preparaba su mente para la meditación y él contestó:

—La mantengo donde siempre es.

AJAHN CHAH

La meditación es tu verdadera naturaleza.

RAMANA MAHARSHI

... Balanchine solía decir a sus bailarines:

—¡Ahora! ¿Para qué os lo guardáis? ¡Hacedlo ahora!

De niño, en San Petersburgo, vivió la Revolución Rusa y la guerra civil y las privaciones de aquel período dejaron una huella indeleble en él.

Cuando se graduó en la escuela, esputaba sangre. Más tarde, después de huir a Europa en 1924, le diagnosticaron tuberculosis y pasó tres meses en un sanatorio. Durante años, padeció fiebres y sudores vespertinos.

—¿Sabes? Soy realmente un cadáver –le dijo a uno de sus primeros bailarines–. Tenía que morir y no lo hice, de manera que todo lo que hago ahora es como una segunda oportunidad... No miro atrás ni hacia delante. Sólo me fijo en el ahora.

JOAN ACOCELLA

Las incomparables flores silvestres

Hay muchas (hojas). Montones de ellas. Me complace su abundancia. Son magníficas, más de lo que nunca hubieras soñado. Cada una singular. Cada una especial. Amarillas, rojas, naranjas, apergaminadas. Caen en otoño como intrépidas buceadoras del cielo. Confían absolutamente; se abandonan por completo. No se preguntan –como yo hago–: «¿Será seguro? ¿Comprenderé? ¿Dolerá?... dudando, clasificando, preguntando, en vez de abandonarme y lanzarme al vacío...»

Las incomparables flores silvestres me hacen recordar el constante retorno, año tras año. Me dicen que no es necesario cultivarse para ser hermosa.

GUNILLA NORRIS

No necesitas cultivarte a ti, ni a tu mente, ni tu naturaleza. Eres hermosa ahora mismo.

Viendo los conceptos

Cuando afirmo que el momento presente lo incluye todo –pasado, presente y futuro– es importante recordar que el momento presente, en sí, no existe. Es, simplemente, otra idea. Todas las ideas que tenemos nos atan y constriñen. Cuando nos deshacemos de todas nuestras ideas vemos que no existen limitaciones inherentes. ¡Y eso es lo maravilloso! Afirmamos estar limitados de tal y cual manera –por ejemplo: no podemos volar– pero eso son sólo ideas y nada más.

Si puedo ver la vida como un Solo Cuerpo, en el que todo es uno solo, evidentemente, puedo volar. Puedo hacer lo que sea porque lo soy todo. ¡Y lo estoy haciendo ahora mismo! Estoy volando. Estoy dando vueltas a la Tierra, a Marte, creando estrellas. Si digo que «No puedo volar», realmente estoy diciendo que mi concepto de «yo» no puede volar.

Debido a que la idea que tengo de «mí» es limitada, ligada al «yo», no me doy cuenta de que soy uno con el águila. Como ser ilimitado e infinito, ciertamente puedo volar.

... La clave es que nuestra idea del momento presente no es el momento en sí, sino sólo un concepto. Al mismo tiempo, este concepto resulta realmente útil. En general podemos decir: «Ve los conceptos como lo que son, utilízalos como instrumentos. ¡Que no te utilicen a ti!» Sin embargo, nos utilizan cuando nos aferramos o nos apegamos a ellos.

BERNIE GLASSMAN

Detente y di la verdad

Hemos vivido nuestras vidas de modo muy superficial y en consecuencia hemos sufrido debido a esa superficialidad, porque en cada uno de nosotros hay esa profunda verdad, esa profundidad de ser que desea ser conocida, sentida, expresada y encontrada. Mientras aceptemos este pensamiento: «Bien, creo que eso es la verdad, por lo tanto es la verdad», nos perderemos –trágicamente– y pasaremos por alto una revelación más profunda.

Cuando Papaji dice: «¡Detente!», te está invitando a que dejes de contar tu historia. Por un instante. Menos de un instante. Deja de contar tu historia. Aunque sea una buena historia, detente. De inmediato, aparecerá la verdad. Si dices la verdad no puedes seguir contando tu historia. Y si cuentas tu historia no puedes contar la verdad. Es realmente obvio, ¿no es así?

GANGAJI

El momento presente

... Cuando empiezas a trabajar con la historia personal de alguien e intentas vincularla de forma relevante con el presente, esa persona empieza a sentir que no tiene escapatoria, que su situación es desesperada, porque no puede deshacer el pasado. Se siente atrapada por su pasado sin ninguna salida posible. Esta clase de tratamiento es extremadamente burdo y destructivo porque impide la participación en el aspecto creativo del ahora, en lo que aquí es, ahora mismo...

Debemos simplificar el problema en vez de complicarlo con toda clase de teorías. Este momento, la situación actual contiene todos los historiales y todas las futuras determinaciones. Todo se encuentra aquí, de modo que no es necesario que avancemos más para probar quiénes éramos, somos o podamos ser. Tan pronto como intentamos desenmarañar el pasado nos vemos inmersos en la ambición y la lucha del presente, y no somos capaces de aceptar el momento presente tal como es. Y eso es cobardía.

CHÖGYAM TRUNGPA

Ten valor. Todo lo importante es aquí y ahora.

Ninguna práctica

Aquí y ahora, reconoce tus defectos.
Deshazte de ellos y... se acabó.

¿Qué más hay que buscar?

Niño del Sur con el pelo recogido,
viajas inútilmente por cien mil castillos
vagando hacia las neblinosas aguas.

JAKUSHITSU

*En un antiguo texto budista, el Niño del Sur visitó a 53
maestros distintos buscando la iluminación. ¿A cuántos
maestros consultarás tú? ¿Cuántos métodos probarás?
Hasta que te detengas y veas.*

Deja de leer por un instante

Deja de leer por un instante e imagina que vas a morir dentro de un minuto. Lo último que vas a experimentar será la lectura de estas páginas, sentado en esa habitación, llevando las ropas que llevas puestas, pensando y sintiendo lo que ahora mismo estás pensando y sintiendo... Éste es el final de tu vida. No tienes tiempo para nada más. No tienes tiempo para dejar una nota o llamar por teléfono. Tu vida se ha agotado. Morirás en un minuto. Todo lo que puedes hacer es experimentar lo que es, ahora mismo.

Es un ejercicio muy simple, pero realmente profundo. Te lleva al presente muy rápidamente. Las proyecciones de los seis reinos[1] se desvanecen. Dejas de pelear, dejas de necesitar, dejas de preocuparte por el bienestar físico, dejas de anhelar, dejas de esforzarte por alcanzar algo, dejas de preservar lo que tienes. La iluminación, el llegar, la realización, todo deja de tener sentido. Simplemente estás presente. Ésta es una manera de cortar la red de la existencia. Ten absoluta claridad sobre este punto.

KEN MCLEOD

1.- En el budismo se dice que existen seis reinos de existencia: el de los cielos, el de los infiernos, el de los humanos, el de los espíritus hambrientos, el de los animales y el de los dioses que luchan.

Sólo un nivel

[*Larry Shainberg* –«*Larry-san*»– *fue alumno de Kyudo Roshi, un maestro japonés de Zen que hablaba sólo un poco de inglés.*]

Cuando le dije a Kyudo Roshi que estudiaba para ser monje, una mirada de incredulidad cruzó su rostro. Entonces comenzó a reír:

—¿Tú, monje? ¿Larry-san, monje? ¡Ja, ja, ja!

Creí por un instante que no iba a recuperar nunca el control sobre sí mismo, pero entonces, de súbito, dejó de reír y me miró fijamente.

—No, Larry-san. Tú no monje. Tú *monje ahora*. ¿Comprender? ¡Monje ahora! Escucha: «Yo, monje». Yo ser monje a los seis años. Cuatro años de templo, quince años monasterio. ¿Por qué tú querer ser monje?

Tartamudeando ligeramente le dije:

—Quiero llevar mi práctica a un nivel más profundo.

—¿Nivel más profundo? –y comenzó de nuevo a reír–. ¿Qué querer decir: «Nivel más profundo»? La práctica Zen ser sólo de un nivel. Sin alturas, ¿entender? Sin diferencias.

LAWRENCE SHAINBERG

Más profundo. Más alto. Mejor. Imposible. A ningún lugar adonde ir más que aquí. Sólo esto.

Todo el camino

Si insistimos en que requiere tiempo, me temo que estamos aún ocultando algo. Es sólo cuestión de sinceridad y de querer. ¿Deseas comprometerte totalmente? ¿Quieres comprometerte de manera absoluta, ahora?

La vida es sólo ahora.
El amor es sólo ahora.
La verdad es sólo ahora.
La sabiduría es sólo ahora.

La iluminación, la realización del Ser –sólo ahora.
El gozo es sólo ahora.
La felicidad es sólo ahora.
La libertad es sólo ahora.
La paz absoluta es sólo ahora.

Depende de ti.

SCOTT MORRISON

Conciencia de ser

Pregunta:... Integrar y fortalecer la mente no es tarea fácil. ¿Cómo se puede empezar?

Maharaj: Solamente puedes empezar desde donde eres. Eres aquí y ahora. No puedes salirte del aquí y ahora.

P: Pero, ¿qué puedo hacer aquí y ahora?

M: Puedes ser consciente de tu ser, aquí y ahora.

P: ¿Eso es todo?

N: Eso es todo. Nada más.

P: Despierto y soñando soy consciente de mí mismo. Eso no me ayuda mucho.

N: Eras consciente de lo que pensabas, sentías o hacías. No eras consciente de tu ser.

P: ¿Qué nuevo factor es el que usted quiere introducir?

N: La actitud del puro testigo: observar los sucesos sin tomar parte en ellos.

SRI NISARGADATTA MAHARAJ

Mira bajo tus pies

La lección que la vida repite y recalca constantemente es: «Mira bajo tus pies».

Siempre estás más cerca de Dios y de las verdaderas fuentes de tu poder, de lo que piensas.

La fascinación de lo distante y difícil es engañosa.

La gran oportunidad se halla en donde estás.

No desprecies el lugar y el momento en que estás.

Todos los lugares se encuentran bajo las estrellas. Todos los lugares son el centro del mundo.

JOHN BURROUGHS

La meditación del contemplar el cielo

Búscate un lugar cómodo afuera, preferiblemente con vistas. Cierra los ojos. Realiza una serie de inspiraciones y relájate. Descansa de manera natural sintiéndote en paz en tu cuerpo.

Deja que toda experiencia sensorial se desvanezca, como nubes en un inmenso y diáfano cielo. Quédate en calma. Todo es, aquí mismo. Relájate y sé. No hay nada que hacer, nada que descubrir, nada que lograr o comprender. Sólo sé presente. En tu hogar, en paz. Deja que tu aliento entre y salga a su ritmo. Deja que el cuerpo y la mente se acomoden en su sitio de modo natural, a su tiempo.

Ahora, lentamente abre los ojos y elévalos hacia el cielo. Contempla sosegadamente, con mirada tranquila, el cielo infinito. El espacio, al igual que la mente, no tiene ni principio ni final, ni interior ni exterior, ni verdadera forma, ni color, ni tamaño, ni apariencia. Abandónate y relaja la mente. Déjala disolverse en esta infinita, vacía y vasta consciencia.

Deja que los pensamientos, sentimientos y sensaciones vengan y vayan con total libertad, desechándolo todo en esa mente inmensa como el cielo. Abandónate. Sé. En paz. Simplemente. En la vasta, vacía y perfecta vacuidad del cielo. Ésta es la prístina consciencia, la innata Gran perfección.

LAMA SURYA DAS

Si no puedes hallar la verdad donde estás, ¿dónde esperas encontrarla?

La verdad no se halla muy lejos; es siempre presente. No es algo que haya que alcanzar porque ni uno solo de tus pasos te aleja de ella.

DOGEN

La meditación es precipitarse a la realidad. No te aísla del dolor de la vida. Te permite ahondar tan profundamente en la vida y en todos sus aspectos que perforas la barrera del dolor y trasciendes el sufrimiento.

HENEPOLA GUNARATANA

Finalmente ha entrado en mi cabezota. Esta vida –este momento–
no es un ensayo. Es eso.

F. KNEBEL

Escucha a tu vida.
Todos los momentos son momentos clave.

FREDERICK BUECHNER

En el jardín

... No podemos diferenciarnos de nada. Algunos mantienen que nuestra capacidad intelectual –ese regalo que disfrutamos– es nuestro mayor obstáculo. Nuestra habilidad para pensar de forma discriminativa genera como subproducto un sentimiento de separación. Eso es lo que nos ha apartado del Jardín del Edén.

Si somos capaces de deshacernos de esta separación y alienación, nos daremos cuenta de que hemos estado en el Jardín del Edén desde siempre sin saberlo. Ésta es la oculta verdad de la divina unión: reconocer que todo es parte de nosotros, reconocer que, realmente, no existimos tal y como creemos que somos. Todo aspecto separativo deriva de un pensar engañoso.

DAVID A. COOPER

¡Qué jardín tan encantador, oculto a simple vista!
¿Lo ves?

¿Ves las estrellas?

Una vez, Patrul Rinpoche [Abu] vivía con nosotros –sus discípulos– en esta parte de la ermita. Cada día, al atardecer, Abu solía dirigir una meditación basada en la contemplación del cielo, tendido de espaldas en una manta de lana de su tamaño, sobre la hierba. Una noche mientras yacía así tumbado, me dijo:

—Lungchey, ¿afirmas desconocer la esencia de la mente?

Yo le contesté:

—Sí, señor. La desconozco.

Abu me dijo:

—¡Oh! No hay nada que conocer. ¡Ven aquí!

Entonces me acerqué a él.

—¡Túmbate aquí –me dijo– como yo y mira el cielo!

Mientras así lo hacía la conversación transcurrió como sigue:

—¿Ves las estrellas del cielo?

—Sí.

—¿Oyes ladrar los perros en el monasterio Dzogchen?

—Sí.

—Bien. Eso es meditación.

En aquel instante alcancé la certeza de la realización en mi interior. Había sido liberado de las ataduras del «es» o «no es». Había entendido la sabiduría primordial, la unión desnuda del vacío con la consciencia intrínseca.

PATRUL RINPOCHE

¿Oyes en este instante los ruidos de la calle? ¿Oyes el viento entre los árboles? Esto es meditación.

Sólo hay un mundo, el mundo que presiona contra ti en este instante.

STORM JAMESON

Todo en la vida se te presenta como un maestro.
Presta atención.
Aprende rápidamente.

UNA ANCIANA CHEROKEE A SU NIETO

Un inmenso himno

[*El neurólogo Dr. Oliver Sacks se hallaba convaleciente de una grave afección en su pierna.*]

Después de desayunar deambulé por el exterior. Era una mañana de septiembre particularmente maravillosa. Me senté en un asiento de piedra con una amplia vista en todas direcciones mientras llenaba y encendía mi pipa. Era una nueva –o al menos casi olvidada– experiencia. *Nunca había disfrutado con anterioridad del placer de encender una pipa*, o como mínimo según mi parecer, desde hacía unos 14 años. Y ahora, de repente, me poseía una inmensa sensación de placer, una tranquilidad, una libertad que casi había olvidado, pero que, una vez recuperada, me parecía lo más precioso de la vida. Había una intensa sensación de quietud, de paz y gozo, una absoluta complacencia en el ahora, libre de impulsos y deseos. Era intensamente consciente de cada hoja, teñida de otoño, en el suelo. Era intensamente consciente del Edén que me rodeaba... El mundo estaba inmóvil, congelado, todo concentrado en una intensidad de puro ser...

... Aquella mañana, como si fuera la primera mañana de la creación, me sentí como Adán contemplando maravillado un nuevo mundo. Desconocía –o había olvidado– que podía existir aquella belleza, aquella totalidad, en cada instante. No tenía sentido alguno del tiempo, de su discurrir; sólo de la perfección y belleza del ahora intemporal...

OLIVER SACKS

El objetivo

El objetivo de la vida consiste en vivir AHORA en este momento presente, siempre. Si conviertes en obsesión el mejorar las condiciones futuras, ni vives en el aparente presente ni en el ilusorio futuro.

El presente momento es el momento eterno. No hay más eternidad que el AHORA, incluso antes de que el tiempo existiera.

RAMESH S. BALSEKAR

Rellena el espacio: «Seré feliz cuando ....»
¿De veras?

Dices que a su debido tiempo veremos
a Dios y Su luz.
¡Tonto!
¡Nunca verás
lo que hoy no veas!

ÁNGELUS SILESIUS

Ver con claridad es poesía, filosofía y religión, todo en uno.

JOHN RUSKIN

¿Estás buscando un nuevo territorio perdiéndote lo que
se encuentra delante de tus narices ahora mismo?

Relación directa

Si eres realmente serio respecto a todo esto, únicamente puedes empezar con lo-que-es. En este caso, lo-que-es es nuestro ser, sencillamente lo que somos en cualquier momento. Somos el contenido de nuestra consciencia, el cual has de comprender *ahora*.

Eso exige recogimiento o atención en el ser, exclusivamente en el momento presente. Debemos mantener una relación directa con todo aquello en que la vida ha hecho que nos fijemos.

... Cada instante es extremadamente importante cuando te das cuenta de cómo únicamente en el siempre presente ahora se abre la puerta hacia la libertad.

ALBERT BLACKBURN

No se trata del tiempo que lo has tenido olvidado, sino de recordarlo ahora. Empieza ahora. Nunca es demasiado tarde.

Cómo miras las cosas

Cuando fijas tu atención en algo tan sencillo e inocente como, por ejemplo, pintar acuarelas, pierdes algo de la angustia derivada del ser miembro de un mundo que se ha vuelto loco. Tanto si pintas flores, como si son estrellas, caballos o ángeles, adquieres respeto y admiración por todos los elementos que componen nuestro universo. No calificas a las flores de «amigas», o de «enemigas» a las estrellas, o de «comunistas» a los caballos y «fascistas» a los ángeles. Los aceptas por lo que son y das gracias a Dios porque son como son. Desistes de mejorar el mundo... o incluso a ti mismo. Aprendes a ver. No lo que quieres ver, sino lo que es. Y lo que es suele ser mil veces mejor que lo que podría ser o lo que debería ser.

Si pudiéramos dejar de manipular el universo descubriríamos un mundo mucho mejor de lo que pensamos que es. Al fin y al cabo, solamente hemos estado en él durante unos cientos de millones de años, o lo que es lo mismo: estamos justo empezando a entablar relaciones con él. Y aunque continuemos durante otros mil millones de años nada nos asegura que, finalmente, lo vayamos a conocer. Tanto al principio como al final, seguirá siendo un misterio. Y el misterio existe o se desarrolla en cada una de las ínfimas partes del universo. No tiene nada que ver con tamaños o distancias, con grandiosidad o lejanía. Todo depende de cómo mires las cosas.

HENRY MILLER

¿Está la realidad deteriorada? ¿Tratas tú de repararla?

Viendo el secreto

... cuando viajaba en el bergantín Squarehead, rumbo a Buenos Aires. Había luna llena y soplaban los alisios. El viejo pesquero navegaba a 14 nudos. Tendido sobre el bauprés, mirando a popa con el agua espumeando por debajo, los mástiles de las velas, blancas a la luz de la luna, se elevaban por encima de mí. Me embriagué de la belleza y su ritmo, y, por un instante, me perdí... en realidad, perdí mi vida. ¡Fui liberado! Me disolví en el mar, me convertí en las blancas velas y en la espuma volante, en la belleza y el ritmo, en la luz de la luna, en el barco y en el cielo levemente tachonado de estrellas. Pertenecía –sin pasado ni futuro– a la paz y a la unidad, al gozo salvaje, a algo mayor que mi propia vida, que la vida del Hombre, que la Vida misma,... a Dios, si así lo quieres.

... Y en algunas otras ocasiones en mi vida, cuando nadando me alejaba mucho de la orilla o yacía tendido, solo, en la arena, tuve la misma experiencia. Me convertí en el sol, en la arena caliente, en el alga anclada en la roca meciéndose con las olas. Como la visión beatífica de un santo. Como el velo que todo lo oculta y que es descorrido por unas manos invisibles. Durante un segundo, ves... y viendo el secreto, eres el secreto.

EUGENE O´NEILL (DE *LONG DAY´S JOURNEY INTO NIGHT*)

Para ser grande, sé total

Para ser grande, sé total;
no excluyas nada,
no exageres nada,
que sea tú.
Sé total en todo.
Vuélcate absolutamente
hasta en tus acciones más insignificantes.
La luna entera resplandece en
todos los estanques,
desde lo alto.

FERNANDO PESSOA

Aceptación radical

La vía de salida de nuestra prisión comienza con la absoluta aceptación de todo lo concerniente a nosotros mismos y a nuestras vidas, aceptando con plena atención y cuidado nuestras experiencias de cada instante. Con «aceptarlo absolutamente todo» me refiero a ser conscientes de lo que sucede en nuestro interior –mente y cuerpo– en un momento dado sin tratar de controlarlo, juzgarlo o alejarlo. No quiero decir que debamos tolerar cualquier comportamiento perjudicial –nuestro o de los demás–, sino que éste es un proceso interior de aceptación de nuestras experiencias reales del momento presente. Eso significa sentirse triste o sentir dolor sin resistirse. Significa sentirnos atraídos o repelidos por alguien o algo sin juzgarnos a nosotros mismos por el sentimiento que nos impulsa a actuar en consecuencia.

Reconocer con claridad lo que sucede en nuestro interior y contemplar lo que vemos con un corazón abierto, dulce y amoroso, es lo que yo llamo «Aceptación Radical». Si rehuimos alguna parte de nuestra experiencia, si nuestro corazón excluye cualquier faceta de lo que somos y de lo que sentimos, estaremos alimentando los miedos y sentimientos de separación que sustentan el trance de sentirnos indignos. La aceptación desmantela directamente los cimientos mismos de este trance.

TARA BRACH

La sosegada vocecita

Siéntate en silencio durante unos momentos. En tu mente, es obvio, surgirán pensamientos. Es correcto: la mente fue diseñada para construir y contener pensamientos.

Sin embargo, a medida que cada pensamiento surge de las profundidades de nuestra mente, di: «¿Quién?»

Al principio, esperarás una respuesta.

Finalmente, la respuesta llegará cuando la mente discursiva –la mente del ego que constantemente habla del mundo consigo misma– se calme lo suficiente para escuchar el sonido de la Sosegada Vocecita. La respuesta será Aquél que lo está preguntando. Será Dios buscando a Dios.

JASON SHULMAN

Todo es bueno... todo.

El hombre es infeliz porque desconoce que es feliz. Sólo por eso. ¡Eso es todo, eso es todo! Cualquiera que lo descubra será feliz instantáneamente, ahora mismo.

FYODOR DOSTOYEVSKY

Querido Leonard:

Mira cara a cara la vida, mira siempre a la vida cara a cara sabiendo en qué consiste, amándola por lo que es. Al menos, conócela. Ámala por lo que es. Y luego, olvídate de ella.

VIRGINIA WOLF EN «LAS HORAS» (DAVID HARE, GUIONISTA)

A nivel visual

Cada paso en el proceso de fotografiar es un paso hacia la luz, una experiencia de lo sagrado, un encuentro a nivel visual con el Dios cuya imagen contemplo dondequiera que mire.

Retratar a alguien es un honor y un privilegio. Es una oportunidad para indagar profundamente en el otro, para ver cómo la esencia del espíritu emerge hacia la superficie. Para lograrlo, el fotógrafo ha de cruzar cierto umbral entrando en la vivencia del otro ser con plena atención. Ese encuentro es un momento sagrado, una comunión temporal, una oportunidad para reflejar y revelar otra dimensión de Dios.

JAN PHILLIPS

Mirar, mirar de verdad al otro, es vernos a nosotros mismos por primera vez.

¿Qué sucedería si...?

... La mayoría de nosotros nos pasamos el día buscando lo que vimos ayer. Y, evidentemente, eso es lo que encontramos. La mayoría de nosotros esperamos lo mismo –o peor– y pocas veces nos sentimos defraudados. Pero, ¿qué sucedería si esperáramos una sorpresa? ¿Qué sucedería si elimináramos las anteojeras que sólo nos permiten ver más de todo lo negativo que esperamos encontrar en nuestras vidas? ¿Qué sucedería si empezáramos a buscar la magia cotidiana? ¿Nos sentiríamos decepcionados?

¿Qué nos sucedería si realmente nos enamoráramos de la vida? ¿Cómo cambiarían nuestras vidas si pensáramos realmente –como Thoreau nos anima a pensar– que la realidad es *fabulosa*? ¿Qué sucedería si siguiéramos su consejo y «constante y exclusivamente observáramos la realidad»? ¿Serían nuestras vidas como un cuento de hadas como él sugiere? ¿Qué sucedería si empezáramos a buscar las maravillas que la vida nos trae cada día? ¿Seríamos unos tontos de los cuales los demás se aprovecharían, o la vida nos parecería emocionante, alegre y maravillosa?

JAMES A. KITCHENS

La liberación espiritual no se encuentra en algún lugar en el cielo. Está aquí mismo, en lo cotidiano y lo corriente.

El patito

Ahora estamos preparados para
contemplar algo especial.
Es un pato nadando en el mar,
lejos, más allá de donde rompen las olas,
acunado por el mar de fondo.
Hay una marejada en el Atlántico
y él forma parte de ella.
Él descansa mientras el Atlántico se agita...
porque él descansa en el Atlántico.
Probablemente
desconoce la inmensidad del océano.
Como tú.
Pero *se da cuenta* de ello.
Y te pregunto:
«¿Qué es lo que hace?»
Se abandona.
Reposa en lo inmediato
como si fuera lo infinito...
lo cual en realidad es.
Eso es religión
y el pato la vive.
¿Y tú?

DONALD C. BABCOCK

Dios es

Dios existe en el agua del lago;
también existe en el agrietado lecho del lago
cuando se ha secado.
Dios existe en la abundante cosecha;
también existe en la hambruna que se extiende
cuando la cosecha se pierde.
Dios existe en el rayo;
y también existe en la oscuridad
cuando el rayo ha desaparecido.

MANSUR AL-HALLAJ

*En cada una de las situaciones en que te encuentres y en
la que hoy interactúes, recuerda: «¡Esto es Él!»*

Mira sin condenar

Mira con amor el presente
porque ofrece lo único que es cierto para siempre.
Toda sanación radica en él.

Cuando has aprendido a mirar en cada uno
sin referirte en absoluto al pasado
—sea el suyo o el tuyo el que percibas—
serás capaz de aprender de lo que ahora ves.

Nacer de nuevo es dejar que desaparezca el pasado
mirando sin condena el presente.

El presente es antes de que el tiempo fuera
y será cuando el tiempo haya desaparecido.
En él todas las cosas son eternas
y una.

El miedo no es del presente,
sino sólo del pasado y del futuro,
que no existen.

¿Por qué esperar al cielo?
Es aquí y ahora.

UN CURSO DE MILAGROS

Ir con el tiempo

Ante todo, no podemos permitirnos no vivir en el presente. Bendito es entre todos los mortales aquél que no pierde un instante de la evanescente vida en recordar el pasado. A menos que nuestra filosofía oiga al gallo cantar en cada granero de nuestro horizonte, está obsoleta. Ese sonido nos recuerda que nos estamos enmoheciendo y que nos estamos anquilosando en nuestras pautas y hábitos de pensamiento. Su filosofía nos hace descender hasta un tiempo más reciente que el nuestro. Nos sugiere un más reciente Nuevo Testamento: el evangelio del momento. No se ha quedado atrás; se ha levantado a primera hora y se ha mantenido actualizado. Estar donde él está es ir con el tiempo, estar en la primera fila del tiempo. Es una expresión de la salud y solidez de la Naturaleza, un reto para todo el mundo: la salud nacida de un manantial para celebrar este instante de tiempo...

HENRY DAVID THOREAU

Una manera muy fácil

Si la gente busca al Buda más allá de la vida y la muerte, es como dirigirse al norte para ir al sur, es como mirar al sur para ver la Estrella Polar. Acumulando, a lo sumo, causas para el nacimiento y la muerte, han equivocado el camino hacia la liberación. Entendiendo que, simplemente, nacimiento y muerte son en sí el nirvana, no hay nada que rechazar como nacimiento y muerte, nada que buscar como nirvana. Solamente entonces podrás obtener alguna medida de tu desapego al nacimiento y a la muerte.

... Hay una manera muy fácil de convertirse en un Buda: no hacer ningún mal, no sentir apego hacia la vida ni la muerte, sentir profunda empatía hacia todos los seres, respetar a los que están arriba, simpatizar con los de abajo, no sentir aversión ni deseo por nada, no pensar ni preocuparse... A éste se le llama «Buda». No lo busques en ninguna otra parte.

DOGEN

Todo es un culto

Abandonando toda idea de resultado,
impertérrito, confiado en sí mismo,
[el sabio] no actúa en absoluto,
incluso cuando está plenamente inmerso en la acción.

No espera nada,
no teme a nada.
Sereno y libre de toda posesión,
impoluto,
actuando sólo con el cuerpo,
contentándose con lo que sucede,
desapegado del placer y del dolor,
del éxito o del fracaso,
actúa sin ligarse nunca a sus acciones.

Cuando un hombre se ha liberado de los apegos,
cuando su mente se ha enraizado en la sabiduría,
todo lo que hace es un culto
y todas sus acciones se disuelven.

BHAGAVAD GITA

Desviándonos ligeramente

De modo que la clave del *zazen* es ésta: todo lo que hemos de hacer es, constantemente, desviarnos ligeramente del mareante mundo en el que estamos sumidos en nuestras mentes y venir al aquí-ahora. Ésa es nuestra práctica. La intensidad y la habilidad para permanecer justo en el aquí-ahora es lo que hemos de desarrollar. Hemos de ser capaces de desarrollar la habilidad de decir: «No, no quiero escapar de aquí» y elegir esa opción. A cada instante nuestra práctica es como una elección, una bifurcación en la carretera: podemos seguir por este camino o podemos ir por este otro. Siempre estamos eligiendo, a cada instante, entre el maravilloso mundo que queremos levantar en nuestras mentes y lo que la realidad es. Y la realidad es, en un *seshin* zen, frecuentemente: fatiga, aburrimiento y dolor en las piernas. Lo que aprendemos de la incomodidad de tener que estar sentados en silencio, es tan valioso que si no existiera, debería existir. Cuando tienes dolor, no puedes alejarte de él. Has de permanecer con él. No hay lugar adonde ir. Por eso, el dolor es tremendamente valioso.

CHARLOTTE JOKO BECK

Cuando empezamos a dar la bienvenida a los pensamientos, no alejarnos de ellos se convierte realmente en una oportunidad de oro pues nos permite descubrir y deshacer muchas suposiciones e historias nunca cuestionadas.

Apagándose por sí misma

Estamos sentados aquí y, en sólo un segundo, eres en el ser. Y cuando digo: «Eres en el ser», no hay un «tú» que sea en él. Es tan sólo la sensación de estar en casa. Y no es algo que hagas, porque el ser es siempre aquí. Únicamente, en vez de prestar atención a la actividad de la mente, ella se apaga por sí misma. Y no es algo voluntario que uno pueda hacer; es *ser*. Por eso nadie puede «hacerlo». Pero decir de manera absoluta que «nadie puede hacerlo», induce a la confusión. El «hacedor» que crees ser, no puede hacerlo, lo cual es más clarificador que decir que «tú» no puedes «hacerlo». ¿Comprendes lo que te estoy diciendo?

ISAAC SHAPIRO

Diáfano como el espacio

... Tu mente lo hace todo. Si crees que una cosa es difícil, es difícil. Si crees que es fácil, es fácil. Si crees que no es ni fácil ni tampoco difícil, entonces no es ni difícil ni fácil. ¿Qué es entonces?

Bebe un poco de agua y lo comprenderás por ti mismo... ¿está fría o caliente? No lo hagas ni difícil ni fácil. No «hagas» nada. Cuando hagas algo, simplemente hazlo. Eso es Zen.

Todos tenemos preguntas sobre esta vida. Por eso practicamos. «¿Qué es Buda? ¿Qué es la mente? ¿Qué es la consciencia? ¿Qué es la vida y qué es la muerte?». Si deseas entender la dimensión de Buda, debes tener una mente diáfana como el espacio. Ésa es ya la mente de Buda. Mantener tu mente limpia como el espacio significa que tu mente es clara como un espejo: cuando algo rojo se sitúa delante del espejo, éste muestra el rojo. Si se sitúa algo blanco, aparece el blanco. A veces le damos el nombre de «mente refleja». Reflejas el universo exactamente como es. Ésa es la verdad.

SEUNG SAHN

¿Cómo sería tu vida sin los conceptos de «difícil» o «fácil»?

El esfuerzo y lo-que-es

El esfuerzo es una desviación de lo-que-es. En cuanto acepto lo-que-es, deja de haber esfuerzo.

Cualquier forma de lucha o conflicto es indicativo de distracción. Y la distracción –lo que el esfuerzo es– ha de existir mientras yo, psicológicamente, desee transformar lo-que-es en algo que no es.

Considera, por ejemplo, la ira. ¿Puede la ira ser vencida mediante el esfuerzo, o mediante la utilización de distintos métodos y técnicas, o por la meditación, o mediante diversas maneras de transformar lo-que-es en lo-que-no-es?

Supongamos ahora que en lugar de esforzarte por transformar la ira en ausencia de ira, aceptaras estar enfadado. ¿Qué sucedería entonces? Serías consciente de estar enfadado. ¿Qué ocurriría? ¿Te abandonarías a la ira? Si eres consciente de estar enojado –lo cual es lo-que-es– y te dieras cuenta de la estupidez que supone convertir lo-que-es en lo-que-no-es, ¿seguirías enfadado? Si en vez de tratar de vencer, modificar o cambiar la ira, la aceptaras y la contemplaras, si fueras completamente consciente de ella sin condenarla ni justificarla, surgiría instantáneamente un cambio...

De modo que el esfuerzo es ausencia de atención... y, por lo tanto, la atención es ausencia de esfuerzo.

J. KRISHNAMURTI

Durante toda mi vida estuve intentando recomponer personas y situaciones. Asumiendo el papel de un Dios, traté de rehacer el mundo a mi imagen. ¡Qué incómodo! ¡Qué inútil!

Vivirlas en profundidad

... Una vez estaba sentado en una entrevista, en el Centro Zen de Cambridge, cuando entró un hombre, tremendamente excitado, afirmando que acababa de tener una experiencia de iluminación. ¡Y la describió muy detalladamente! El maestro le escuchó y de la forma más amable posible le preguntó: «¿Puedes mostrarme esa experiencia ahora mismo?». De este modo hacía saber al estudiante que si la experiencia había sucedido en el pasado, ya no la vivía. Lo importante es lo que está sucediendo ahora.

Con frecuencia tenemos –respecto a una cosa u otra– en nuestra vida la sensación de que «si eso no fuera así, sería feliz... Si no tuviera miedo, si no me enfadara, si no me sintiera solitario...; si no tuviera que lavar los platos, o sacar la basura, o cumplimentar mi declaración de la renta...; si no fuera viejo, si no estuviera enfermo, si no tuviera que morir...». Pero todo eso está ahí. Ésta es la situación tal y como es. Y ninguna situación te impide practicar. No hay nada en ellas que te impida ser verdaderamente feliz. Es lo que haces de ellas lo que establece la diferencia.

Y lo que has de hacer es siempre lo mismo: entregarte a ellas por completo. Vivirlas en profundidad.

LARRY ROSENBERG

Por mi parte, me encantan las superficies. En realidad, me parecen de mucha importancia. Cosas como, por ejemplo, la mano de un niño cogida a la tuya, el aroma de una manzana, el abrazo de un amigo o de alguien que quieres, la finura del muslo de una chica, la luz del sol sobre una roca o sobre las hojas, sentir la música, la corteza de un árbol, la aspereza del granito y de la arena, la caída del agua en un estanque, el rostro del viento... ¿qué más puede haber? ¿Qué más necesitamos?

EDWARD ABBEY

Quitarte los zapatos es un ritual sagrado. Es un momento sagrado en el que recuerdas la bondad del espacio y del tiempo. Es una manera de festejar el sagrado suelo sobre el que estás. Si quieres ser un niño maravillado aprecia la verdad de que tiempo y espacio son sagrados. Quitarte los zapatos simbólica o literalmente, poco importa. Lo que sí importa es que seas consciente del sagrado suelo que pisas y del santo suelo que eres.

MACRINA WIEDERKEHR

Siente el santo suelo ahora.

El momento era perfecto

[*Durante un retiro de meditación, en Francia, la escritora Natalie Golberg fue gravemente mordida por un perro.*]

Miré a lo lejos mientras el médico actuaba. Un segundo me pareció un año. Estábamos solos en la habitación mientras él canturreaba.

«De acuerdo, Nat. ¿qué vas a hacer ahora?». Respirar conscientemente no era suficiente. Estaba cara a la pared y empecé a cantar una canción que había aprendido en el retiro. La canté en voz alta. Los versos: «Soy sólida como una montaña, firme como la Tierra», me consolaron mucho. Los repetí una y otra vez, saltándome el resto de la canción. Ahí estaba yo, tendida sobre la mesa de un hospital francés, con mi pierna desgarrada y mis pantalones llenos de sangre. La única palabra en inglés que había oído era «OK». Me encontraba sola y en el otro extremo de mi pierna un médico me curaba causándome gran dolor, mientras yo miraba la pared. Y cantaba. ¿Cómo era posible? Me sentía llena de alegría. Sentía una tremenda gratitud por estar viva. El aire resplandecía y yo sentía ganas de volverme hacia el doctor y tocarle, dándole las gracias.

Todo eso sucedió en el momento, en el instante. No hubo dilación. No es que una semana después me diera cuenta de lo bien que me había sentido, o de que todo había ido bien. El momento fue perfecto en aquel momento, no después.

NATALIE GOLDBERG

La inmensidad te está esperando

Pregunta: Tengo breves vislumbres de esa dimensión en momentos de quietud. Luego, voy al trabajo y me veo en un entorno que no es ni real ni tranquilo y mi serenidad desaparece. ¿Cómo puedo mantener permanentemente mi ecuanimidad?

Respuesta: Todo lo que surge en la presencia no es más que presencia: compañeros del trabajo, clientes, jefes, todo, absolutamente todo, incluyendo el local, los muebles o el equipo. Compréndelo primero intelectualmente; luego, verifícalo. Llegará un momento en el que esta sensación de intimidad, este benevolente espacio que te rodea, dejará de alejarse. Te sentirás en tu hogar en cualquier parte, incluso en la atestada sala de espera de una estación de tren. Sólo sales de ella cuando te alejas hacia el pasado o el futuro. ¡No te quedes en esos tugurios! La inmensidad te está esperando justo aquí, en este mismo momento. Vete empapando de su vivencia y una vez hayas probado la armonía que subyace todas las apariencias, deja que las percepciones del mundo exterior y de tus sensaciones corporales se desplieguen libremente hasta el momento en que ese fondo de plenitud se revele por sí mismo, espontáneamente.

FRANCIS LUCILLE

La paz no tiene nada que ver con el lugar en que te encuentras, pero sí con cómo ves tú dónde te encuentras.

Siente antes de tus recuerdos

Cuando es el momento –*realmente* el momento– de ir al servicio, lo único que te importa es eso.

En la cama en *ese* momento, el orgasmo lo es todo.

Si te persigue un loco con una pistola, sólo existe *eso*.

Al despertar del sueño no hay más que *alivio*.

Un niño considera importante sus muñecos. El padre considera importantes sus finanzas.

Acosado por el cáncer, un viejo considera importante el amor, mientras sus ojos se cierran por última vez.

¿Qué es lo que tú consideras importante ahora, hoy? ¿Qué es lo que considerabas importante hace diez años?

Retrocede hasta tus más tempranos recuerdos de la infancia, hasta el primero de tus recuerdos. ¿Qué era importante para ti entonces?

Sintiendo ese primer recuerdo de tu vida, retrocede incluso antes de eso. ¿Qué sucede cuando tratas de percibir algo antes de tus primeros recuerdos? ¿Entras en una negrura? ¿Hay una barrera de tiempo que te detiene? ¿O puedes sentir una inefable apertura que parece extenderse más allá de tus primeros recuerdos de infancia, una apertura sin límites definidos, una apertura que eres *tú*, incluso ahora?

DAVID DEIDA

Quédate absolutamente quieto

Pregunta: ¿Qué he de hacer para despertar a mi verdadero Ser?

Respuesta: Para despertar no has de hacer nada. ¡Nada! ¿A que es lo último que esperabas? Éste es el último lugar en el que hubieras mirado. Todo el mundo trata de hacer algo para despertar. Todo el mundo lee, emprende retiros, prácticas, para despertar. Si fuera tan complicado como para hacer algo, ello implicaría que te hallas separado de eso que está despierto. Y no estás separado de lo que está despierto. Tú eres Eso. No hagas nada. Ni siquiera «hagas». Quédate absolutamente quieto.

GANGAJI

El testigo sin esfuerzo

Empecemos siendo simplemente conscientes del mundo que nos rodea. Contempla el cielo y relaja tu mente. Deja que el cielo y tu mente se fundan. Date cuenta de las nubes que flotan en el cielo. Date cuenta de que eso no requiere ningún esfuerzo por tu parte. Tu vivencia del presente –en la que esas nubes están flotando– es muy simple, muy sencilla, sin esfuerzo, espontánea. Sencillamente te das cuenta de que hay una *atención no forzada* registrando las nubes. Lo mismo es aplicable a esos árboles, a esos pájaros y a esas rocas. Los registras de manera fácil y sin esfuerzo alguno.

Fíjate en los pensamientos que surgen en tu mente. Puede que registres diversas imágenes, símbolos, conceptos, deseos, miedos y esperanzas, emergiendo espontáneamente en tu conciencia. Surgen, se quedan ahí un poco y se van. Esos pensamientos y sentimientos surgen bajo tu atención al momento, y esa atención es muy simple, sin esfuerzo, espontánea. Los registras de manera fácil y sin esfuerzo alguno.

Date cuenta: puedes ver las nubes alejándose porque no eres las nubes. Eres el que presencia esas nubes. Puedes percibir las sensaciones corporales porque *no* eres esas sensaciones. Eres el testigo de esas sensaciones. Puedes ver los pensamientos flotando porque no eres esos pensamientos. Eres el testigo de esos pensamientos. De manera espontánea y natural, todos esos objetos surgen, por sí mismos, *sin esfuerzo* en tu momento presente.

KEN WILBER

Todo este universo es en mis ojos.

SEPRO

Para aquél que sabe cómo ver y sentir, cada instante de esta vida libre y sin destino es una maravilla.

ALEXANDRA DAVID-NEEL

Por encima de todo, vulgar y corriente

Vi una vez, en un pueblo japonés, un estanque de peces quizá eterno. Un granjero lo había construido para su granja. El estanque era un simple rectángulo de unos dos metros de ancho por tres de largo, con una pequeña salida para riego... En el estanque había ocho grandes y viejas carpas, cada una de unos 40 centímetros de largo, anaranjadas, doradas, púrpuras y negras. La mayor llevaba allí 80 años. Los ocho peces nadaban, lenta, pausadamente, en círculos, a menudo dentro del círculo de madera. El mundo entero cabía en ese estanque.

Cada día, el granjero se sentaba allí unos minutos. Yo me quedé sólo un día y estuve allí sentado toda la tarde. Incluso ahora, no puedo pensar en ello sin que se me salten las lágrimas. Aquellos viejos peces habían estado allí nadando lentamente en aquel estanque durante 80 años. Era algo tan natural para los peces, las flores, el agua y los granjeros, que se había mantenido así durante todo ese tiempo, repitiéndose interminablemente. Y siempre diferente. No hay un grado de totalidad o realidad que pueda alcanzarse más allá de aquel sencillo estanque.

Y, no obstante, como las demás palabras, esta palabra [eterna] confunde más que aclara. Apunta a una cualidad religiosa. La indicación es precisa y, sin embargo, hace que la cualidad que aquel estanque poseía parezca misteriosa. Y no era misteriosa. Era, por encima de todo, normal y corriente. Lo que la hace eterna es su simpleza. La palabra «eterna» no puede reflejarlo.

CHRISTOPHER ALEXANDER

Tu vida corriente es el gran misterio. No es necesario mistificarla o hacerla distinta, artificialmente.

Estate atento

No te intereses por nada ni nada investigues; deja a la mente
    en su propia esfera...
no veas fallos en ninguna parte,
no te tomes a nada pecho,
no ansíes signos de progreso...
Aunque puedan decirte que eso es lo que significa «ausencia de atención»,
no seas presa de la pereza.
Estate atento examinándote constantemente.

GAMPOPA

*Estas clásicas instrucciones sobre el no esfuerzo nos
urgen a mantenernos atentos. ¿Qué hacer? ¿Qué no
hacer? Simplemente darnos cuenta, en todo momento.*

Puertas

Las puertas a la santidad se encuentran en todas partes,
la posibilidad de ascender está siempre ahí,
incluso en tiempos y situaciones inverosímiles.
No hay un lugar en la Tierra sin la Presencia.

BAMIDBAR RABBA 12:4

¡Toc! ¡Toc! ¿Quién es?

Atención precisa

Uno de los objetivos de la atención plena es mantenernos sintonizados con el presente. La plena atención no es pensar en lo que estamos experimentando. Es una desnuda y directa atención hacia la experiencia misma. Distraernos es signo de que estamos evitando la verdad del momento. Preguntarnos plena y conscientemente «¿Qué me impide mantenerme en el presente?», puede ayudarnos a obtener esa sutil sintonía. A veces, la respuesta revela la oculta influencia de nuestras pautas emocionales más profundamente arraigadas.

Muchas veces, lo que nos hace resistirnos a experimentar nuestras emociones es la tendencia a reaccionar a ellas. Debido a nuestro miedo o a que escapamos, somos incapaces de encarar la experiencia tal y como realmente es, con una atención neutral y centrada. Ésa es la contraparte mental equivalente a nuestros cambios de postura tratando de evitar la más ligera incomodidad.

El poder de mantener nuestra atención en todo momento tiene la capacidad de atravesar las resistencias de la mente frente a la realidad del momento. Una investigación constante puede aportarte un sentido de ecuanimidad ante cualquier cosa que suceda. Si es placentera, preséncia la sin aferrarte. Si es desagradable, preséncia la sin resistirte. Si tu respuesta es la indiferencia, la atención precisa puede impedir que se transforme en aburrimiento.

TARA BENNETT-GOLEMAN

Perfectamente libre

Sé consciente de que todo lo que surge es la demostración
     de lo Absoluto,
de la naturaleza primordial, de la simplicidad no fraccionada.
Si no te apegas, todo lo que surge es, por naturaleza, libre.
Permanece tan sólo en la experiencia ecuánime,
     sin rechazar ni aceptar nada.

Los seres infantiles, al desconocer esto,
tratan los fenómenos como si fueran sólidos y reales.
De esta manera da comienzo una cadena de atracciones y repulsiones
y el gran sufrimiento que supone el vivir... ¡un disfraz inexistente!

La raíces más poderosas son
la ignorancia y el considerar a seres y fenómenos
     como realmente existentes.
La existencia condicionada surge
al acostumbrarnos a ello.

Nada que iluminar,
nada que eliminar.
Contemplando perfectamente la perfección misma,
viendo la perfección, eres perfectamente libre.

SHECHEN GYALTSAP

La meditación del stop

La otra mañana me descubrí dándole prisa a la tostadora. Después de unos momentos de mirar por su abertura, de hurgar en ella tratando, impacientemente, de que mi rebanada se tostara más rápidamente, desperté. Me reí, respiré y sonreí, asentada en el momento presente. Mi tostadora hizo su trabajo y produjo una perfecta tostada en menos de tres minutos. Decidí crear una «práctica del *stop*» a partir de aquella experiencia de la tostada de pan.

La práctica es simple. El colocar el pan en la tostadora es mi recordatorio, una señal de *stop* visual y táctil. Durante los tres minutos en que la tostada se está dorando, respiro, calmando mi actividad mental y física. Esperar la tostada es, para mí, una oportunidad para experimentar la paz.

Las calles y autopistas de los Estados Unidos utilizan un símbolo para el *stop*: una señal octogonal roja con letras blancas donde pone: «STOP». En la educación vial, aprendemos que cuando vamos en coche y vemos esa señal hemos de detenernos por completo. Se nos enseña a mantener una plena atención mirando a nuestra derecha, a nuestra izquierda, al paso de cebra y por el retrovisor antes de proseguir. Eso es una práctica de plena atención, la práctica del detenerse...

TRACY D. SARRIUGARTE & PEGGY ROSE WARD

Puedes inventarte tu propia práctica de plena atención o seguir las tradicionales. Empieza centrándote intencionadamente y luego, suavemente, deslízate hacia la vivencia natural.

Más allá del cualquier concepto

Desde el punto de vista contemplativo, permanecer en la «frescura del momento presente» nos ayuda a reconocer la vacuidad y la naturaleza luminosa de la mente y la transparencia del mundo de los fenómenos. Esta naturaleza es inmutable –no en el sentido de ser una especie de entidad permanente, sino porque es el verdadero modo de existencia de la mente y de los fenómenos– más allá de todo concepto de aparición y desaparición, de ser o de no ser, del uno o del muchos, de principio o final.

MATTHIEU RICARD

¿Dónde se encuentra?

El maestro Tung-kuo le preguntó a Chuang-Tzu:

—¿Dónde se encuentra eso que llaman «el camino»?

Chuang-Tzu le dijo:

—No está en ningún lugar; no existe.

El maestro Tung-kuo le dijo:

—¡Vamos! Has de ser más específico.

—Está en la hormiga.

—¿En algo tan inferior como eso?

—Y en la hierba.

—¡Pero si eso es aún más bajo!

—Y en las baldosas y en la losa.

—¿Cómo puede estar tan bajo?

—¡Y en la orina y en los excrementos!

El maestro Tung-kuo no respondió.

CHUANG-TZU

Todo el mundo sentado

Durante los años 60, mucha gente rara se presentó a las puertas del monasterio (zen). Y entre ellos se encontraba un joven electricista de Suecia cuyo limitado dominio del inglés se veía aún más limitado por unas cuantas cervezas. En la puerta fue interpelado por el director, el cual le preguntó qué deseaba:

—¡Quiero estudiar budismo! –bramó el sueco.

—¿Te has sentado alguna vez? –le preguntó el director utilizando la expresión abreviada para la frase: «¿Has practicado la meditación sentada?»

El sueco no supo responder a aquella pregunta. Parecía una pregunta en inglés corriente y él comprendía las palabras, pero, en cierto modo, su significado se le escapaba. ¿Era alguna clase de truco budista? ¿Se estaba riendo de él el director? Por supuesto que se había sentado. Finalmente decidió que si la pregunta era una trampa, no iba a morder el anzuelo. Se levantó y gritó:

—¡Todo el mundo se ha sentado!

El sueco ingresó en el centro de retiro y se quedó algunos años. Estaba en lo cierto, evidentemente. Todos nos hemos sentado. Lo hacemos cada día. Y también estamos de pie, caminamos y nos tumbamos.

LEWIS RICHMOND

¿Por qué hacer de la meditación un ritual sagrado y diferente cuando puedes sentarte, caminar, estar de pie y tumbarte, conscientemente?

Elige vivir

Hace algunos años, cuando enseñaba meditación en la prisión federal de mujeres de California, una de las reclusas me hizo esta observación:

—Cuando estás en prisión es especialmente importante intentar vivir el momento presente. Es fácil perderte en un pasado que no puedes cambiar en modo alguno, o perderte en las esperanzas de un futuro que aún no existe. Si lo haces así, es que no estás realmente viva.

Entonces se detuvo, me miró con ojos resplandecientes, y me dijo:

—Yo he elegido vivir.

SHARON SALZBERG

Cuando te identificas con tus creencias, ¿qué clase de limitada prisión estás creándote?

Interrelación

[*U Kyi Maung es un viejo luchador por la libertad, que se pasó 11 años como prisionero político en Birmania.*]

Por lo que a mí respecta, no te preocupes. A lo que más presto atención, lo que practico durante todo el día, es el ser consciente. Eso es todo. Estar despierto.

Mira. En mis bolsillos llevo trocitos de papel: citas, recordatorios que me inspiran. Vuelven a focalizar mi mente en el aquí y ahora. Para mí, eso es lo más importante. El estar presente. Despierto. Consciente.

Mis 11 años en prisión fueron duros, pero empleé provechosamente el tiempo. Nunca olvido que lo que ahora estoy viendo –la pálida línea verde que cruza el estanque o la sombra del árbol sobre tu pierna– desaparece en el instante en que me doy la vuelta. Ésta es la sencillez de la vida. Sólo el aquí y el ahora. Consciente de que nada es permanente.

¿Por qué preocuparme de la presencia de algo tan irritante como la cerca de alambre espinoso de allí al fondo que encierra el recinto de Aung San Suu Kyi? Si hay algo que me preocupe es poder perder esta sensación de atención. Por eso la conservo como algo precioso. He visto que todo pasa... La vida es lo que tú haces de ella, en el momento presente.

Volquemos nuestras energías en la vida, en la comprensión y en la interrelación con los demás.

U KYI MAUNG

El hogar

... Primero: cuidado con las filosofías que colocan la búsqueda espiritual en un marco de crecimiento y evolución y que constituyen, según creo, los modernos grandes ídolos. Ambos son importantes fenómenos del teatro temporal de la eternidad, pero como paradigmas están ya muy vistos, son residuos de la edad de los rascacielos y de la ética.

La actitud de «quiero saber», tan frecuentemente tachada por los eruditos espirituales como de enfermedad del siglo XX, es, en mi opinión, una señal altamente indicadora de que estamos empezando a sentirnos desilusionados con la trampa del tiempo. Un verdadero paradigma místico ha de ser post-revolucionario, un paradigma del *lila* –el juego divino del jugar por jugar– en el que todo propósito en la línea del tiempo –grande o pequeño– está subordinado a la divina satisfacción de eso que está siempre presente en cada eterno instante. La gnosis mística consiste en conocer el gozo instante-a-instante de la Vida Infinita en todas sus manifestaciones, independientemente de si, desde el punto de vista puramente humano, la manifestación es creativa o destructiva, creciente o decreciente, en evolución hacia un Omega noético o en desaparición.

... Cuando la palabra «hogar» se emplea para describir la eternidad, surge una casi irresistible tentación de considerar a la vida como un viaje de regreso, en tanto que para mí, el despertar místico ha sido como el de Dorothy en *El Mago de Oz*: el descubrir que nunca he abandonado, ni nunca podré abandonar mi casa. También T. S. Eliot tiene unas palabras para esto: «El hogar es desde donde uno comienza».

JOHN WREN-LEWIS

fulgor

Toma como ejemplo la luna reflejándose en la superficie de un lago. En apariencia, reluce, pero no puedes atraparla. Está vívidamente presente a la vez que es por completo inaccesible. Lo mismo ocurre con la mente. Por su propia naturaleza –la indivisible unión de vacío y luminosidad– nada puede obstruirla ni tampoco ella puede obstruir nada.

Es lo contrario de un objeto sólido –por ejemplo, una roca– con una presencia física y exclusiva. En esencia, la mente es insustancial y omnipresente.

Las percepciones de nirvana y samsara son simples juegos de la natural creatividad de la mente, del fulgor de su vacío. La esencia de este fulgor es el vacío y la expresión del vacío es su fulgor. Son indivisibles.

DILGO KHYENTSE RINPOCHE

Confía en ello de una vez y para siempre

Siempre te estoy diciendo que lo que en ti es inherente se encuentra activo y operativo en el presente. No es necesario que lo busques, no es necesario que lo ordenes, no es necesario que lo practiques ni lo demuestres. Lo único que se requiere es confiar en ello de una vez y para siempre. Esto te ahorrará gran cantidad de energía.

¿Por qué no comprendes esa esencia que siempre ha sido? No tiene nada que ver con el budismo. Sólo se requiere que veas el camino con claridad. No te ordena que extingas los pensamientos errantes, ni que reprimas cuerpo y mente cerrando los ojos y diciendo: «¡Esto es eso!». El asunto no es ése.

Has de observar el estado presente. ¿Qué lógica tiene? ¿Cuál es la pauta que lo guía? ¿Por qué te sientes confuso? Éste es el enfoque más directo.

FOYAN

Esforzarte es una expresión de esa confusión. Indaga detenidamente y lo verás.

Todo es un milagro

Quisiera recorrer las sendas del campo, con arrozales y hierbas silvestres a ambos lados, pisando la tierra con plena atención, sabiendo que estoy caminando en la maravillosa Tierra.

En esos instantes, la existencia es una realidad mágica y misteriosa. La gente considera generalmente como milagros el caminar por encima del agua o por el aire. Pero yo creo que el verdadero milagro no es caminar sobre el agua o por los aires, sino caminar por la Tierra. Cada día nos vemos inmersos en algún milagro que ni siquiera reconocemos: un cielo azul, unas nubes blancas, unas hojas azules, los ojos negros y curiosos de un niño... nuestros propios dos ojos. Todo es un milagro.

THICH NHAT HANH

Buscando señales especiales y milagros, fácilmente obviamos lo que tenemos ante nuestros ojos. Tus ojos están leyendo estas palabras... ¡qué maravilla! Estás respirando... ¡qué milagro!

Cuando estás despierto la belleza se autorrevela a cada instante. Los fotógrafos se pasan la vida buscándola: una duna iluminada por el sol crepuscular, un pájaro sobre un árbol, una montaña con su cima entre las nubes... A cada instante hay algo ahí, algo indefinible, algo que no puede ser descrito. Para los que despliegan una correcta atención, para los que son capaces de ver, Dios se vuelca en cada instante, en cada hoja de hierba, en cada parpadeo del ojo humano. Pero para ver esto, has de mantenerte abierto, porque si estás demasiado apegado a tus miedos, a tu ira, a tu vergüenza, lo único que podrás ver es a ti mismo. El universo danza con la presencia de Dios manifiesta, mientras tú estás sentado en un rincón lamentándote de tu vida.

JAMES A. CONNOR

La voz de Dios

El maestro dijo: «Todo es Dios». Y el adepto, en cuanto lo oyó, entendió: «Dios es la única realidad». La Divinidad se halla en todas las cosas; intangible, sin sufrimiento. Todo en el mundo –sujeto u objeto– no es más que el velo de su *maya*.[1]

... Percibió una especie de enorme y luminosa nube... libre de la fuerza de la gravedad. Totalmente absorto en sí mismo, se mantuvo en medio de la calzada cuando, de repente, apareció un elefante dirigiéndose hacia él. El conductor, sentado en la nuca del animal, empezó a gritarle: «¡Apártate! ¡Deja paso!» El adepto oyó y vio el elefante con toda claridad, a pesar de su éxtasis, pero no se apartó de su camino. Se dijo a sí mismo: «¿Por qué me he de apartar? Soy Dios y el elefante es Dios. ¿Acaso Dios ha de tener miedo de sí mismo?» Y sin miedo alguno avanzó hacia el animal... en el último momento, el elefante lo agarró con su trompa, apartándole y depositándole –no muy amablemente– sobre el polvo al borde de la calzada.

El adepto, completamente aplastado y cubierto de polvo, se dirigió hacia donde estaba a su maestro y le relató el suceso. El gurú le dijo:

—Tienes razón: eres Dios y el elefante es Dios, pero ¿por qué no hiciste caso a la voz de Dios que te hablaba desde lo alto, bajo la forma del conductor del elefante?

PARÁBOLA INDIA[2]

1.- Maya– Ilusión

2.- De *Wisdom of India*, de Heinrich Zimmer

El origen de un copo de nieve

[*Les Kaye es, a la vez, sacerdote zen y hombre de negocios.*]

Mis dos carreras me han enseñado que sentarse en el cojín de meditación o en una oficina, llevar la túnica o un traje, no son cosas fundamentalmente diferentes. Oscilar entre la práctica espiritual formal y las actividades normales de la vida cotidiana se ha ido convirtiendo, cada vez más, en algo natural. El lugar de trabajo se convierte para mí en un espacio de relaciones fluidas en vez de un área de tensas confrontaciones.

Mi apasionada preocupación por descubrir el único y permanente «origen de la vida» se evaporó hace ya mucho. Fue, simplemente, una sensación, una idea que una vez tuve. Perseguir una meta de este tipo es tan inútil como buscar el origen de un copo de nieve. Para la mente estrictamente analítica, las condiciones que producen un copo de nieve –la temperatura, la humedad, etc.– no poseen las características del estado del copo de nieve. No obstante y a pesar de lo que nuestros sentidos y nuestra lógica nos dicen, aparece un singular cristal blanco. El «origen» de todo se encuentra en el permanentemente cambiante momento presente.

LES KAYE

El ahora es un concepto

Pregunta: ¿Cómo puedo vivir en el ahora?

Katie: Lo estás haciendo. Sólo que no te das cuenta.

En realidad, sólo «somos» en este momento. Tú y todos podemos aprender a vivir en el momento como «el momento», a amar lo que se halle ante ti, a amarlo como si fueras tú. Si continúas realizando El Trabajo [de indagación][1], irás viendo cada vez con mayor claridad que tú eres, sin un futuro y sin un pasado. El milagro del amor llega a ti en la presencia del momento no-interpretado. Si te encuentras mentalmente en alguna otra parte, te estarás perdiendo la verdadera vida.

Pero incluso el Ahora es un concepto. En cuanto el pensamiento se forma, desaparece, sin otra prueba de que haya existido más que el concepto que te ha llevado a creer en su existencia. Y ahora, también éste ha desaparecido.

La realidad es siempre la historia de un pasado. Antes de que puedas aferrarte a ella, desaparece.

Cada uno de nosotros posee ya la calmada mente que buscamos.

BYRON KATIE

Cuando idealizamos el vivir en el momento presente, ¿no estamos creando otro concepto?
Olvídate de todo lo que sabes respecto al momento presente ¡y descúbrete inmerso en él!

1.- El trabajo de Byron Katie es un proceso de investigación de historias y creencias utilizando cuatro preguntas.

Lo absurdo

Puesto que nuestra propia mente es, inherentemente, Buda, lo único que hemos de hacer es reconocer y relajarnos en nuestra propia naturaleza. Desde este punto de vista, el estado de despierto es nuestra mente corriente, nuestra experiencia cotidiana. Sin embargo, incluso tras habernos sido mostrada, somos incapaces de retener esa realización. Nuestros propios intentos por hacerlo así se interponen en nuestro camino porque yerran el blanco. Empezamos a esforzarnos por cambiarnos, por encontrar algo, por obtener una determinada meta, pero esos mismos esfuerzos se vuelven contraproducentes.

Al final, no hay nada que hacer ni nada que cambiar. Y, no obstante, empezamos a dudar y a sentir que somos incapaces de alcanzar nada. Nos desesperamos por no estar avanzando cuando, en realidad, no hay ningún lugar adonde ir. Esta paradoja es resaltada con una serie de preguntas[1] diseñadas para sacudirnos y hacernos ver lo absurdo de la situación.

FRANCESCA FREEMANTLE

1.- Para las series de preguntas, ver la siguiente selección.

Simplemente esto

Cuando el poderoso método de adentrarte en esto es mostrado,
tu propio autoconocimiento del presente momento es ¡simplemente esto!
Tu propia autoiluminación nunca imaginada es ¡simplemente esto!
¿Por qué afirmas no poder realizar la naturaleza de la mente?
En ella, no hay nada sobre lo que meditar;
¿por qué dices entonces que nada te sucede cuando meditas?
Tu propia y directa experiencia de la consciencia es ¡simplemente esto!
¿Por qué afirmas no poder encontrar tu propia mente?
La conciencia ininterrumpida y la claridad son ¡simplemente esto!
¿Por qué dices no poder reconocer tu propia mente?
Aquél que piensa en la mente es la mente misma;
¿por qué dices no encontrarla cuando la miras?
No hay, en absoluto, nada que hacer;
¿por qué dices pues que nada sucede hagas lo que hagas?
Sólo se requiere dejarla a su aire de manera natural;
¿por qué afirmas que no se está quieta?
Únicamente requiere que la dejes en paz, sin hacer nada;
¿por qué dices que no puedes hacerlo?
Claridad, presencia y vacío son inseparables y
      espontáneamente presentes;
¿por qué dices entonces que tu práctica es infructuosa?
... saber, en el momento presente, es ¡simplemente esto!
¿Por qué dices desconocerlo?

PADMASAMBHAVA[1]

1.- De *Luminous Emptiness* de Francesca Freemantle.

Santo sin santidad

«Comprendes, –dijo Chaydem– pero su realidad se te escapa. Comprender no es nada. Has de mantener los ojos abiertos constantemente. Y para abrir los ojos has de relajarte, sin tensión. No tengas miedo de caerte hacia atrás, hacia un abismo sin final. No hay nada en lo que caer. Estás en ello y fuera de ello, y un día, si persistes, lo serás. No te digo que lo vayas a conseguir, date cuenta, porque no hay nada que poseer. ¡Tampoco tú has de ser poseído, recuérdalo! Has de liberar tu Ser. No hay ejercicios físicos ni espirituales que practicar. Todas estas cosas son como el incienso: despiertan un sentimiento de santidad. Y nosotros hemos de ser santos sin santidad. Hemos de ser totales, completos. Eso es ser santo. Cualquier otra clase de santidad es falsa; es una trampa, un engaño...»

HENRY MILLER

Me pasé años intentando ser un santo y un monje solemne. Era algo artificial, innecesario y tonto. Estaba intentando resplandecer en la oscuridad cuando en verdad todo era, por naturaleza, radiante.

Cuando hagas algo, hazlo con todo tu ser. Una cosa a la vez. Ahora, me siento aquí y como. Para mí, en el mundo no existe nada más que esta comida, esta mesa. Como con total atención. Y así has de hacerlo... con todo.

GEORGE I. GURDJIEFF

No podemos posponer el vivir hasta que estemos preparados. El rasgo más característico de la vida es su urgencia: «aquí y ahora» sin aplazamiento posible. La vida nos es disparada a bocajarro.

JOSÉ ORTEGA Y GASSET

Intimidad

La intimidad es una experiencia de no separación, de ser uno con lo que está sucediendo, sea lo que sea. Tendemos a pensar que, ahora mismo, no somos «correctos» –demasiado miedosos, ambiciosos, coléricos, o lo que sea–, pero que si emprendemos alguna clase de práctica espiritual podremos mejorar. En algún punto del futuro, seremos como debemos ser.

Tenemos una mente basada en «paras»: siempre hacemos esto «para» obtener eso, o «para» ser eso otro. Y, sin embargo, es esta tendencia a esforzarnos, a ser ambiciosos, a preocuparnos por metas, a adelantarnos a los acontecimientos, lo que nos saca del momento presente y nos aleja de lo que somos ahora. En realidad, nos impide la intimidad. Entonces nos quejamos, pero es el propio deseo el que nos impide la intimidad.

LARRY ROSENBERG

Un único lugar

Luego, él recordó determinados momentos en los cuales el poder de *este* momento se hallaba ya contenido, como en una semilla. Se acordó del instante en que, en aquel otro jardín del sur (Capri), la llamada de un pájaro no se detuvo –digámoslo así– en el límite de su cuerpo sino que fue percibida de manera simultánea en el exterior y en el centro de su ser, uniendo ambos en un espacio ininterrumpido en el cual, misteriosamente protegido, sólo restaba un único lugar de la más pura y profunda consciencia. En aquella ocasión, él había cerrado los ojos... y el Infinito le había penetrado desde todos lados y de un modo tan íntimo que creyó poder sentir las estrellas, que entretanto habían aparecido, reposando dulcemente en su pecho.

RAINER MARIA RILKE

Lo real

Hace algunos años, oí en la radio una entrevista con Dame Janet Barker. Le preguntaron si había escuchado alguna vez sus discos y, en caso afirmativo, cuáles eran sus favoritos. Ella contestó que casi nunca los había escuchado. Para ella, el Ahora era tremendamente apasionante y nuevo y constituía un gran error tratar de repetirlo. Cantando, nunca había intentado emular actuaciones anteriores ni recrear los momentos estelares del mismo modo en que los había interpretado la noche anterior. Una y otra vez habló con la más profunda reverencia del Ahora y de cómo debía ser nuevo y surgir espontáneamente. «El Ahora es lo Real», dijo.

Creo que fue la perfecta expresión artística de cómo contemplo la intemporal cosmología cuántica.

JULIAN BARBOUR

Los grandes artistas no recrean el pasado ni hacen planes para el futuro. Confían libremente en su expresión inmediata.

Makom: el lugar

Ya estás donde has de estar. No necesitas ir a ninguna otra parte. Siéntelo en la humedad de tu lengua. Percibe el llenado y vaciado de tus pulmones, en el parpadeo involuntario de tus ojos. Justo unos tres centímetros por detrás de tu esternón, donde late tu corazón. Ahí es donde reside *makom*.[1] Justo aquí, siempre. Y no lo sabíamos porque estábamos profundamente dormidos, aquí en este mismo *makom*.

RABI LAWRENCE KUSHNER

1.- Makom— Palabra hebrea equivalente a «lugar santo», el lugar de Dios. También, otro nombre de Dios.

Escribí a mi amante
una carta sin palabras

Dije:
Soy una pequeña mujer
con suficiente valor
como para contener a un planeta en mi corazón roto.

Dije:
Aquí, la quietud cae sobre los hombros
de la quietud,
como una sombra desaparece en otra.
Todo es aquí
en este aéreo momento.

Dije:
Bajo esta mano de silencio
esta mujer nace,
como una catarata desnudándose a sí misma.

Dije:
Reducida a una aguja de luz,
soy completamente yo misma.

Dije:
En cada instante
se repite la historia del universo:
No había nada
¡y mira lo que está naciendo!
Siempre me sorprendes.

DEENA METZGER

Antes de pensar en buscar

Te pido que abandones de una vez por todas el placer que hayas podido sentir leyendo las escrituras o siendo instruido y estimulado por otros. Sé total, sin conocimiento ni comprensión, como antes, como un niño de tres años en quien la conciencia, aunque presente, no está operativa. Contempla entonces lo que hay ahí antes de que la idea de buscar lo esencial surja: observa y observa. Mientras sientas que tu control se va aflojando cada vez más y que tu corazón se encuentra cada vez más intranquilo, no abandones ni te descuides: éste es el lugar adecuado para cortar la cabeza de los mil sabios. Los estudiantes del Camino frecuentemente se retiran en este punto. Si tu fe es inquebrantable, sigue contemplando aquello que es, antes de que surja la idea de buscar lo esencial. De repente, despertarás de tu sueño y no habrá error posible al respecto.

TA HUI

La verdadera condición humana

Al final, cuando todas las estrategias para resistir la vida se desvanecen, ¿qué queda sino un ser humano? Me entristece profundamente que gran parte del esfuerzo humano –espiritual o científico– sea, inconscientemente, un esfuerzo para escapar de la vida humana y tratar de vivir en un mundo irreal de salvación espiritual o seguridad tecnológica. En vez de una inmunidad imaginaria mágicamente garantizada por el contacto con lo trascendental, la danza del despertar nos invita a vivir más plenamente y a ser conscientemente responsables. Ser un iluminado es ser un ser humano. No obstante, la transformación de uno mismo se contempla raramente así, porque la mayoría de la gente utiliza su espiritualidad y su intelecto como un medio para escapar del dolor y dureza de la vida, como un medio para evitar relacionarse con la verdadera condición humana.

Lo espiritual no es algo que acontezca acompañado de fenómenos paranormales, o en una iglesia, o en un lugar de oración, o en un Machu Pichu, o en las pirámides, o en cualquiera de los lugares de peregrinación tan alabados y que tanto seducen al hombre de la Nueva Era. En realidad, lo Sagrado está en todas partes. Lo Sagrado es todo. Y todos somos parte de un proceso sagrado.

RICHARD MOSS

Una y otra vez he comprobado que el lugar del que huyo es, realmente, donde debiera estar. ¿De qué huyes tú?

A pesar de todas las semejanzas, cada situación vital posee –como un bebé recién nacido– un nuevo rostro nunca antes sido y que nunca volverá a ser. Eso te exige una reacción que no puede ser preparada de antemano. No exige nada de lo que es pasado. Exige vivencia, responsabilidad. Te quiere a ti.

MARTIN BUBER

[Martin Buber] fue para mí –en todas las acepciones del término– la persona más humana con la que me haya encontrado... Creo que nunca desesperó porque siempre estaba dispuesto a encarar el nuevo momento, sea cual fuera su apariencia, con todo su ser. Y ése, quizás, es el secreto –si es que hay alguno– del diálogo que nunca podrá convertirse en técnica o filosofía, sino que es una presencia viva presente en el ahora de la situación y que invita al otro a estar también presente.

MAURICE FRIEDMAN

En la cocina

Recuerdo esta iluminación aconteciéndome al mediodía mientras estaba en la cocina y observaba a mis hijos, que comían bocadillos de mantequilla de cacahuete y mermelada. Lo estábamos pasando de lo más normal en un día de lo más normal en medio de la más cotidiana de las rutinas. No había perfumado la mesa, ni rociado los salvamanteles con agua bendita, ni pronunciado la oración para santificar el maravilloso pan. No me sentía particularmente «espiritual». Pero, siguiendo un desconocido impulso, me detuve bruscamente en medio de mi actividad –o de mi ensoñación– y miré a mi alrededor como si estuviera abriendo los ojos por primera vez.

La habitación entera resplandecía y estaba tan llena de movimiento que todo parecía estar en suspenso, aunque vibrando, durante un instante, como ondas de luz. Mi interior se henchía con un tremendo gozo y mi respuesta inmediata fue sentir gratitud. Gratitud por todo, por cada cosita que había en aquel espacio. El techo de la habitación se convirtió en un cálido abrazo; el agua que manaba por el grifo parecía un tremendo milagro; mis hijos dejaron de ser, por un momento, mis hijos, mi obligación, o mi deber y se convirtieron en seres de infinita singularidad y complejidad a los cuales podría un día, en un tiempo venidero, aprehender en su espléndida plenitud.

HOLLY BRIDGES ELLIOT

La iluminación está siempre aconteciendo. A veces la ves; a veces, no.

Cuando eres en el momento presente, no hay un «tú» separado y solo. Ni identificación ni egocentrismo.

El odio hacia ti mismo ha sido diseñado para asegurar que eso no suceda.

El odio hacia ti mismo te extraerá de la experiencia del momento presente para focalizarte en el «¿Qué hice mal? ¿Qué es lo que he hecho?»

Es ese preguntarte respecto a ti mismo, este analizarte, lo que te saca de este momento presente y te lanza al pasado –»¿Cómo debería haber sido, en vez de cómo fui?»– o al futuro –»¿Qué puedo hacer al respecto?»

No importa lo que hiciera o no hiciera.

Sólo importa lo que sucede AHORA.

CHERI HUBER

La gran perfección

¡Escucha de nuevo, amigo del alma!

No pienses, no idees, no alteres tu mente.
Si eliges la manipulación y la modificación
tu mente resultará alterada
y este forzado estado mental
oscurecerá el meollo del asunto.

La mente en sí, libre de invenciones, es tu auténtica y
     original expresión.
Contempla al desnudo su naturaleza intrínseca e inalterada,
mantén el flujo de la meditación,
libre de adulteraciones artificiales.

Libre de distracciones, libre de apegos, libre de la meditación, más allá
     del intelecto:
permanece en el estado que trasciende el intelecto, la Gran Perfección[1].
Sin asomo de egoísmo, no-nacido, sin opuestos, inexpresable:
permanece en la inefable naturaleza, la Gran Perfección.

NYOSHUL KHENPO

*No has de intentar iluminarte, ni ser espiritual, ni un
Buda. Simplemente, sé.*

1.- La Gran Perfección (del *Dzogchen*) es la enseñanza más elevada de la escuela
Nyingma del budismo tibetano.

Quedándote con lo-que-es

Hace algunos años, en una exploración médica, me enfrenté a un alarmante diagnóstico de cáncer de próstata. En vez de una biopsia, elegí tratarme a mí mismo durante seis meses con una combinación de meditación sanadora, acupuntura e hierbas. Luego me sometí a otra exploración para comprobar en qué medida quedaban aún células cancerosas, si es que aún las había. Consciente de que sería extremadamente desagradable una extirpación de próstata y de que podía consecuentemente padecer incontinencia e impotencia, experimenté un miedo terrible mientras aguardaba los resultados. Me puse a practicar el centrarme en el cuerpo preguntándome una y otra vez: «¿Qué es esto?» La combinación de miedo y autocompasión resultaba muy poderosa, lo mismo que el deseo de huir, pero mis continuos esfuerzos por retornar a la realidad física del momento empezaron a socavar la solidez de mi miedo. La pregunta: «¿Qué es esto?», actuaba como un láser focalizándome en la experiencia del miedo mismo. Después de dos días de práctica, me di cuenta de que nada de lo que temía estaba sucediendo, ni había sucedido nunca. No había más dolor que el generado por mis pensamientos. Este descubrimiento hizo estallar la burbuja de mis miedos. Esa comprensión no surgió a través de la reflexión, sino centrándome en la esencia del momento mismo. Surgió de mi interés por la realidad.

EZRA BAYDA

Nuestras mentes pueden generar ansiedad y sufrimiento mediante la simple evocación de aterradores escenarios futuros. Me di cuenta de que mi imaginación es mucho más aterradora que la realidad.

¿Veis, hermanos y hermanas?
No es el caos ni la muerte.
Es la forma, la unión, el plan.
Es la vida eterna.
Es la Felicidad.

WALT WHITMAN

Al final de los tiempos, los bendecidos dirán: «Nunca hemos vivido más que en el cielo».

C. S. LEWIS

Si por un instante dejáramos paso a nuestro pequeño «ser», sin desear mal a nadie, sin hacer mal, no siendo más que cristales que reflejan un rayo, ¡qué no íbamos a reflejar! ¿Qué universo aparecería, cristalizado y esplendoroso, a nuestro alrededor?

HENRY DAVID THOREAU

Estar abierto

Una y otra vez contacto con gente que está perdida en su búsqueda espiritual, o perdida en su dolor personal porque creen que lo que han vivido hasta este momento es lo que van a vivir de ahora en adelante. Creen que el pasado vivido ha condicionado su realidad para que sea la misma ahora y para siempre. Y creo que el mayor milagro –y el mayor misterio– de nuestras vidas aquí en la Tierra es que cuando dejamos de hacer suposiciones y de simular ser Dios, comprendemos que carecemos por completo de conocimiento sobre lo que va a suceder en el próximo instante. Y esa falta de cualquier clase de conocimiento es lo que en realidad nos permite –si la dejamos absorberse en todos los poros de nuestro ser– abrirnos a una libertad espiritual cada vez mayor.

RAPHAEL CUSHNIR

Delante de mis ojos

... Estaba caminado por la calle cuando, de repente, las cosas cambiaron delante de mis ojos para convertirse en algo verdaderamente hermoso y *real*. Lo que los científicos nos dicen de la luz y las ondas sonoras, de la gravedad y de los átomos, y de tantas cosas, resultaba claro y comprensible. También los pasajes de la Biblia que hasta la fecha me habían sido esquivos... El color era asombrosamente bello. Todo poseía un significado y todo y todos éramos uno. No sólo los demás seres humanos, sino todos los animales, plantas, piedras... *todo era una unidad*, convirtiendo en ridícula la opinión de que sólo los seres humanos poseen alma. No existe el tiempo tal como lo conocemos. Todo lo que es, ha sido y siempre será... Y somos en el *aquí y ahora* en la eternidad.

INFORME DEL RERU[1]

> *Cuando nos perdemos pensando en el pasado y en el futuro, somos sonámbulos. Cuanto más despiertas al momento presente, más belleza contemplas.*

1.- RERU— Centro de Investigación de la Experiencia Religiosa (Religious Experience Research Centre).

Sin dejar espacio

El mayor apoyo que podemos tener es la plena atención, lo cual significa estar totalmente presentes en cada instante. Si la mente permanece centrada, no puede devanar historias sobre la injusticia del mundo o de los amigos, o sobre tristezas y pesares. Todas esas historias llenarían muchos volúmenes, pero cuando estamos plenamente atentos esa verbalización se detiene. Mantener una total atención significa estar totalmente absortos en el momento sin dejar espacio para nada más. Lo que en ese instante suceda nos llena por completo, sea lo que sea –sentados, de pie, o tumbados; sintiendo placer o dolor– mientras mantenemos una vivencia sin juicios, un «sencillamente ver».

AYYA KHEMA

¡Rápido!

¿Deseas penetrar directamente y ser libre?

Cuando digo esto, muchos me escuchan... ¡Rápido! ¡Fíjate en el que está escuchando lo que digo! ¿Quién es el que ahora mismo está escuchando?

BASSUI

Todo lo que verás

Buda nos enseñó que abandonáramos todo lo que careciera de una verdadera esencia. Si lo dejas todo, descubrirás la verdad. Si no lo haces, no. Así son las cosas.

Y cuando la sabiduría despierte en ti, verás la verdad dondequiera que mires. La verdad es lo único que verás.

AJAHN CHAH

¿A qué te estás aferrando ahora?

Sin esperarlo

Sus discípulos le dijeron:

—¿Cuándo llegará el Reino?

—No llegará si lo esperáis. No es cuestión de decir «¡Aquí está!» o «¡Ahí lo tenéis!» Más bien, el reino del Padre se extiende sobre la Tierra, pero los hombres no lo ven».

JESÚS

¿Puedes verlo tú?

La verdad de todas las cosas

Estamos aquí
para despertar
a quienes somos.

Para hacer la vida entera
más poética,
más sana,
más viva, más amorosa.

Para experimentar
la verdad de todas las cosas.
Este momento...
Este momento...
Este momento.

WILLIAM SEGAL

El único punto

Si se vierte aceite de una vasija a otra, fluye formando un arco absolutamente suave y silencioso. Para el espectador hay algo de fascinante en la apariencia cristalina e inmóvil de este rápido flujo. Quizás nos recuerda esos aspectos del tiempo cuyos misterios son incluso mayores que aquellos del futuro o del pasado: el infinitamente breve presente calzado entre esas dos zonas que se extienden infinitamente en direcciones opuestas. Es, al mismo tiempo, nuestra experiencia de la realidad más inmediata y la más intangible. El ahora no tiene extensión, y, no obstante, es el único punto del tiempo en el que lo que sucede, sucede, y en el que lo que cambia, cambia. Ha pasado antes de que nos hayamos dado cuenta de él y, sin embargo, puesto que cada momento presente va inmediatamente seguido de un nuevo momento presente, el Ahora es nuestra única y directa experiencia de la realidad...

PAUL WATZLAWICK

Porque sé que el tiempo es siempre tiempo
y el espacio es siempre–y exclusivamente– espacio
y que lo presente es presente sólo por un tiempo
y para un espacio,
me alegro de que las cosas sean como son...

T. S. ELIOT (PASAJE DE «ASH WEDNESDAY»)

Dios lo es todo

Me preguntas acerca de Dios... Definir lo Indefinible es poner en la palma de tu mano el secreto supremo. No imagines que se encuentra oculto en algún lugar lejos de ti. El secreto supremo es el más evidente. Es éste: Dios lo es Todo.

... Permíteme un ejemplo.

Ha llovido intensamente durante la noche y las calles están llenas de barro. Me detengo a observar a un grupo de chiquillos que juegan con él. Sin fijarse en el agua, construyen docenas de figuras: casas, animales, torres... Por lo que dicen resulta evidente que creen que cada una de ellas posee una entidad. Les dan nombres y cuentan sus historias. Durante un tiempo, las figuras de barro asumen una existencia independiente. Pero son simplemente barro. El barro ha sido su origen y el barro es su sustancia. Desde la perspectiva de los niños, sus creaciones de barro poseen individualidades separadas. Desde el punto de vista del barro, resulta evidente que dicha independencia es una ilusión. Las creaciones son sólo barro.

... Cuando contemplo el mundo, no veo a Dios. Veo árboles de diversas clases, gente de todo tipo, casas, campos, lagos, vacas, caballos, pollos, y cosas así. Al hacerlo, soy como los chiquillos que al jugar ven verdaderas figuras y no simplemente barro. ¿Dónde está Dios en todo esto? La pregunta es, en sí misma, engañosa. Dios no «está» en esto: Dios es esto.

RABÍ YERACHMIEL BEN YISRAEL

Tú eres eso

Alma de todas las almas, vida de la vida;
tú eres Eso.
Visto y no visto, móvil e inmóvil;
tú eres Eso.
El camino que conduce hasta la Ciudad es interminable.
Ve sin pies ni cabeza...
y serás ya allí.
¿Qué otra cosa puedes ser?
Tú eres Eso.

RUMI

Está cerca

Cuando indagamos en nuestra auténtica experiencia del mundo, siempre llegamos a una extraña dualidad. Como humanos somos más frágiles de lo que podemos soportar saber, zarandeados por las guerras y los terremotos y también por las interminables revueltas interiores: las obsesiones y aspiraciones, los miedos, la ira... Y, no obstante, al mismo tiempo la eternidad nos presiona constantemente: próxima al sendero montañoso que hollamos... enorme, olvidada, fuente de alimento y de descanso, empujando la hierba sobre la que, relajadamente, nos tumbamos. Ambas verdades son siempre inexplicables: el espíritu aporta su esplendor eterno mientras que el alma nos ayuda a recibir el abrumador regalo del espíritu.

Una auténtica apertura mental comprende la grandeza y nimiedad de lo que somos... pero, no obstante, esta experiencia sucede enteramente en el ayer... Despertamos a lo extraordinario de nuestras vidas, mientras que el normal discurrir no se ve alterado. Tenemos nuestros propios ritmos: trabajamos, comemos, bebemos y hablamos unos con otros por la noche. El catalizador se convierte en el centro del mundo, sea una flor o el dial de una radio. Entonces recolectamos lo eterno: la ladera de la montaña en la que estamos y el origen de las flores y de los diales de las radios y de los coches y de las lluvias entre los claros de sol. En nuestro despertar, cuando el espíritu empieza cobrar importancia, lo que nos sobrecoge, lo que nos sacude hasta que abrimos los ojos es la completa, adusta –impecable como un bosque de hayas– e indiscutible bendita realidad. Vista bajo la luz del alma la eternidad es una voluptuosa e interminable fusión con el gozo.

JOHN TARRANT

Absurdamente bello

Pregunta: Osho, la vida me resulta muy aburrida. ¿Qué debería hacer?

Respuesta: Ya has hecho suficiente. Has hecho aburrida a la vida. ¡Qué gran logro! La vida es una danza extática y la has reducido al aburrimiento. ¡Has hecho un milagro! ¿Qué más quieres hacer? No puedes hacer nada que lo supere. ¿Aburrida la vida? Debes de tener una tremenda capacidad para *ignorar* la vida.

... Ignorancia significa «capacidad de ignorar». Debes de ignorar los pájaros, los árboles, las flores, la gente... De lo contrario, la vida es tremendamente hermosa, tan *absurdamente* hermosa que si la vieras como es no podrías dejar de reír. No pararías de reír... al menos interiormente.

La vida no es aburrida, pero *la mente* sí es aburrida. Y hemos creado una mente tal, tan poderosa, que, rodeándonos a modo de muralla china, no permite que la vida penetre en nosotros. Nos desconecta de la vida. Nos aislamos, nos encapsulamos, sin ventanas...

¡Tira todo tu conocimiento! Y luego, mira con los ojos vacíos... La vida es una *constante* sorpresa. Y no te estoy hablando de una vida divina. La vida *corriente* es realmente extraordinaria. En los pequeños incidentes descubrirás la presencia de Dios... piérdete el presente y vivirás en el aburrimiento. *Sé* en el presente y te sorprenderá descubrir que el aburrimiento no existe.

OSHO

La vía del no esfuerzo

... Poonjaji se volvió hacia mí y me preguntó directamente:

—Cuando no hay pasado ni futuro, ¿quién eres?

Me descubrí buscando en mí mismo quién era y en el instante en que me volví hacia mi interior se produjo lo que puedo describir como una explosión de silencio. Mi cuerpo estaba vivo y vibraba de energía, pero la mente estaba totalmente en silencio. Él repitió su pregunta y me vi a mí mismo diciendo:

—Yo soy.

No había nada más que decir.

—Muy bien –respondió mientras se le iluminaba el rostro–. Y ahora, ¿quién eres cuando no hay el «yo soy»?

Hubo entonces otra explosión en mi interior, tras la cual mi boca dijo:

—Nada.

La palabra surgió de un lugar desconocido, pero en cuanto la pronuncié supe que era la respuesta correcta. Mientras pronunciaba la palabra mi cuerpo y mi mente parecieron explotar de nuevo en un silencio aún mayor. Anteriormente le había hablado de mis hábitos y tendencias mentales, mencionándole que los consideraba claramente los obstáculos que obstruían mi atención. Él me miró y me preguntó:

—Ahora, ¿cuál es la naturaleza de todas esas tendencias mentales de las que antes me hablabas?

La experiencia que estaba teniendo me dio la respuesta:

—No poseen realidad alguna.

—Bien –me dijo–. Ahora comprendes. Aquí es donde empieza nuestro trabajo.

MURRAY FELDMAN[1]

Esta clase de relato podría generar fácilmente la «envidia del gurú» haciendo que algunos lectores volaran en avión hasta la India. Date cuenta de cómo la persecución de experiencias místicas puede impedirnos ver el milagro en el aquí y ahora.

1.- Del *Nothing Ever Happened*, vol.3, de David Godman.

El momento presente

Lo que uno hace [en meditación], no importa lo que uno practique, no tiene como objetivo alcanzar un estado superior ni seguir ninguna teoría ni ideal, sino, simplemente, sin objeto ni ambición algunos, tratar de ver lo que es aquí y ahora. Uno ha de ser consciente del momento presente utilizando sistemas como la concentración en la respiración... Ésta se basa en el desarrollo del conocimiento del ahora, pues cada respiración es única, es una expresión del *ahora*.

CHÖGYAM TRUNGPA

> *Meditar no es tratar de obtener nada. ¡Olvídate de progresar! ¡Olvídate de los estados superiores! Inspira. Espira.*

... Somos tan imprudentes que deambulamos por tiempos que no son nuestros sin pensar en absoluto en el único tiempo que nos pertenece.

BLAISE PASCAL

Sólo es posible vivir felizmente para siempre basándote en el día a día.

MARGARET BONNANO

Mirarlo todo como si fuera la primera vez revela lo normal como totalmente increíble, si tan sólo pudiéramos reconocer su novedad.

RUTH BERNARD

Ausencia de tiempo

En la primera ocasión (entre los 8 y 10 años) me encontraba a solas en el jardín, cavilando. Pasó volando un cuco y empezó a cantar. Experimenté una sensación que sólo puedo describir como el efecto producido por la rotación de un caleidoscopio. Había una sensación de intemporalidad. No era tan sólo que el tiempo se hubiera detenido o que toda duración hubiera cesado, sino que yo mismo me encontraba también fuera del tiempo. Sabía, de algún modo, que formaba parte de la eternidad. Y había también una sensación de ausencia de espacio. Perdí la conciencia de mi entorno. Con este distanciamiento sentí un gozo nunca antes conocido y al mismo tiempo un anhelo tan grande –por algo que desconocía– que difícilmente era diferenciable del sufrimiento...

La segunda vez ocurrió tiempo después de la primera. Era un día absolutamente tranquilo, lleno de luz. En el jardín todo era resplandeciente, sobrecogedor, como en impaciente espera. De repente me sentí convencido de la existencia de Dios como si tan sólo tuviera que extender la mano para tocarle. Y, al mismo tiempo, volvió a aparecer aquel sublime gozo e indescriptible anhelo similar quizás al de vivir exiliado de tu hogar. Parecía que mi corazón iba a salírseme del cuerpo.

RELATO DEL RERU

¡Esto es!

Inténtalo: recuérdatelo a ti mismo de vez en cuando: «¡Esto es!» Fíjate en si hay algo a lo que no pueda aplicarse. Recuerda que la aceptación del momento presente no tiene nada que ver con resignarte ante lo que está aconteciendo. Significa, simplemente, darte cuenta con claridad de que lo que está sucediendo, es lo que hay. La aceptación no te dirá qué hay que hacer. Lo que vaya a suceder, lo que elijas hacer, ha de surgir de tu comprensión respecto al momento presente. Puede que trates de demostrar un profundo conocimiento del «¡Esto es eso!». ¿Influye esto en cómo eliges responder o proceder? ¿Te es posible entender que *ésta* puede ser verdaderamente la mejor época, el mejor momento de tu vida? Y si fuera así, ¿qué significaría para ti?

JON KABAT-ZINN

Mantén sólo la gran pregunta

—Salvaguardar la mente que desea la iluminación es el camino equivocado... mantén sólo la gran pregunta. La «gran pregunta» significa eliminar todo proceso pensante y convertirte en una mente vacía. De modo que la mente que salvaguarda la gran pregunta, ¡es la iluminación! Ya estás iluminado, pero no lo sabes. Así que, tras largo y duro adiestramiento, ¡ah!, ¡*esto* es la iluminación! Es muy fácil. ¿Lo ven tus ojos?

—No.

—¿No tienes ojos? Sí *tienes* ojos. ¿Puedes captar tu mente?

—No.

—¿No tienes mente? Es lo mismo. ¿Puedes ver esta taza? ¿Puedes oír mi voz?

—Sí.

—Ésta es tu mente. Mis ojos no pueden ver mis ojos. Intentar ver mis ojos es el camino equivocado. Mi mente no puede comprender mi mente. Tratar de comprender mi mente es el camino equivocado. Si cercenas de raíz esta mente, pronto alcanzarás la iluminación. Yo puedo ver esta taza, de modo que tengo ojos. Puedo oír este sonido, de modo que tengo mente. ¿Qué soy yo? Me lo estoy preguntando. De manera que no hay opuestos. No tener opuestos es lo Absoluto. De modo que todo proceso pensante es eliminado de raíz. Sólo no saber, sólo una mente vacía. Éste es mi verdadero ser. Es muy fácil.

SEUNG SAHN

Cuando te preguntas intensamente sin volverte hacia las experiencias pasadas en busca de respuestas, tú eres esta «mente que no sabe».

Sea lo que sea

Cuando pronuncio la primera línea del padrenuestro: «Padre nuestro que estás en los cielos...», me imagino este cielo como invisible, impenetrable, pero íntimamente próximo. No hay nada en él fuera de lo normal: ni espacios giratorios infinitos, ni impresionantes visualizaciones. Para encontrarlo −si tuvieras la gracia− sólo sería necesario poner sobre la mesa algo tan sencillo y asequible como una piedrecilla o un salero...

«Venga tu reino...» La diferencia entre cielo y tierra es infinita, aunque la distancia es mínima. Simone Weil escribió al respecto: «Aquí, nuestro deseo atraviesa el tiempo para hallar la eternidad tras él. Esto ocurre cuando sabemos convertir lo que acontece −sea lo que sea, sin importar qué− en un objeto de deseo».

JOHN BERGER

Todo está bien para siempre

Estaba oliendo unas flores en el jardín y en cuanto me incorporé, respiré profundamente. La sangre se precipitó hacia mi cerebro y me desperté tumbado de espaldas sobre la hierba. Aparentemente me había desmayado –o muerto– durante unos 60 segundos. Mi vecino me vio, pero pensó que me había tumbado sobre la hierba para disfrutar del sol. Durante ese intemporal momento de inconsciencia contemplé la resplandeciente eternidad. Vi el cielo. En él, nada había sucedido. Los sucesos de hacía un millón de años eran tan fantasmagóricos e inaprensibles como los sucesos acontecidos hacía diez minutos. Era perfecto. La soledad dorada, el vacío de oro; una-cosa-u-otra; seguramente algo simple.

JACK KEROUAC

El sutra de la col

Estaba practicando meditación en Benarés, en un monasterio situado justo entre la estación de autobuses y la de trenes. En medio de aquel ambiente ruidoso y urbano había un espacio ajardinado de tan sólo unos metros cuadrados. Un día me encontraba sentada en el exterior, próxima a aquellas pocas hierbas y plantas que allí crecían, cuando me di cuenta de que en el jardín crecía una solitaria col. En aquel instante, observando la col, contemplé todas las fuerzas de la naturaleza, de tímidas formas y colores, agrupándose bajo una determinada configuración en un determinado momento: naciendo, creciendo, marchitándose y muriendo. Se veía diferente, aunque carecía de una existencia propia e independiente de las condiciones que se habían dado para formarla. También me di cuenta de que lo que denominaba «mi yo» eran tan sólo las fuerzas de la naturaleza, de incipientes formas y colores, agrupándose de cierta manera en un determinado tiempo: naciendo, creciendo, deteriorándose y muriendo... un constante flujo de energía sin entidad alguna propia más allá de ellas o tras ellas. Allí sentada, simplemente observando, fui totalmente una con aquella col.

SHARON SALZBERG

El aliento en el aliento

¿Me estás buscando? Estoy sentado junto a ti,
espalda contra espalda.
No me encontrarás en las estupas[1], ni en los templos indios,
ni en las sinagogas, ni en las catedrales,
ni en las multitudes, ni en los *kirtans,*[2] ni en las piernas
      forzadas en torno al cuello,
ni en la comida vegetariana.
Cuando me busques de verdad, me verás inmediatamente.
Me encontrarás en la fracción más minúscula de tiempo.
Kabir dice: «Estudiantes, ¿decidme qué es Dios?».
Es el aliento en el aliento.

KABIR

1.- Templo budista.

2.- Cánticos y canciones espirituales.

Lo que tratas de encontrar

Soy la autoridad final y única respecto a una sola cosa: lo que *es* justo Aquí. Tú eres la autoridad final y única respecto a lo que es probable que *sea* donde estás. En ti posees información sobre lo que *es* sentado en tu silla. Yo no. Por ello, te pregunto por eso en lo que tú eres la única autoridad, en eso que es tu Realidad, en eso que tú tratas de encontrar. *Es* justo aquí donde tú estás; totalmente obvio, totalmente asequible. No es una forma de mirar peculiar o sagrada. Es, sencillamente, mirar en la dirección correcta. Todos miramos alegremente hacia fuera, pero lo hacemos muy mal cuando tratamos de volver nuestra atención 180 grados para mirar hacia nuestro interior, hacia el lugar de donde procedemos. Lo que estás tratando de buscar en el exterior no es perecedero. Ahí no hay nada susceptible de perecer.

Esto no es nada, ningún objeto. Yo soy, visiblemente, una nada, la ausencia de todo objeto. Y donde se halla la Nada, nada cambia. Y donde nada cambia, no hay manera de registrar el tiempo. Y donde no hay manera de registrar el tiempo, el tiempo no tiene ninguna posibilidad. El tiempo no puede sobrevivir.

DOUGLAS E. HARDING

Lo que es, tal como es

Eres vida y eso es todo lo que eres. Eres la expresión infinita, e incluso mientras planteas la pregunta es posible que aciertes a ver la respuesta en la pregunta. Deja de preguntar «¿Por qué?» y, simplemente, sumérgete por completo en el milagro absolutamente maravilloso de la vida tal como es, aquí mismo, ahora mismo. ¿No te das cuenta de que todo lo que te acaba de acontecer en este instante, nunca te ha acontecido antes ni nunca te volverá a acontecer? Es totalmente único, fresco, inocente. Ahora es aquí e inmediatamente desaparece. ¿No es maravilloso? Y ahí, acaba de suceder, y te lo has perdido porque querías plantear otra pregunta acerca de la conciencia y su propósito para este pequeño y viejo «yo». Olvídate de juegos mentales y deja que todo sea. El síndrome de preguntas y respuestas puede ser interminable y la mente, frecuentemente, nos persuade de que la siguiente respuesta que se encuentra en la próxima página será la que nos valdrá.

¿Sabes? No necesitas ya más a esta persona imaginaria. Esta persona que está siempre haciendo preguntas, juzgándolo todo, calculándolo todo. Simplemente: abandónala. Nunca la has necesitado a no ser porque es la que te permite estar aquí sentado, oyendo decir que nunca has necesitado a esa persona. Abandónala ahora para siempre y deja, simplemente, que la vida suceda sin que haya ningún dato central o punto fijo ilusorio. Deja de controlar y vive en el caos. Enamórate de esto, aquí mismo, ahora mismo.

TONY PARSONS

Cuando me dieron la noticia del cáncer, lo comprendí. «¡Oh, sí! Lo que se espera de mí en este momento es que esté realmente presente en toda experiencia que surja y que me sumerja en ella tan completamente como pueda». No me refiero a que me dijera eso a mí misma. No fue algo tan consciente como eso. Quiero decir que todo mi ser se volvió, miró y se dirigió hacia la experiencia.

SANDY BOUCHER

Pregunta: ¿Cómo experimentar ese Estado Superior?

Maharaj: No es cuestión de experimentar. Tú eres ya ese estado.

SRI NISARGADATTA MAHARAJ

En la claridad de visión que eres, ¿cómo puede haber un estado superior?

Hokusai dice (pasaje)

[*Hokusai (1760-1849) fue un famoso pintor japonés.*]

Hokusai dice: «Mira con detenimiento».
Él dice: «Presta atención, date cuenta».
Él dice: «Continúa mirando, ten curiosidad».
Él dice: «El mirar no tiene fin...»

Él afirma que todo está vivo
–conchas, edificios, personas, peces, montañas, árboles–.
La madera está viva. El agua está viva.
Todo tiene vida propia.
Todo vive en nuestro interior.
Él dice: «Vive el mundo en tu interior».
Él dice: «No importa si dibujas o escribes libros,
no importa si cortas madera o pescas...

Lo que importa es que prestes atención. Lo que importa es que sientas.
Lo que importa es que te des cuenta.
Lo que importa es que la vida fluya a través de ti».

ROGER KEYES

La realidad inmediata

... Puesto que los sinónimos de «mente» –las etiquetas que le aplicamos– son incontables, conócela por lo que realmente es. Conócela experimentalmente como el aquí y ahora. Serénate en el estado natural de tu naturaleza mental.

Cuando descansa, la mente es, por lo general, percepción, desnuda y sin adornos. Cuando la contemplas directamente no ves nada más que luz. Como Conocimiento es la refulgente y relajada vigilancia del estado de despierto. Inespecíficamente es una plenitud secreta. Es el supremo vacío y es esplendor no dual.

No es eterna, porque no se ha demostrado nada sobre ella. No es un vacío, porque es fulgor y vivencia. No es unidad, pues su multiplicidad es evidentemente perceptible. No es multiplicidad porque sabemos de su singular sabor de unidad. No es, pues, una función externa al ser el Conocimiento intrínseco a la inmediata realidad.

LAMA SHABKAR[1]

1.- De *El Vuelo de Garuda*, de Keith Dowman.

Nada excepto Dios

... Pero si un hombre hace el bien, Dios es realmente en él y con él en todas partes: en las calles y entre la gente, en la iglesia, en el desierto, o en una celda. Si realmente vive a Dios y sólo a Dios, nada le altera. ¿Por qué? Porque sólo tiene a Dios y piensa sólo en Dios y para él todo es solamente Dios. Descubre a Dios en cada acción, en cada lugar. Toda su persona se centra en torno a Dios. Sus actos son debidos a Él, que es el autor, y no a él mismo, su mero agente.

... Cuando uno considera a Dios como él mismo, es divino y, conteniendo en sí mismo la realidad de Dios, Dios derrama su luz sobre todas las cosas. Todo sabe a Dios y Lo refleja. Dios resplandece en él todo el tiempo.

MEISTER ECKHART

En el budismo, la experiencia de la no dualidad se denominada «el sabor único».

La vida misma

Primero tratamos de considerar nuestra naturaleza como si fuera un objeto. Luego comprendemos que ese intento está condenado al fracaso. Más adelante la contemplamos como una ausencia de objetos y, llegados a cierto punto, comprendemos que también esta búsqueda está destinada a fracasar. Finalmente nos descubrimos en un estado de no saber, un estado en el cual la mente ha agotado todas sus posibilidades y no tiene más lugares adonde ir. Alcanzamos la comprensión de que la mente no puede aprehender esta luminosa vivencia que supone la iluminación... y nos aquietamos. Nos hemos de acostumbrar a ese no saber, habituarnos a esta nueva dimensión, para descubrir que no es un vacío. La silenciosa vivencia no es, meramente, una ausencia de pensamientos. Está viva. ¡Es la vida misma!

FRANCIS LUCILLE

Cuando no hay lugar adonde dirigirse, surge el descanso. Aparece la paz.

Budas vivientes

En el Museo Metropolitano hay una maravillosa estatua de Buda. Hay bodhisattvas que son un tesoro nacional y muchas otras estatuas. Son maravillosas, desde luego,... pero vosotros sois los *bodhisattvas vivientes*. Cada uno de vosotros. ¡Vivientes! Ni de bronce ni de madera.

A veces, puede suceder algo malo: «¡Oh! Rezaré a Buda». ¡No, no, no! No existe ese tal Buda. Date cuenta y entonces cada ser humano se volverá maravilloso... ¡Abre los ojos! No pienses: «¡Oh! Aún no me he iluminado. Algún día me iluminaré». Desde hoy mismo, ¡Olvídate de eso! Estamos iluminados desde el principio. Créetelo con una fe definida... Por eso, con esta mente, inclinémonos los unos ante los otros...

Sin excepción, cada uno de vosotros es un Buda... Sin excepción, ¿de acuerdo?

SOEN NAKAGAWA

El producto de lo que somos

... No tenemos vía de escape. Y el mundo basado en los procesos no es más que una escapatoria. No versa sobre nosotros, no se trata de cómo nos vemos a nosotros mismos. Creando tiempo, creando procesos —si puedo sentarme en otro retiro, si puedo asistir a otro seminario, si puedo leer otro libro,... – seré capaz de encajarlo todo. Y, evidentemente, nunca da resultado. Simplemente nos vamos alejando cada vez más de la verdad.

¿Qué ocurre entonces si el mundo es únicamente el producto de lo que somos? ¿Qué sucede si resulta que sólo soy ira y no hay escapatoria? Tendré un universo diferente que explorar, ¿no es así? Ahora tendré que explorar lo que es realmente la ira. Y descubriré que la ira no es lo que los psiquiatras me han descrito o eso de lo que el jefe del taller me ha hablado. Es un acontecimiento con ciertas cualidades. Recorre determinadas partes de mi cuerpo y dispara determinados sentimientos y recuerdos que existen todos aquí y ahora. Sólo ahora.

En este momento, nos hemos salido del tiempo, estamos fuera de sitio y nos ubicamos en un universo transformador. En este instante la ira se convierte en energía. Tan sólo cuando extendemos este instante en el tiempo y en la conceptualización, se convierte en ira. Entonces se inserta en nosotros de forma permanente.

STEVEN HARRISON

¿Cuáles son tus imaginarias vías de escape? ¿Cómo las utilizas para escapar de lo que está sucediendo ahora?

Muda de piel por completo

No mires dentro; no busques afuera. No trates de aquietar tus pensamientos, ni de hacer descansar tu cuerpo. Simplemente comprende profundamente, conoce profundamente, corta con todo de una vez, siéntate durante un rato y ve.

Aunque digas que no hay espacio entre los cuatro puntos cardinales para dar un paso, ni lugar en el mundo donde encajar tu cuerpo, al final no deberías depender del poder de otro.

Cuando lo ves de esta manera, no hay piel, ni carne, ni huesos, ni tuétano, adecuados para ti. Nacimiento y muerte, con su ir y venir, no podrán cambiarte. Habiendo mudado tu piel por completo, sólo existe para ti una única realidad que resplandece en todo instante sin distinción de medida ni de tiempo.

KEIZAN

La fragancia de la eternidad

[*Arthur Koestler tuvo esta experiencia mientras estaba encarcelado en España.*]

Cayó sobre mí como una ola.

La ola se había originado en una clara comprensión verbal que se evaporó de repente dejando tras sí sólo una fragancia indescriptible, una fragancia de eternidad; el estremecimiento de la flecha en el cielo. Debí de quedarme allí unos minutos, como en trance, con la conciencia no verbal de que «Esto es perfecto, perfecto»... Entonces floté de espaldas en un río de paz bajo puentes de silencio. Surgió de la nada y fluyó hacia la nada. Y luego dejó de haber río, dejó de haber «yo». El «yo» había dejado de existir... Y cuando digo que el «yo había dejado de existir», me refiero a la concreta experiencia tan incomunicable verbalmente como el sentimiento que despierta un concierto de piano, y, no obstante, real. Sólo que mucho más. En realidad, su rasgo principal es la sensación de que este estado es más real que cualquier otro que se haya experimentado anteriormente.

ARTHUR KOESTLER

La gran muerte

El universo entero
se desintegra en mil pedazos.
En la gran muerte
no hay ni cielo, ni tierra.

Cuando cuerpo y mente
han caído,
sólo resta decir:

la mente pasada no puede ser comprendida;
la mente presente no puede ser comprendida,
la mente futura no puede ser comprendida.

DOGEN

¿Por qué tratar de comprender lo incomprensible
cuando puedes morir en el misterio ahora mismo?

Ningún camino hacia la verdad

... Uno ha de morir a toda experiencia porque eso que es acumulado, eso que se va recogiendo, es el «yo», el ego, el cual busca perpetuamente su propia seguridad, su propia permanencia y continuidad. Cualquier mente cuyos deseos broten de este deseo de autoperpetuación, del deseo de lograr algo, de tener éxito –sea en éste o en el otro mundo– será atrapada por la ilusión y, por lo tanto, por el sufrimiento. Pero si la mente empieza a comprenderse a sí misma al ser consciente de sus propias actividades, observando sus movimientos, sus reacciones; si es capaz de morir psicológicamente al deseo de seguridad de manera que quede liberada del pasado –del pasado como acumulación de sus propios deseos y experiencias, del pasado que es la perpetuación del «yo», del ego, del «mí»– entonces descubrirás que no hay ningún camino que conduzca a la Verdad, sino sólo un constante descubrir a cada instante.

Al fin y al cabo, eso que acumula, eso que recolecta, eso que posee continuidad, es el «yo», el ego que sabe que el sufrimiento es la consecuencia del tiempo. Es este recuerdo del «mí», del «mío», centrado en uno mismo –mis virtudes, mis cualidades, mis creencias, mis posesiones– el que busca seguridad y desea la continuidad. Ésa es la mente que inventa todos los caminos que no tienen en absoluto realidad alguna... Solamente cuando la mente puede morir psicológicamente a todo lo que ha acumulado para su propia seguridad, es cuando surge la Realidad.

J. KRISHNAMURTI

No hay más vida que ésta

En la eternidad hay, ciertamente, algo veraz y sublime. Pero todos esos tiempos, espacios y ocasiones, son aquí y ahora. Dios mismo culmina en el momento presente y nunca será más divino en ninguna época.

Atrapa el tiempo por los pelos. Ahora o nunca. Has de vivir en el presente, subiéndote a cada ola, descubriendo tu eternidad en cada momento. Los tontos se quedan en sus islas de oportunidades mirando otras tierras. No hay otras tierras. No hay más vida que ésta, o como ésta.

Quisiera vivir siempre obteniendo mis satisfacciones e inspiraciones a través de los más simples acontecimientos, de las cosas cotidianas, de modo que lo que mis sentidos perciban en cada momento –mis paseos diarios, la conversación con mis vecinos...– me inspire y deje de soñar con otros cielos distintos del que se extiende en mí.

HENRY DAVID THOREAU

Un día, mientras estaba sentada sintiéndome como un niño sin madre –como efectivamente sucedía– me invadió el sentimiento de formar parte de todo, de no existir separación alguna. Sabía que si cortaba un árbol, mi brazo sangraría. Y me reí y lloré y corrí alrededor de mi casa. Simplemente supe lo que era. De hecho, cuando sucede, no puedes pasarlo por alto.

ALICE WALKER

Formo parte del sol en la misma medida que mi ojo forma parte de mí. Mis pies saben perfectamente que formo parte de la tierra y que mi sangre es parte del mar. En mí no hay nada solo y aislado excepto mi mente. Y hemos de descubrir que la mente no posee existencia propia. Es sólo el resplandor del sol sobre la superficie del agua.

D.H. LAWRENCE

El Nirvana aquí y ahora

El momento de mirar

El primer momento de mirar en la esencia de la mente se conoce como «la plena y deliberada atención». El segundo momento, descrito como «libre en el momento de ver», no significa que uno deba mirar más, pensando: «Ahora, ¿dónde está? Sería mejor que la examinara con más detalle». Eso crea más pensamiento. Si continúas con: «¡Ahora la veo! ¿Dónde está? ¡Quiero verla!», estarás creando más pensamientos en el estado de la naturaleza búdica, un estado que, de por sí, es libre de pensamiento alguno.

... Todos son pensamientos irrelevantes. En el momento de ver, ábrete a una continuidad libre de pensamientos. Sencillamente, descansa libremente en ella.

TULKU URGYEN RINPOCHE

Deja de construir. Empieza a ver. Simplemente ve, ahora, y ábrete.

No hay iluminación

No hay iluminación. Es una persecución completamente super-flua. Darte cuenta definitivamente de que la Mente Búdica que has heredado de tus padres de manera innata es no-nacida y maravillosa-mente iluminadora. *Es* estar iluminado. Si no comprendes esto, te engañas a ti mismo. Puesto que la Mente Búdica original es no-nacida, funciona sin pensamientos engañosos ni ideas de desear estar ilumina-do. Tan pronto como deseas estar iluminado, abandonas el lugar de lo No-nacido y te opones a Ello. Debido a que la Mente Búdica es no-nacida, no tiene pensamientos. Los pensamientos son la causa de todo engaño. Cuando los pensamientos desaparecen, la falsa ilusión desapa-rece también. Y en cuanto dejas de engañarte, hablar de querer alcanzar la iluminación es, ciertamente, inútil. ¿No estás de acuerdo?

Cuando intentas detener los incipientes pensamientos, creas una dualidad entre la mente que desea esa detención y la mente que es dete-nida, de modo que nunca consigues la paz mental. Simplemente ten fe en que originalmente tus pensamientos no existen, sino que sólo surgen y desaparecen en el tiempo en respuesta a lo que ves y oyes, sin que posean realmente sustancia propia.

BANKEI

Muchos estudiantes de meditación luchan contra sus pensamientos y sus sentimientos. Este conflicto nunca tendrá fin mientras consideremos eso que está surgiendo como algo que ha de ser erradicado.

Un espacio de quietud

[*Toni Packer escribió esto justo después del ataque a las Torres Gemelas.*]

Alguien ha solicitado unas palabras de consejo para afrontar el torrente de sentimientos, emociones y confusión que está emergiendo tras las horrendas explosiones, exteriores e interiores, que conmocionaron a muchos hasta los cimientos.

¿Es posible encontrar un momento de tranquilidad en un espacio de quietud en medio de todo el ruido, agitación y confusión? ¿Un lugar de quietud en el centro de toda esta tristeza y pesar, de todo este dolor, ira, rabia, sed de venganza y anhelo de seguridad, para acabar con todo el sufrimiento? ¿Podemos escuchar en silencio las contracciones del miedo, de la ira y del latir del anhelo que busca seguridad?

... ¿Podemos volver, una y otra vez, con infinita paciencia, a lo que está realmente ocurriendo *justo ahora*, en este mismo instante: la tristeza y el dolor que atormentan el corazón y la mente, el miedo que anuda los estómagos y entrañas, la ira que hace latir aceleradamente los corazones enviando la sangre a la cabeza? ¿Podemos oír el sonido del tren, los ruidos de los motores que nos envuelven, el resplandor y la oscuridad de la habitación, el cielo, el aroma del aire, y no sólo percibir las reacciones a todo esto, sino los sonidos, lo que vemos y lo que sentimos respecto a lo que está sucediendo en realidad?

TONI PACKER

Recupera tu cordura

Sólo hay una Verdad
y mientras andes buscándola
a través del bosque del buscar,
cuida de no chocar contra un árbol.
Ese golpe en la cabeza
puede que te recuerde
que todo es Dios.

Eres como el morador de un bosque
que busca el bosque.
¿Qué ha de hacer?

Escucha, amigo,
cómo se cuartean las hojas bajo tus pies.
Es una invitación personal
para que recuperes la cordura.

¿Has pensado alguna vez
que estás buscando a Dios
a través de Sus ojos?

ADYASHANTI

*Cada sonido que oyes es una invitación personal
a recuperar tu cordura, a estar aquí.*

El éxtasis de no ser nadie

Iluminación
es vivir sin un futuro,
liberarse de la pretensión de seguridad.

Sin un futuro, ¿adónde se ha ido el pasado?

Es el final de lo conocido
y la interminable exploración de lo Desconocido.

Es el final de la lucha
por ser alguien o algo.
Es el final del buscar.
Es el final del intentar convertirte en alguien.
Es el final del tratar de agarrarte a algo.
Es el final del intentar que suceda algo.
O que no suceda.

¡Qué alivio!

SCOTT MORRISON

Rigpa

[Rigpa[1]] es la verdadera condición, la innata condición de «ser lo que se es». Realmente es muy acertado llamarla la «mente ordinaria». En este sentido, «mente ordinaria» no se refiere a la mente de la persona corriente. Se refiere al estado mental totalmente inmaculado y no corrompido por ninguna clase de emoción perturbadora, pensamiento conceptual o fijación.

Podemos llamarla «mente ordinaria», consciencia auto-existente, o naturaleza búdica, o cualquier cosa. Está siempre presente en nosotros. Por desgracia somos incapaces de reconocer lo que es ya presente como nuestra naturaleza fundamental. En el momento mismo en que abandonamos toda actividad conceptual –sea aceptación o rechazo, juicio o evaluación, adopción o negación– la mente ordinaria, la consciencia auto-existente está siempre presente.

CHOKYI NYIMA RINPOCHE

Cuando se reconoce la verdadera condición de las cosas, lo extraordinario se convierte en ordinario, y lo ordinario en extraordinario.

1.- Rigpa — Consciencia intrínseca, la verdadera naturaleza.

Atónito para siempre

Cuando él –este ignorante trabajador [Zorba]– escribe, vuelca su impetuosidad en la pluma. Como los primeros hombres al quitarse sus pieles de mono, o como los grandes filósofos, se encuentra dominado por los problemas fundamentales de la humanidad. Los vive como si fueran necesidades inmediatas y urgentes. Como un niño, lo contempla todo por primera vez. Siempre se siente maravillado y se pregunta cómo y por qué. Todo le parece un milagro y cada mañana, al abrir los ojos, contempla los árboles, el mar, las piedras y los pájaros llenos de asombro.

—¿Qué milagro es éste? –exclama–. ¿Qué son estos misterios llamados: «árboles», «mar», «piedras» y «pájaros»?

NIKOS KAZANTZAKIS

Otro ejercicio: cuando te levantes mañana por la mañana, contémplalo todo como si fuera un milagro, como un misterio.

Convertirnos en lo que somos

[Thoreau] descubrió, al abrir los ojos, que la vida proporciona al hombre todo lo necesario para su paz y gozo. Sólo has de utilizar lo que pone a tu disposición... «¡La vida es bella!», parece estar diciendo siempre. «¡Relájate! La vida es aquí, en ti. No ahí, no en la montaña».

Encontró su Walden. Pero Walden está en todas partes, si el hombre es hombre. Walden se ha convertido en un símbolo. Debería convertirse en una realidad. El mismo Thoreau se ha convertido en un símbolo. Pero fue sólo un hombre, no nos olvidemos de eso. Convirtiéndolo en símbolo, levantándole monumentos conmemorativos, echamos por tierra el propósito mismo de su vida. Solamente viviendo en plenitud nuestras vidas podremos honrar su memoria. No deberíamos tratar de imitarle, sino de sobrepasarle. Cada uno de nosotros posee una vida totalmente diferente que vivir. No deberíamos esforzarnos en ser unos Thoreau, ni siquiera en ser como Jesucristo, sino en convertirnos de verdad y en esencia en lo que somos. Ése es el mensaje de todos los grandes individuos y el significado que encierra ser un individuo. Conformarnos con algo inferior a eso es aproximarnos a la nulidad.

HENRY MILLER

Ser en el momento presente

Todo aquello que acontece en el momento presente es necesario. La clave del dilema del hombre radica en la idea del tiempo. Enfrascado en su persecución de una futura felicidad mística, el hombre carece de tiempo para gozar del momento presente. Y, realmente, el presente no existe porque en cuanto uno se pone a pensar en él, se ha convertido ya en pasado. Por eso, lo vital no es *pensar* en el presente sino verdaderamente *ser* este momento presente. Y eso no es más que la iluminación.

Para comprender esta extraña, desconocida y completamente inevitable cosa que llamamos «muerte», primero hemos de comprender la vida. Lo que hemos de descubrir es lo que somos ahora. Morir ahora a cada instante y a cada experiencia, es la muerte, la ETERNIDAD MISMA.

RAMESH S. BALSEKAR

Todo lo que acontece es necesario. ¡Qué koan más interesante! Trata de utilizar esta frase durante todo un día y observa qué sucede.

Mi camino se halla en la arena que discurre
entre los guijarros y las dunas.
La lluvia de verano desciende sobre mi vida,
sobre mí.
Mi vida huye, acosada
desde el principio al final.

Mi paz se halla ahí, en la bruma que se retira.
¿Cuándo podré dejar de hollar estos umbrales tan cambiantes
y vivir el espacio de una puerta
que se abre y se cierra?

SAMUEL BECKETT

Gozo

Cando tenía nueve años y vivía en Trípoli (Libia) tuve una experiencia de gozo –durante unos 30 segundos– a la que considero el verdadero comienzo de mi vida consciente...

Eran, probablemente, las 7.30 cuando me puse en pie, en lo alto de un pequeño acantilado, junto a unas escaleras de madera. La tranquilidad del Mediterráneo –entonces todavía un mar limpio y resplandeciente– parecía inseparablemente ligada a la dulzura del aire y al sonido de las pequeñas olas al romperse. La bahía de arena blanca estaba desierta. Era toda mía. El espacio que me separaba de lo que veía centelleaba pleno de significado. Todo lo que miraba –las pisadas del día anterior sobre la arena, la silueta emergente de una roca, el pasamanos de madera bajo mis manos– parecía abrumadoramente único, grabado en la luz, y, en cierta manera, parecía ser consciente de sí mismo, parecía «saber». Al mismo tiempo, todo pertenecía a todo y esa unidad lo sabía y parecía también decir: «¡Ahora nos has visto!»

Sentí que me disolvía en lo que contemplaba. Ya no era un hijo, un alumno, o un *boy scout*. Y, sin embargo, percibía mi individualidad intensamente, como si fuera la primera vez. Estaba naciendo.

Murmuré algo así como: «Soy yo», o «Éste soy yo».

Incluso ahora, a veces encuentro útil esta clase de formulación.

IAN MCEWAN

Acepta lo que te trae el presente y vívelo.

Si no te hallas asentado en el presente, no estás en ninguna parte y nada es posible.

RODNEY COLLIN

La eternidad no es un tiempo futuro. La eternidad no es, ni siquiera, un largo período. La eternidad no guarda relación con el tiempo. La eternidad es esa dimensión del «aquí y ahora» que cercena todo pensamiento temporal. Y si no la tienes aquí, no la tendrás en ninguna parte...

La experiencia de la eternidad aquí y ahora, en todas las cosas –sean buenas o malas– es la función de la vida. Eso es.

JOSEPH CAMPBELL

Dios fue Londres (pasaje)

En un melancólico atardecer
desde una ventana en el hospital
levanté los ojos al cielo...
hacia Su gris e inmenso cielo.
Le sentí en todo mi ser.
Su poder abrumador
hechizó mi mente y mi cuerpo,
y se apoderó de mi corazón.
Porque Dios se hallaba en el Támesis
fluyendo espléndidamente.
Dios se hallaba en el Big Ben,
todopoderoso.
Dios se hallaba en el puente de Westminster,
hilarante...
Y se hallaba en mis lágrimas,
amargo y a la vez tan tranquilizador,
confortante y amoroso.
En cierto modo, lo sabía.
Sabía que se hallaba en mí.
Sabía que se hallaba en Londres.
Sabía que Dios era Londres.

POEMA DEL RERU

En el más nimio detalle

Cuando uno se desembaraza de las garras de la mente discriminadora, surge libremente una manera diferente de ver. Siendo adolescente, inconscientemente había adoptado la creencia de que algunos sujetos merecen ser más fotografiados que otros. No tenía en mente una lista de lo que creía o no creía aceptable, pero al cabo de un tiempo me di cuenta de que siempre parecía fotografiar a la misma clase de sujetos, familias, amigos, animales, paisajes o acontecimientos deportivos.

Un día tuve una experiencia terrible. Alguien que había fotografiado una puerta ganó el primer premio en un concurso fotográfico. Yo no podía comprender cómo algo tan corriente podía ser considerado digno de un premio. Desde luego eso fue antes de que yo tratara de fotografiar una puerta. No tenía idea de lo difícil que podía ser construir una imagen que convirtiera en interesante una vulgar puerta. El incidente hizo que prestara más atención a lo corriente.

Con el tiempo, empecé a apreciar –en la fotografía y en mi vida cotidiana– un comentario hecho por el antiguo sabio taoísta Lao-Tse: «El secreto del Tao se encuentra en el más nimio detalle de la vida corriente».

PHILIPPE L. GROSS

Prueba esto: explora este día absolutamente normal, sin historia.

Cartas de Dios

Oigo y contemplo a Dios en cada objeto,
aunque no comprendo a Dios en absoluto,
ni comprendo qué puede haber más maravilloso que yo mismo.

¿Por qué he de desear ver a Dios antes que a este día?
Veo algo de Dios en cada una de las veinticuatro horas
y en cada momento.
En los rostros de hombres y mujeres veo a Dios
y en mi propio rostro ante el espejo.
Encuentro cartas de Dios caídas en la calle
y cada una va firmada con el nombre de Dios.
Y las dejo donde están porque sé que, vaya adonde vaya,
otras, puntualmente, aparecerán siempre.

WALT WHITMAN

Mirándote también a ti

Puedes practicar la plena atención porque existe la falta de atención, pero no puedes practicar la vivencia porque sólo hay vivencia. En la plena atención prestas atención al momento presente tratando de estar «aquí y ahora», pero la pura vivencia es el actual estado de consciencia antes de que intentaras hacer nada con ella. Tratar de estar «aquí y ahora» requiere un momento futuro en el cual serás plenamente consciente, pero la pura vivencia es este instante antes de que intentes nada. Eres ya consciente, ya estás iluminado...

... Es como cuando miras el escaparate de unos grandes almacenes y descubres una vaga imagen que también te mira a ti. Vas enfocando la imagen y con sorpresa descubres que es tu propio reflejo en la ventana. El mundo entero, de acuerdo con esas tradiciones, no es más que la imagen de tu propio Ser reflejada en el espejo de tu propia consciencia. ¿Ves? La estás contemplando ya.

KEN WILBER

Los mundos, de uno en uno

[*Una descripción de Henry Thoreau mientras yacía en su lecho de muerte en 1862.*]

... «Nunca vi a un hombre morir con tanta paz y tan a gusto», fue la observación realizada poco después por uno de los que le visitó, lo que nos hace recordar las últimas palabras de la última carta de Thoreau: «Gozo de la existencia igual que siempre he gozado y no me arrepiento de nada».

Algunos de sus comentarios en esas ocasiones fueron muy característicos. Cuando Channing, su íntimo y leal compañero en sus paseos y estudios, hizo alusión al fatigoso cambio que le había sobrevenido a su vida y cómo «la soledad empezaba a asomarse con curiosidad desde los valles y caminos forestales», él le replicó en un susurro: «Es mejor que algunas cosas acaben».

Le dijo a Alcott que debía «abandonar el mundo sin una queja». Ni siquiera en esos últimos meses de sufrimiento perdió un ápice de su inteligente humor e incisiva agudeza oratoria.

—Sr. Thoreau, todos hemos de irnos –le dijo un bienintencionado visitante que creía consolar al moribundo con los tópicos de rigor.

—Cuando era niño –le contestó Thoreau–, aprendí que tendría que morir, de modo que ahora no me siento desencantado. La muerte está tan cerca de usted como lo está de mí.

Cuando le preguntaron si «había hecho las paces con Dios», él replicó que «nunca se había peleado con Él».

Otro conocido le invitó a entablar una conversación religiosa sobre el tema del otro mundo.

—Los mundos, de uno en uno –fue su tranquila respuesta.

HENRY S. SALT

La muerte siempre está cerca. Con cada inspiración, haz las paces.

Eso es suficiente

De hecho, no hay un solo instante en que no estés realizado. ¡Ahora mismo te sucede! ¿Por qué ahora? Porque está sucediendo ahora. Tan sólo es tu mente la que es incapaz de reconocerlo.

... ¡Eso es suficiente! La manzana madura ¿piensa cuándo ha de caer? Si dice: «¿Cuándo? ¿Cuándo?», créeme, nunca caerá. ¡Nunca preguntes «cuándo»! «Cuándo» significa «futuro». Entonces tu mente salta hacia el futuro.

Reconoce: soy aquí. Ella es aquí. Él es aquí. ¡Déjame guardar silencio! Aquí estamos diciendo algo. El escuchar sucede aquí. ¡Déjame escuchar! Eso es todo. Deja que guarde silencio. ¡Mente, cállate! ¡Escucha! Con eso es suficiente. La Existencia cuidará de ti.

DR. VIJAI S. SHANKAR

El Santo Grial

La búsqueda puede que dé comienzo con un sentimiento de inquietud, como si fueras observado. Te vuelves en todas direcciones y no ves nada. Sin embargo, sientes que esa profunda inquietud tiene un origen y el camino que lleva allí no es un camino hacia un lugar extraño, sino el camino a casa. («Pero tú *eres* tu hogar» –chilla la Bruja del Norte–. «Lo único que tienes que hacer es despertar»).

El viaje es duro porque el lugar secreto en el que *siempre hemos existido* se halla invadido de matorrales y espinas, hechos de «ideas», miedos y defensas, prejuicios y represiones. El Santo Grial es lo que los budistas zen llaman «nuestra verdadera naturaleza». Al fin y al cabo, cada hombre es su propio salvador.

PETER MATTHIESSEN

¿Quién está convirtiendo este viaje en algo tan duro?
¿Quién puede convertirlo en un placer? ¿Quién puede
acabar con esta búsqueda ahora mismo?

Un monje le preguntó a Wei-kuan:

—¿Dónde está el Tao?[1]
—Justo delante de nosotros.
—¿Por qué no lo vemos?
—No puedes verlo debido a tu egotismo.
—Si no puedo verlo debido a mi egotismo, ¿acaso lo ve vuestra reverencia?
—Mientras haya un «tú y yo», la situación se complica y no se ve el Tao.
—Y cuando no hay ni «tú» ni «yo», ¿se ve el Tao?
—Cuando no hay ni «tú» ni «yo», ¿quién queda para ver?

WEI-KUAN

1.- Tao — El Camino, la Esencia, la Verdad en la tradición taoísta china. En el budismo chino se utiliza frecuentemente en lugar de *Dharma*.

Sin preguntar nada

Si somos sinceros con nosotros mismos nos daremos cuenta de que, persistentemente, vemos el presente como un medio para alcanzar un fin. De acuerdo con la realidad convencional, los hechos del momento presente son el resultado de causas que se hallan en el pasado. Lo que nosotros hacemos con estos resultados, nuestra forma de reaccionar ante ellos, a su tiempo, siembra las semillas de los efectos futuros. Éste es el mundo en el que vivimos. Vemos las causas en el pasado, experimentamos sus efectos en el presente, respondemos o reaccionamos a esos efectos y de esta manera los convertimos en nuevas causas de futuros eventos.

Cuando contemplamos la vida desde esta perspectiva, estamos atrapados, No vemos realmente el mundo. Lo único que vemos es la manera en que es para mí, lo que significa para mí, lo que puedo obtener de él. De este modo, el presente se convierte en una materia prima que consumimos, manipulamos y explotamos; algo que podemos utilizar ahora para obtener un provecho en el futuro. Incluso cuando hablamos del trabajo interior –del ver con claridad, del indagar, del investigar y ver en la realidad de las cosas– nuestra mente desea algo más. ¿Qué implicaría contemplar la vida sin pedirle nada, ni siquiera por un instante?

CHRISTOPHER TITMUS

Por lo general, la gente interesada en el desarrollo espiritual piensa —en términos de importancia mental— en lo misterioso, elevado y profundo que es lo que hemos decidido aprender. Pero, sorprendentemente, lo profundo y lo trascendental ha de ser hallado en lo mundano.

CHÖGYAM TRUNGPA

En otra ocasión, tomando el café, una mujer dijo que resultaba difícil compaginar el Zen con ser ama de casa. Sentía que estaba tratando de subir por una escalera, pero que por cada escalón que subía, bajaba dos.

—Olvídate de la escalera —le dijo Suzuki—. En el Zen, todo se encuentra aquí, en el suelo.

SHUNRYU SUZUKI

Cosas del pasado

Aunque los investigadores han fracasado al intentar encontrar en el cerebro evidencias de un «órgano del tiempo», puede que investigaciones futuras sobre el córtex visual del cerebro nos definan los procesos cerebrales responsables de nuestra sensación del transcurso del tiempo. Es posible imaginarnos drogas que puedan suspender la impresión subjetiva del paso del tiempo. De hecho, algunos practicantes de meditación proclaman ser capaces de alcanzar esos estados de manera natural.

¿Qué ocurriría si la ciencia pudiera aclarar cómo fluye el tiempo? Quizá dejaríamos de preocuparnos del futuro y de lamentar el pasado. La preocupación por la muerte y la preocupación por el nacimiento se volverían irrelevantes. Las expectativas y la nostalgia podrían dejar de formar parte del vocabulario del hombre. Y, sobre todo, quizá se evaporara la sensación de urgencia tan unida a la actividad humana. Dejaríamos de ser esclavos de «actuar, actuar en el presente» pues pasado, presente y futuro serían, literalmente, cosas del pasado.

PAUL DAVIES

Justo donde estás

Hallaj: No tengas miedo ni trates de unirte a mí. Tu camino es tu camino. No imites el mío. Encuentra tu camino.

Ibn Ata: ¿Cuándo, maestro?

Hallaj: Cuando percibas, tanto en medio de la multitud como estando solo, que desaparece la impaciencia y sepas dónde estás y dónde deberías estar.

Ibn Ata: ¿Dónde es eso, maestro?

Hallaj: En cualquier parte. Tus actos te lo dirán. Estarás ahí, presente, sin pensar que deberías estar en otro lugar.

HERBERT MANSON (De *THE DEATH OF AL-HALLAJ*)

Escucha en silencio

Cuando el Maestro Zen Shen-ts'an estaba preparándose para abandonar su vida, se afeitó la cabeza, se dio un baño e hizo repicar la campana del templo para reunir a la congregación y anunciar su partida.

Entonces preguntó:

—Hermanos, ¿comprendéis el *samadhi* silencioso?

Los asistentes le respondieron:

—No, no lo comprendemos.

El maestro les dijo:

—Escuchad en silencio sin albergar idea alguna.

Con la congregación tremendamente expectante por escuchar el *samadhi* silencioso, el maestro Shen-ts'an abandonó el mundo.

SHEN-TS'AN

Ahora, escucha. No trates de comprender.

Inmediato y real

Incluso el hecho que recordamos como «volver-a-esta-página» no puede ser hallado. No existe **Ahora**. No hay ningún hecho real que se corresponda con la frase: «volviendo-a-esta-página». Es simplemente un hecho relativo, un concepto, oculto en el recuerdo y, probablemente, pronto olvidado. No es **Ahora**. No mientras lees esto. No en realidad. Así que, ¿dónde está el «volviendo-a-esta-página»? ¿Cómo llegamos al **Aquí** si no es real? ¿Cómo alcanzamos este acontecimiento dinámico que es el **Ahora**? La Verdad es que no *llegamos* **Aquí**. El **Ahora** es donde *siempre* hemos estado.

Nuestro sentido común puede hacernos pensar que lo que aquí discutimos son tonterías, o, como mínimo, un entretenimiento en el que las palabras no apuntan más que a vagas abstracciones sin conexión con el Mundo Real, pero con esta evaluación de sentido común nos equivocamos por completo. Y, debido a que habitualmente reaccionamos de esta manera, seguimos confusos sin poder encontrar nuestro camino hacia la Verdad.

Por el contrario, lo que aquí señalamos es inmediato y Real. Es nuestra realidad conceptual en la que virtualmente transcurre nuestra vida intelectual, la cual es completamente abstracta. Y, con sentido común, habitualmente confundimos nuestras abstracciones con la Realidad. Lo que comúnmente denominamos «ahora», a diferencia del pasado y del futuro, es Absoluto y no relativo a nada. Es el **Ahora**. El **Ahora** abarca pasado y futuro y «acontece» fuera del tiempo. Por esta razón no podemos aprehender conceptualmente este **Ahora**...

STEVE HAGEN

Asiendo la mano del silencio

[*Hace veinte años, Marc Lerner contrajo una esclerosis múltiple la cual le dejó legalmente ciego. Durante la Pascua, escribía poemas a diario.*]

La mayoría de la gente camina por la vida a través
de la senda de sus pensamientos y condicionamientos,
pero mi enfermedad me lo ha impedido
forzándome a ser conducido hacia el presente por un silencioso guía.
Es como si sostuviera la mano del Silencio y
me adentrara en lo desconocido
sin la protección del pensamiento,
descubriendo en el presente cosas que sólo conoce mi sabiduría más
      profunda.
Puede que mi enfermedad me haya incapacitado para vivir en sociedad,
pero a cada instante me lleva más allá del pensamiento
donde mi aliento parece acariciar a Dios tiernamente en silencio.

MARC LERNER

Sí

Podría suceder en cualquier momento:
tornado, terremoto, Armageddon.
Podría suceder.
O: amor, luz del sol, salvación.

Podría suceder, lo sabes.
Por eso despertamos y miramos hacia fuera.
En esta vida no hay garantías.

Pero hay algo más, como la mañana,
como el ahora, como el mediodía,
como la noche.

WILLIAM STAFFORD

Dentro y fuera

Si los que gobiernan os dicen:
«¿Veis? El reino está en los cielos»,
entonces los pájaros del cielo os precederán.
Si os dicen: «Está en el mar»,
entonces los peces os precederán.
Más bien, el reino está en vuestro interior y en vuestro exterior.
Cuando lleguéis a conoceros a vosotros mismos,
entonces lo hallaréis
y descubriréis que sois
los Hijos del Padre viviente.

JESÚS (Evangelio de Santo Tomás, 3)

Ni dentro, ni fuera. Éste es todo tu reino.

Lo que ya sabemos

La mayoría de nosotros mostramos fuertes apegos a nuestra historia pasada y con frecuencia no reconocemos lo poderosamente que esa historia afecta a nuestras vidas. No sólo nos apegamos a los recuerdos de los buenos tiempos, sino también a los malos recuerdos. Tenemos miedo de que al desprendernos de ellos seamos menos interesantes o dejemos de saber quiénes somos, o de que una parte importante de nosotros muera.

Para poder desplegar todo nuestro potencial como seres humanos, hemos de abandonar todo lo que sabemos. La mayoría de la gente se aferra a lo que conoce por miedo a no sobrevivir. Lo que nos mantiene anclados en las mismas viejas historias es que nunca dejamos que se completen. Despertar –la habilidad de vivir en el ahora– es morir a lo viejo, al viejo modo en que percibimos nuestras vidas. Hemos de abandonar nuestros apegos al pasado para descubrir quiénes somos en este momento.

ARIEL & SHYA KANE

¿Para qué te estás reservando?

¿Estás realmente en tus manos o las mueves desde la distancia? ¿Estás presente en tus células, viviendo y llenando tu cuerpo? Si no estás en tu cuerpo, ¿qué significado tiene para ti este momento? ¿Te estás preparando para poder estar aquí en el futuro? ¿Estás preparando las condiciones diciéndote a ti mismo: «Cuando esto y lo otro suceda, tendré tiempo. Estaré aquí»? Si no estás aquí, ¿para qué te estás reservando?

A pesar de las historias que te cuentas, en este momento, en este preciso momento, sólo existe este momento, aquí y ahora. No existe nada más. Para tu experiencia directa sólo el aquí y ahora es relevante. Sólo el ahora es real. Y siempre es así. A cada instante, sólo existe ese momento. Por eso hemos de preguntarnos por qué nos contenemos, esperando el momento adecuado, esperando las circunstancias adecuadas para surgir en el futuro. Puede que el tiempo esperado nunca llegue. Puede que las condiciones que tienes en mente nunca se materialicen. Entonces, ¿cuándo empezarás a existir? ¿Cuándo empezarás a ser aquí, a vivir? A pesar de las ideas sobre el pasado y el futuro que dominan tu experiencia, justo en este instante sólo existe este momento y sólo este momento tiene algún significado para ti.

A. H. ALMAAS

Tanta belleza

[*En la película «American Beauty», Lester, a punto de morir, entabla este monólogo.*]

... es duro volverse loco cuando hay tanta belleza en el mundo. A veces, siento como si lo viera todo de golpe. Y es demasiado. Mi corazón se hincha como un globo a punto de estallar... Y entonces me acuerdo de relajarme y de no aferrarme a ella. Entonces fluye a través de mí como la lluvia y no puedo más que sentir gratitud por cada instante de mi estúpida y pequeña vida...

LESTER EN *AMERICAN BEAUTY* (ALAN BALL, GUIONISTA)

Justo a tu alcance

Despertar es recuperar esa impresionante libertad en la que nacimos, pero que hemos sustituido por la falsa independencia de un yo separado. No importa lo mucho que nos asuste, no importa lo mucho que nos resistamos: esa libertad la tenemos siempre a mano. Puede irrumpir en nuestras vidas en cualquier instante, la busquemos o no, permitiéndonos vislumbrar una realidad que es, simultáneamente, más familiar y más esquiva que cualquier otra cosa que hayamos conocido. En ella nos descubrimos profundamente solos y conectados con todo. Sin embargo, la fuerza de la costumbre es tal que, de repente, la perdemos de nuevo y nos vemos devueltos a la inequívoca normalidad.

Contrarrestando la fuerza de nuestros hábitos, la práctica del *drama*[1] tiene dos objetivos: deshacernos del anhelo autocentrado para que nuestras vidas vayan despertando gradualmente; y ser receptivos a la súbita irrupción del despertar en nuestras vidas en cualquier instante. Despertar es, simultáneamente, un proceso lineal de libertad cultivado a lo largo del tiempo y una siempre presente posibilidad de libertad. El camino central es, al mismo tiempo, un recorrido con un principio y un final, y la potencialidad sin forma en el centro mismo de la experiencia.

STEPHEN BATCHELOR

El despertar engloba cada instante de tu vida y es realizado sólo en el ahora; nunca en un imaginado futuro. «Gradual» y «súbito», desaparecen en este momento.

1.- Dharma — Prácticas budistas tales como meditar, seguir los preceptos, etc.

Esta agua

Oren Lyons fue el primer Onondagan[1] en ir a una universidad. Cuando volvió a su reserva en sus primeras vacaciones, su tío le propuso ir a pescar al lago. En cuanto tuvo a su sobrino en medio del lago, donde él le quería, empezó a interrogarle.

—Bien, Oren –le dijo– has estado en la universidad y ahora debes de saber mucho gracias a todo lo que te han enseñado. Déjame hacerte una pregunta: «¿Quién eres?».

Sorprendido por la pregunta, Oren no supo exactamente qué responder:

—¿Qué quieres decir? ¿Quién soy yo? Soy tu sobrino, evidentemente.

Su tío rechazó aquella respuesta y le repitió la pregunta.

Sucesivamente, el sobrino le fue diciendo que era Oren Lyons, un Onondagan, un ser humano, un hombre, un joven, todo en vano.

Cuando su tío le hubo dejado sin respuesta y él quiso que le informara de quién era, su tío le dijo:

—¿Ves ese acantilado de allí, Oren? ¿Ves ese acantilado? ¿Y aquel gran pino en la otra parte? Pues Oren, tú eres ese pino. ¿Y ves esta agua que mantiene flotando tu bote? Tú eres esta agua.

HUSTON SMITH

Así pues, ¿quién eres tú?

1.- Onondagan: tribu nativa americana.

Estamos atrapados por la creencia de que esto no es realmente eso...

DASARATH

Si quieres averiguar lo que significa la eternidad, la respuesta no está más lejos que este mismo instante. Si no la captas en este momento presente, nunca la alcanzarás por muchas veces que renazcas en cientos de miles de años.

SEPPO

Simple y natural

Todo ese esfuerzo, toda esa energía para aniquilar el ego... y, en primer lugar, ¡no existe! No hay nada por lo que esforzarnos ni nada de lo que liberarnos. Solamente hemos de dejar de crear el yo a cada instante en nuestras mentes. Hemos de ser en el presente, libres de conceptos, libres de imágenes, libres de apegos. Simples y naturales. En esa invisibilidad, en esa ausencia de esfuerzo, no hay ni lucha ni tensión.

Pregunta: ¿Cómo podemos intentarlo sin esforzarnos?

Respuesta: Intentarlo es, exactamente, liberarnos del esfuerzo, asentándonos de nuevo en la plena atención al momento. Algunos de vosotros puede que hayáis experimentado –a medida que se desarrolla la consciencia– el no veros atrapados en proyecciones ni conceptos. Cuando la mente se encuentra en ese espacio, no queda nada por hacer. Cuando te sientas, simplemente te sientas y eres consciente sin esfuerzo de lo que está sucediendo.

Pregunta: ¿Qué puedes decir de los planes que uno ha de hacer?

Respuesta: La mente que hace planes acontece en el presente. Sé consciente de la mente que planea como expresión del momento presente. Mantente simplemente con lo que está sucediendo, utilizando el proceso de pensamientos y el marco conceptual para arreglártelas con el mundo, mientras te mantienes centrado en la realidad de que todo está sucediendo justo ahora. Actúa sin apego hacia los frutos de tu acción.

JOSEPH GOLDSTEIN

En el centro

La función se termina cuando nos damos cuenta de que es una función. Cuando vemos claramente que la historia es un cuento, que el que cuenta la historia es ficticio, que el «yo» es un cuento, entonces cae el telón. El aplauso es ensordecedor sólo en su absoluto silencio.

Hemos descubierto que en el centro de nuestra existencia no hay un centro, sino que, como la proverbial cebolla, a medida que vamos pelándola capa a capa vamos descubriendo que nos acercamos a un vacío. No hay nada en el centro.

Puede que utilicemos la palabra «nada», pero no es eso lo que se encuentra en nuestro centro. Podríamos decir también que nuestro centro lo contiene todo. Podríamos decir que es amor, o consciencia, o un inmenso campo consciente en el cual surgen todas las cosas, incluyendo la idea misma de un «yo» separado.

Lo que *es* en el centro no puede expresarse con el lenguaje. No es un sujeto ni un objeto, no es un pensamiento o una palabra. No *es* dividido, de modo que no puede ser objetivado. No es poseído, de modo que no puede ser mío.

Aquí, finalmente, descubrimos la vida misma. Ser sin hacer, un texto silenciado, la mayor historia jamás contada.

STEVEN HARRISON

Una porción viva

Nos pasamos mucho de nuestro tiempo atrapados por los recuerdos del pasado o mirando hacia el futuro, llenos de preocupaciones y de planes.

La respiración no tiene nada que ver con esa «otra dimensión intemporal». Cuando observamos con detenimiento nuestra respiración somos devueltos automáticamente al presente. Somos extraídos del laberinto de imágenes mentales y colocados en la desnuda experiencia del aquí-y-ahora. En este sentido, la respiración es una porción viva de la realidad. Una observación plenamente atenta de ese modelo en miniatura de la vida nos conduce a conclusiones que son ampliamente aplicables al resto de nuestra experiencia.

HENEPOLA GUNARATANA

La conciencia puede ser más fácil de lo que te imaginas.
Cada día inspiras y espiras miles de veces. Simplemente,
fíjate en tu respiración.

Ahora o nunca

Para comprender lo inconmensurable, la mente ha de estar extraordinariamente tranquila, callada, pero si creo que voy a alcanzar la quietud en una fecha futura, habré destruido la posibilidad de quietud. Es ahora o nunca. Eso es muy difícil de comprender porque todos pensamos en el cielo en términos de tiempo.

Nada hay más esencial para la quietud que la quietud misma. Es su principio y su final. Nada la induce, porque ella es. No hay ningún medio que te pueda conducir nunca a la quietud. Sólo cuando la quietud se convierte en algo que hay que obtener o alcanzar, los medios se convierten en algo esencial. Si hay que comprar la quietud, entonces la moneda adquiere importancia. Pero la moneda y lo que la moneda compra, no es quietud. Los medios son violentos, ruidosos o sutilmente adquisitivos, mientras que el final es como la naturaleza, porque la meta está contenida en el medio. Si el principio es silencio, el final es también silencio. No hay medios para alcanzar el silencio. El silencio se revela cuando no hay ruidos. Y el ruido no se extingue a través de más ruidos procedentes del esfuerzo, la disciplina, las austeridades, o la voluntad. Date cuenta de esta verdad y ahí es el silencio.

J. KRISHNAMURTI

Recuerdo una mañana levantándome al amanecer. Una sensación de grandes posibilidades. Lo vamos a hacer todo. ¿Conoces esa sensación? Me recuerdo pensando: «Éste es el comienzo de la felicidad». Eso fue lo que pensé. «Así que ésta es la sensación. Aquí es cuando esto empieza. Y, desde luego, siempre habrá más». Nunca se me ocurrió que no era el comienzo. Era la felicidad. Era el momento, justo entonces.

CLARISSA EN *THREE HOURS* (DAVID HARE, GUIONISTA)

... Estas tres rosas bajo mi ventana no hacen referencia alguna a otras rosas anteriores o a rosas mejores. Son lo que son. Existen hoy con Dios. Para ellas no hay tiempo.

Es simplemente «la rosa». Perfecta en cada instante de su existencia. Antes de que se abra un capullo, toda su vida está actuando. Se halla implícita en la flor abierta y en las raíces desnudas. Su naturaleza es satisfecha y ella satisface su naturaleza en todo instante.

RALPH WALDO EMERSON

No te estoy diciendo que practiques alguna forma avanzada de meditación. Simplemente ve lo que vio Buda. Esta mente es la mente búdica.

«Mente búdica», «todos los seres», «sabiduría», «envilecimiento»... todos estos nombres son diferentes, pero, en realidad, son un solo cuerpo. Deberías reconocer tu mente milagrosa. Su esencia es aparte del tiempo o la eternidad. Su naturaleza es impoluta y pura. Es clara y perfecta. La gente corriente y los sabios son lo mismo. Esta mente llega a todas partes sin exclusión... Si puedes comprenderlo, no careces de nada.

SHI TOU

Muchos practicantes espirituales asumen que han de alcanzar un elevado nivel de meditación para poder realizar la suprema verdad. Date cuenta de cómo esta suposición puede impedirnos ver con claridad.

Cobró vida

Fue durante una de aquellas visitas cuando experimenté un instante del gozo más puro y, según creo, me acerqué más que nunca al éxtasis.

Nos encontrábamos en el Museo Británico, delante de una antigua escultura egipcia de 3.000 años, especialmente apreciada por [mi amigo] Dante. Él creía que era obra de un gran maestro espiritual y que encerraba una profunda sabiduría que era necesario absorber. La habíamos visitado muchas veces antes y ya me resultaba muy familiar. Pero ahora, de repente, me di cuenta de que nunca antes la había visto. Por un instante —no sé cuánto duró— cobró vida, perfecta, plena de belleza y sabiduría, radiando compasión y paz. Por primera vez en mi vida me sentí totalmente centrado y tranquilo. En aquel instante supe lo que significaba «encontrar a Dios»...

En aquel instante de tiempo se me había concedido vislumbrar una realidad que no podía nunca no ser, una prenda de la eternidad en el corazón de todos los seres.

IRMA ZALESKI

No vemos las cosas como son. Vemos las cosas como nosotros somos.
Cuando abandono mi pasado, todo resulta nuevo y fresco. Lo contemplo todo como si fuera la primera vez.

Por un latido

[*Frederick, de 6 años, estaba con su madre, de picnic. Se quedó dormido y oyó tocar una orquesta.*]

... Vi la oportunidad de escaparme cruzando un arroyuelo y me encontré en una pradera bañada por el sol. Me tumbé en el suelo entre ondulantes y fragantes hierbas, lo bastante altas como para hacerme invisible, mientras escuchaba en la distancia los arpegios del piano y el lamento del violonchelo.

Entonces, de súbito, empecé a oír un zumbido junto a mi oreja. Me sentí aterrorizado. Una enorme y aterciopelada abeja daba vueltas en torno a mi cabeza, tocándola casi. Pero entonces me ignoró y fue a posarse en una flor morada tan próxima a mí que me resultaba inmensa y difusa. Y la empezó a chupar.

En el preciso instante sucedió: de repente todo mi miedo se evaporó, pero al hacerlo, la abeja, el sol, la hierba y yo desaparecimos. La luz del sol, el cielo, la vegetación, la abeja y yo nos fusionamos, nos fundimos, y, sin embargo, seguimos siendo el sol, el cielo, la hierba, la abeja y yo.

Puede que durara un latido, una hora, o un año. Era eterno.

Entonces, de la misma manera súbita, la hierba volvió a ser hierba y yo fui yo de nuevo, pero rebosando un indescriptible gozo.

FREDERICK FRANCK

Yin-tsung también preguntó:

—¿Cómo se demuestra y transmite el legado del Quinto Patriarca Zen?

Yo le dije:

—No hay demostración ni transmisión alguna. Es sólo cuestión de ver la naturaleza [original]. No es cuestión de meditar y liberarse.

Yi-tsung preguntó:

—¿Por qué no es una cuestión de meditar y liberarse?

Yo le dije:

—Porque esas dos cosas no son budismo. El budismo es una enseñanza no dual.

HUI-NENG

Tras años de meditación y práctica espiritual descubrí esta enseñanza y me quedé atónito. Aquí, el fundador del Zen chino afirma que el Zen no tiene nada que ver con la meditación, con la transmisión o liberación. Sólo se trata de ver.

Contempla, es muy bueno

[*Mientras estaba de vacaciones en Tailandia, John Wren-Lewis fue envenenado durante un intento de robo. Cayó en coma y cuando despertó días después descubrió su estado de conciencia alterado.*]

... Aquí todo está quieto, tanto la resplandeciente oscuridad del vacío como la experiencia de mí mismo volviendo a la vida desde –y, en cierto modo, como respuesta a ella– esa radiante oscuridad. La conciencia de mí mismo y de todo lo demás ha cambiado. Siento como si la parte posterior de mi cabeza hubiera sido recortada de manera que ya no es el viejo John de 60 años el que contempla el mundo sino el resplandeciente y oscuro infinito vacío que, de forma extraordinaria, también es «yo».

Y lo que percibo con mis ojos y mis otros sentidos es todo un mundo que parece surgir recién acuñado a cada momento, evocando a cada instante el completo gozo del «Contempla, es muy bueno». Aquí, de nuevo, me enfrento constantemente a la paradoja cuando trato de describir la experiencia. En cierto sentido me siento como si estuviera infinitamente distante a la hora de percibir el mundo, y, al mismo tiempo, siento exactamente lo opuesto, como si mi conciencia ya no estuviera dentro de mi cabeza sino fuera, en las cosas que estoy experimentando.

JOHN WREN-LEWIS

La liberación en todas partes

No busques un Buda, no busques enseñanzas, no busques una comunidad. No busques la virtud, el conocimiento, la comprensión intelectual y cosas por el estilo. Y cuando desaparezcan los sentimientos de pureza y deshonra, no sigas aferrándote al no-buscar considerándolo lo correcto. No vivas en un punto final, ni anheles los cielos, ni temas los infiernos. Cuando ni libertad ni esclavitud te obstaculizan, a eso se le llama «la liberación de mente y cuerpo en todas partes».

Un Buda es aquél que no busca. Al buscarlo, te alejas de Ello. El principio es el principio del no buscar. Cuando Lo buscas, Lo pierdes. Si te apegas al no buscar, ocurre lo mismo que al buscar. Si te apegas al no esforzarte, es lo mismo que el esforzarte.

PAI-CHANG

Es muy fácil aferrarse a conceptos tales como «vivir en el ahora», o el «no buscar». Olvídalos, incluso esos tan hermosos que estás leyendo en este libro.

Delante de nosotros

Cuando volví junto a mi maestro Ajahn Chah después de completar un largo período de entrenamiento intensivo en otros monasterios, le relaté las especiales comprensiones y experiencias que había tenido. Él me escuchó con amabilidad y luego me contestó:

—Eso no son más que otras cosas que has de soltar, ¿no es así?

Necesitamos recordar que aquí es adonde nos dirigimos, que cualquier práctica es, sencillamente, un medio para abrir nuestros corazones a lo que tenemos delante. Donde estamos es donde se encuentra verdaderamente el camino y la meta.

JACK KORNFIELD

Mientras buscamos, acumulamos montañas de equipaje que oscurecen la simple verdad. Déjalos de lado. Cada día. A cada minuto.

Porque está aquí

Me parece que el verdadero significado de rezar sin cesar es que la divina presencia o los eternos valores del momento presente empiezan a ser más transparentes convirtiéndose en una especie de cuarta dimensión del mundo tridimensional. La conciencia de la presencia de Dios en el nivel de realidad más sutil empieza siendo una especie de espontánea adicción a la atención ordinaria, sin pensamientos ni esfuerzos por nuestra parte, sino simplemente porque está ahí y nuestra capacidad para percibirla se ha despertado a través de nuestro progreso en la oración contemplativa.

El acceder a la divina presencia en nosotros parece desencadenar la capacidad de percibirla en todo lo que acontece, por muy opaco que pueda resultar a la percepción humana normal. Así pues, rezar sin cesar es ser consciente en todo momento de la divina presencia como parte espontánea de la realidad.

FR. THOMAS KEATING

Transformando dragones

... si fuéramos capaces de acomodar nuestras vidas según el principio que nos aconseja confiar siempre en las dificultades, lo que apareciera ante nosotros como más ajeno se convertiría en nuestra más íntima y fiable experiencia. ¿Cómo vamos a olvidarnos de esos antiguos mitos que se encuentran en el origen de todas las razas, esos mitos que nos hablan de dragones transformados en princesas en el último momento? Quizá, todos los dragones de nuestras vidas sean princesas aguardando vernos actuar, por una vez, con valor y gallardía. Quizá todo lo que nos atemoriza es —en su esencia más profunda— algo que, impotente, anhela nuestro amor.

De modo que no has de temer nada... si surge ante ti la tristeza, la mayor que nunca hayas visto; si una ansiedad, como la luz y las sombras de las nubes, se apodera de tus manos y de todo tu ser. Has de darte cuenta de que te está sucediendo algo, de que la vida no te ha olvidado, de que te sostiene en sus manos y que no te dejará caer. ¿Por qué quieres excluir de tu vida toda intranquilidad, sufrimiento o depresión, si, al fin y al cabo, desconoces la clase de trabajo que esas circunstancias están realizando en tu interior?

RAINER MARIA RILKE

¿Qué estás excluyendo de tu vida? Ahora, tómate un instante para dar la bienvenida a todo aquello que hayas excluido.

Sé nieve derretida

¡Ay! «Estoy siempre contigo» significa que cuando buscas a Dios,
Dios se halla en la mirada de tus ojos,
en la idea del mirar,
—más cerca de ti que tú mismo—
o en lo que te ha acontecido.
No es necesario dirigirse al exterior.

Sé nieve derretida.
Límpiate de ti mismo.

En la quietud crece una flor blanca.
Deja que tu lengua se convierta en esa flor.

RUMI

Todo es un mismo sabor.

Sólo en el presente

No hay ni pasado ni futuro. Sólo el presente. Ayer era el presente cuando lo experimentaste. El mañana volverá a ser presente cuando lo experimentes. Por lo tanto, la experiencia sólo tiene lugar en el presente, y, más allá y aparte de la experiencia, nada existe. Incluso el presente es pura imaginación porque el sentido del tiempo es puramente mental.

Han surgido tantas religiones debido a que la gente desea cosas misteriosas y elaboradas. Sólo los suficientemente maduros pueden comprender el asunto en su desnuda simplicidad.

Debido a que las personas aman el misterio y no la verdad, las religiones se encargan de alimentarlas para finalmente conducirlas hasta las proximidades del Ser. Sean cuales sean los medios adoptados, al final deberás retornar al Ser. ¿Por qué entonces no moras en el Ser aquí y ahora?

RAMANA MAHARSHI

¿Por qué sufrir un agotador viaje que, al final, tan sólo te devolverá a este momento?

Hoy he sido feliz.
Por eso escribí este poema

Mientras la rolliza ardilla corretea
por el tejado del granero,
la luna emerge de súbito en la oscuridad
y me doy cuenta de que es imposible morir.
Cada instante de tiempo es una montaña.
Un águila se regocija en los robles del cielo,
llorando.
Esto es lo que anhelaba.

JAMES WRIGHT

¿Puedes decir sinceramente: «Esto es lo que deseo»?

Sumergiéndonos profundamente

... En ninguna parte promete [Buda] una libertad divorciada de la cotidianidad de nuestra vidas. En ninguna parte habla de una experiencia o reino desencarnado o trascendente. Buda nos anima a limpiar el polvo de nuestros ojos. Despertar es aquí y ahora: en las piedras de los ríos, en los rayos de sol sobre la hierba, en este cuerpo, en esta mente y en esta vida. En ninguna parte nos da ánimos para aniquilar la vida, sino, simplemente, para desembarazarnos de nuestras fantasías. Siendo a la vez místico y no místico, Buda acabó con la larga separación existente entre lo sagrado y lo mundano, con la tensión producida al ser empujado en direcciones opuestas.

No se nos invita a trascender el mundo, sino a sumergirnos profundamente en él y a descubrir su sabiduría. Se nos pide que estemos en el mundo, pero sin pertenecerle, sin aferrarnos a nada, sin rechazar nada. El despertar nos invita a reconocer que somos seres encarnados, sociales, sexuales y espirituales. Al abrazar nuestra totalidad permanecemos atentos a las vías del despertar que se nos ofrecen durante toda nuestra vida. Somos Budas con amnesia que aprendemos a reconocernos como tales.

CRISTINA FELDMAN

Estar aquí

   ... Los auténticos problemas humanos tienen que ver con cómo son las cosas **Aquí, Ahora**. **Aquí** es donde encontramos la vida y la muerte. No es la vida ahora y la muerte después. **Aquí** es donde *todo* sucede. No morimos en el futuro; morimos **Ahora**, en el momento presente. Y por esto, hemos de arreglárnoslas con lo que es **Aquí**. No podemos colocarlo a distancia y objetivarlo. No podemos solucionar nada si lo arrinconamos en algún otro lugar o en algún otro tiempo. La Verdad es que no podemos distanciarnos de nada. No, porque la Realidad es siempre inmediatamente asequible.

   El mundo, sencillamente, no funciona de la manera que imaginamos. Lo que únicamente necesitamos verificar es que el asunto no es **sólo ver**. Es ser **Aquí**. Nada viene ni se va. Estamos quietos en la ilimitada habitación en la que meramente reordenamos cosas y pensamientos debido a la ciega costumbre y a la ignorancia. Tan sólo movemos los muebles en un desesperado intento de arreglar las cosas para poder sentirnos satisfechos. No obstante, durante todo ese tiempo, no dejamos de indagar respecto a la naturaleza de la habitación misma. Esta habitación, en la que estás en realidad, no tiene ni puertas ni ventanas. Nunca sales de **Aquí**. De hecho, tampoco has llegado nunca. Siempre has sido **Aquí**. Sólo puedes ser **Aquí**. Y es debido a que no podemos abandonar la habitación, a que no podemos abandonar el **Aquí** y **Ahora**, que deberíamos estudiar lo que es **esta inmediatez**...

STEVE HAGEN

Imagina que la habitación en la que ahora te encuentras es toda tu vida. No hay otra parte adonde ir. No hay salida, ni vías de escape. ¿Prisión o palacio? Depende de ti.

Tesoro natural

No discrimines,
ni reflejes,
ni alteres,
deja tan sólo que la mente se relaje,
pues la mente no modulada es el tesoro natural de lo no-nacido,
el camino no-dual de la sabiduría trascendente.

NAGARJUNA

Tan sólo dándote cuenta

Siéntate en una posición cómoda que te permita mantener la espalda recta. Relaja tu abdomen, deja caer los hombros. Deja que tus ojos miren un metro por delante de ti. Haz unas cuantas inspiraciones y luego deja que tu respiración se normalice. Percibe cómo respira tu cuerpo. Percibe el aire entrando en tus pulmones, llenando tu cuerpo y abandonando tu cuerpo.

Surgirán pensamientos que se desvanecerán. Surgirán sentimientos que se alejarán. Puede que oigas sonidos, percibas olores, veas cosas o experimentes sensaciones. Tan sólo regístralas, sin resistirte a nada, sin aferrarte a nada (sin resistirte a ninguna cosa, sin aferrarte a ninguna cosa), permitiendo que todo sea como es.

Sólo siéntate, sin intentar conseguir nada, sin tratar de cambiar nada, especialmente a ti mismo. Inspira y espira.

Consciente	Aquí mismo
Alerta	Aquí mismo
Atento	Aceptando lo que es
Presente	Tan sólo dándote cuenta

CHERI HUBER

Dimensiones ocultas

La clave para esta libertad es comprender que *en el momento presente, no hay tiempo*. Los evangelios de las más importantes religiones del mundo hacen referencia en sus enseñanzas al «eterno presente», instruyendo a los buscadores de Dios en no mirar más lejos de donde se encuentran al buscar el reino de los cielos. En otras palabras: *la eternidad es ahora*.

Aprendiendo a olvidarnos del tiempo a través de la focalización en el presente, comenzamos a descubrir las dimensiones ocultas de la experiencia cotidiana, la cual siempre ha estado ahí, accesible, pero velada por nuestras ligaduras con el tiempo. El presente es una puerta hacia la eternidad.

RAM DASS

Para que la iluminación acontezca el preceptor ha de darse la vuelta por completo y despertar al hecho de que se halla cara a cara con su propia naturaleza, con el hecho de que ÉL ES ESO.

El buscador espiritual descubre finalmente que él ya estaba en la meta, que él mismo ES aquello que había estado buscando y que, en realidad, se encontraba ya en casa.

RAMESH S. BALSEKAR

Recupera tu cordura. No son las cosas de este mundo –sean chocolate o arroz integral– las que te pierden. Te extravías porque no prestas atención a lo que es presente, en tanto que persigues imaginarios placeres ficticios e inalcanzables. Despertar es descubrir eso que es realmente tuyo.

EDWARD ESPE BROWN

Tomar las riendas de tu vida

Creo que es un error buscar ayuda fuera de uno mismo. Un día, la casa huele a pan recién hecho; al siguiente, a humo y a sangre. Un día te desmayas porque el jardinero se ha cortado el dedo; al cabo de una semana pasas sobre montones de cadáveres de niños muertos en un bombardeo del metro. ¿Qué esperanza puedo tener si eso es así?

Intenté morir cerca del final de la guerra. El mismo sueño volvía cada noche hasta que me atreví a no dormir y enfermé gravemente. Soñaba que tenía un hijo subnormal —incluso en sueños me di cuenta de que se trataba de mi vida— y yo huía. Pero él siempre se deslizaba de nuevo en mi regazo, agarrándose a mis vestidos. Hasta que pensé: si pudiera besarlo —a aquello que en él era mío, fuera lo que fuese— quizás pudiera dormir. Y me incliné hacia su rostro destrozado, y era horrible... pero lo besé.

Creo que, finalmente, uno ha de tomar las riendas de su vida.

ARTHUR MILLER

Renunciación

No tienes que renunciar absolutamente a nada,
no has de dejar de hacer nada, no te has de liberar de nada.
Ya estás liberado.
¿Cómo puedes creer que has de librarte de algo
que nunca ha existido?
Crees que has de librarte de tus apegos.
¿Cómo puede el Ser tener apegos?
Crees que has de entregar todos tus miedos,
todas tus depresiones,
todas las cosas que han estado importunándote.
¿A quién has de entregarlo?
Esas cosas no son tuyas.
No te pertenecen.

Tú eres la Realidad pura,
tú eres el Ser imperecedero,
nunca has nacido, nunca has prevalecido,
y nunca partirás.
Eres el Uno, el Uno que todo lo domina.
Consecuentemente, no tienes que renunciar a nada
porque, para empezar, nunca has tenido nada.

ROBERT ADAMS

No se trata de librarte de nada. Se trata de dejar que todo sea.

Dios es siempre ahora

... el estado de plenitud es siempre presente. Nunca es en el pasado ni en el futuro. Dios es siempre ahora.

Nuestra meditación siempre es... otro paso hacia el eterno ahora de Dios. Cada vez que meditamos damos otro paso hacia la vida divina que anima, rezumando abundancia, a todo el que se abre a ella dando este paso de alejarse del «yo».

Al dar este paso descubrimos la paradoja que surge, cotidianamente, de la divina paradoja: una vida totalmente presente, completamente libre de ensoñaciones y fantasías, donde todo es actualizado y completado y, sin embargo, en continua expansión hacia la trascendencia. La divina paradoja es amor. Pero como crecimiento, esta entrada en la divinizadora experiencia del momento presente implica dolor. Es el dolor de madurar. Surge de la necesidad de dejar atrás las primeras etapas de desarrollo, todo lo que hemos sido, para dirigirnos hacia aquello en que hemos de convertirnos.

JOHN MAIN

Gracias (pasaje)

Gracias, India
gracias, terror
gracias, desilusión
gracias, debilidad
gracias, consecuencia
gracias, gracias, silencio
¿Qué tal si no te culpo de todo?
¿Qué tal si por una vez disfruto del momento?
¿Qué hay de lo bien que me sabe perdonarte?
¿Qué hay del afligirte por cualquier cosa?
El instante en que me liberé de ello fue el momento
en el que obtuve más de lo que podía manejar.
El instante en que me aparté
fue el instante en que toqué tierra.
¿Qué tal si dejo de ser masoquista?
¿Qué tal si recuerdas tu divinidad?
¿Qué tal si te pones a gritar sin asomo de vergüenza hasta que se te sal-
gan los ojos?
¿Qué tal si no equiparas la muerte con detenerte?
Gracias, India,
gracias, providencia,
gracias, desilusión,
gracias, nada,
gracias, claridad,
gracias, gracias, silencio

ALANIS MORISSETTE

Imagínate agradecido por sentirte aterrorizado. Inclu-
yéndolo todo, abraza gozoso lo-que-es.

Simplemente ábrete

Hemos de ejercitarnos en esta atención, libre de pensamientos, pero no a través de la meditación o de la reflexión sobre ella. Ya es presente desde siempre. Y, no obstante, esta atención presente se queda enganchada en el pensar. Para liberarte del pensar, sencillamente reconócela. Reconoce tu atención presente. No te olvides de ella, no te distraigas. Eso no significa que hayas de sentarte y obligarte a no distraerte o a no olvidarte. Si haces eso sólo lo complicarás más. Deja que tu estado básico sea el de estar sin meditar, pero sin distraerte. Cuando todas las actividades de la mente dualista se disuelven, cuando estamos absolutamente asentados en el conocimiento vacío no limitado, deja de haber fundamentos para permanecer en los tres reinos del *samsara*.

TULKU URGYEN RINPOCHE

Los maestros del Dzogchen, como Tulku Urgyen, muestran cómo reconocer esta atención natural sin esfuerzo o atención no forzada. Esta relajada sensación de apertura es un gran alivio.

Tu propia mente

Pregunta: Por todo lo que has dicho, la mente es el Buda, pero no está claro qué clase de mente es esa «Mente búdica».

Respuesta: ¿Cuántas mentes tienes?

Pregunta: Pero, ¿es Buda la mente corriente o la mente Iluminada?

Respuesta: ¿Dónde demonios guardas tu «mente corriente» y tu «mente Iluminada»?... En la enseñanza... está claramente explicado que la mente corriente y la mente Iluminada son ilusiones. No lo comprendes. Este apego a la idea de que las cosas existen es confundir la vacuidad con la verdad. ¿Cómo no van a ser ilusorios esos conceptos? Y al ser ilusorios te ocultan la Mente. Si al menos te liberaras de los conceptos de «mente corriente» y «mente Iluminada», descubrirías que no hay más Buda que el Buda de tu propia Mente.

Pregunta: Has dicho que el pasado sin comienzo y el presente, son lo mismo. ¿Qué quieres decir?

Respuesta: Distingues entre ellos debido a que BUSCAS. Si dejaras de buscar, ¿cómo podrían ser diferentes?

HUANG PO

El hoy en mis ojos

[*Mientras vivía en Alabama, de niño, los compañeros de Truman eran su perro Queenie y una prima mayor que él a la que solía llamar «mi amiga». Su prima contó esto justo antes de morir.*]

—¡Qué tonta soy! —gritó mi amiga, dándose cuenta de repente, como una mujer que recordara, demasiado tarde, que tenía bollos en el horno—. ¿Sabes qué es lo que he pensado siempre? —preguntó ella como con asombro y sin sonreírme, señalando un punto más allá—. Siempre he creído que un cuerpo debería enfermar y morir antes de ver al Señor. Y me imaginaba que cuando Él se acercara sería como cuando miramos la ventana de la iglesia baptista: muy hermoso, como el cristal de colores iluminado por el sol y emitiendo tal resplandor que no parece estar anocheciendo. Me sentía muy reconfortada pensando que ese resplandor eliminaría todo sentimiento de miedo. Pero apuesto a que nunca sucederá así. Apuesto a que al final, el cuerpo se da cuenta de que el Señor ya se le había mostrado. Las cosas son lo que son —e hizo con sus manos un gesto como de englobar a nubes, cometas y hierba mientras Queenie enterraba su hueso—, sólo que lo que siempre vemos, es a Él. Por mí, podría abandonar el mundo con el hoy en mis ojos.

TRUMAN CAPOTE

Cara a cara, en todo momento.

La razón de ser

Vi que todo tal y como es ahora, es ESO: la razón de ser de la vida y del universo. Vi que cuando los *Upanishads* afirman: «¡Eso eres tú!», o «El mundo entero es Brahma», lo dicen literalmente. Cada cosa, cada suceso, cada experiencia en su ineludible ahora y con toda su individualidad propia y particular, eran exactamente lo que debían ser hasta el punto de adquirir una autoridad y una originalidad divinas. De súbito comprendí con absoluta claridad que nada dependía de que yo lo viera para ser como era. Las cosas eran así, las entendiera o no, y si no las comprendía, también eran ESO. Además, sentí que comprendía lo que en el cristianismo podía significar el amor de Dios, a saber: que a pesar de la imperfección arbitraria de las cosas, éstas eran, sin embargo, amadas por Dios tal como son y que ese amor que recibían era, al mismo tiempo, lo que las divinizaba.

ALAN WATTS

Ahora, monjes, ¿qué es el Todo? Es el ojo y los objetos visibles, el oído y los sonidos, la nariz y los olores, la lengua y el sabor, el cuerpo y los objetos tangibles mentales. A esto, monjes, se le llama el Todo.

BUDA

Me senté en silencio en la capillita y me di cuenta de que la impresionante solidez de aquellos enormes pilares de piedra era una ilusión. Como mi cuerpo y el de mi amigo, no eran más que vibrantes columnas de átomos, totalmente insustanciales. Parecían estar vibrando con una incesante manifestación de poder, como la cuerda del instrumento musical que sigue vibrando en el aire mucho tiempo después de que el intérprete se haya detenido. Su solidez era una completa ficción. El universo entero era una ilusión.

No hay más que pura energía, no hay nada más que Dios.

RELATO DEL RERU

Ahora bien, cuando empiezas a conocerla [a tu propia e intrínseca conciencia, el método de adentrarte en ella implica tres consideraciones:

Los pensamientos sobre el pasado son claros y vacíos y no dejan rastro tras de sí.

Los pensamientos sobre el futuro son frescos y no están condicionados por nada.

En el momento presente, cuando [tu mente] permanece en su propia condición sin construir nada, la conciencia, en sí misma y en ese momento, es completamente normal.

Y cuando de esta manera miras en ti mismo –de forma pura (sin pensamientos discursivos), puesto que sólo hay pura observación– habrá una lúcida claridad sin nadie que se constituya en el observador. Solamente es presente una manifiesta y pura conciencia. [Esta conciencia es vacía e inmaculadamente pura y no ha sido creada por nada. Es auténtica y no adulterada, sin dualidad de claridad y vacío.

PADMASAMBHAVA

Simplemente: deja que los falsos modos de ver desaparezcan

No sirve de nada buscar la verdad.
Sólo has de dejar que los falsos modos de ver desaparezcan.
No mores en la dualidad
y cuídate de no buscar
porque en cuanto aparecen el «sí» y el «no»,
la mente se pierde en la confusión.
El dos surge del uno,
pero no te apegues ni siquiera al uno
porque aunque la mente una sea no nacida,
la miríada de cosas es sin mácula.
Sin mácula, sin cosas.

SENG T'SAN

¿Cómo diferenciamos lo verdadero de lo falso? Con la indagación en uno mismo, momento a momento. Sin buscar; sólo viendo.

El té de la paz

Tan sólo una taza de té. Tan sólo otra oportunidad de sanación. Tan sólo la mano que se extiende para recibir el asa de la taza. Tan sólo el darte cuenta de que está caliente. El darte cuenta de su textura y su fragancia. Tan sólo una taza de té. Tan sólo este absolutamente nuevo instante. Tan sólo la mano tocando la taza. Tan sólo el brazo retrayéndose. La fragancia incrementándose a medida que la taza se acerca a los labios. ¡Tan presente! Dándote cuenta de cómo el labio inferior recibe el calor de la taza, con el labio superior arqueado para absorber el líquido. Dándote cuenta del sabor primero del té incluso antes de que el té toque tus labios. La fragancia y el calor expandiéndose por la boca. La primera sensación del aroma. El toque del cálido té en la lengua. La lengua saboreando el té. La intención de tragar. La calidez que desciende hacia el estómago. ¡Qué taza de té tan maravillosa! El té de la paz, de la satisfacción. Al beber una taza de té, detengo la guerra.

STEPHEN LEVINE

Así pues, ¿quién eres?

Así pues, ¿quién eres? No eres los objetos exteriores, no eres los sentimientos, no eres los pensamientos. Sin esfuerzo alguno eres consciente de todos ellos, de modo que no eres ellos. ¿Quién o qué eres tú? Repítetelo así a ti mismo: «*Tengo* sentimientos, pero no soy esos sentimientos. ¿Quién soy? *Tengo* pensamientos, pero no soy esos pensamientos. ¿Quién soy?...»

De este modo ve retrocediendo hacia el origen de tu conciencia. Vuelve al Testigo; descansa en el Testigo. No soy los objetos, ni los sentimientos, ni los deseos, ni los pensamientos. Pero entonces, la gente comete, generalmente, un grave error. Creen que si se basan en el Testigo van a ver algo o sentirán algo, algo realmente vívido y especial. Pero no vas a ver nada. Y si ves algo, será tan sólo otro objeto: otro sentimiento, otro pensamiento, otra sensación, otra imagen. Pero todo eso son objetos, eso que tú *no eres*.

No, basándote en el Testigo lo único que percibirás será una sensación de libertad, una sensación de liberación, una sensación de alivio... de alivio al sentirte libre de la terrible constricción del sentirte identificado con esos nimios, minúsculos objetos finitos –tu pequeño cuerpo, tu pequeña mente y tu pequeño ego– los cuales son objetos que pueden ser vistos y, por lo tanto, no son el verdadero Observador, el auténtico Ser, el puro Testigo, lo que tú realmente eres.

KEN WILBER

Así pues, ¿quién eres?

Inexpresable resplandor

Cuando contemplo la verdadera naturaleza del universo,
todo es la siempre inmaculada expresión
de la misteriosa realidad.

Cada partícula de materia,
en todos y cada uno de los instantes, en todos los lugares,
no es más que el inexpresable resplandor
del Tathagata[1].

TOREI ZENJI

1.- Otro nombre de Buda.

Escucha a las piedras

Sosiégate.
Escucha a las piedras del muro.
Guarda silencio.
Están tratando de pronunciar tu
nombre.
Escucha
a los muros con vida.

¿Quién eres?
¿Quién
eres?
¿Qué silencio eres?

THOMAS MERTON

No mires atrás. Ni tampoco sueñes con el futuro. Nunca te devolverá al pasado ni te satisfará tus otras ensoñaciones. Tu deber, tu recompensa, tu destino, es aquí y ahora.

DAG HAMMARSKJÖLD

Olvídate de los errores. Olvídate de los fracasos. Olvídate de todo excepto de lo que vas a hacer ahora... y hazlo. Hoy es tu día de suerte.

WILL DURANT

La felicidad no se encuentra en otro lugar, sino en éste... ni en otra hora, sino en ésta...

WALT WHITMAN

La eternidad no es algo que comienza cuando estás muerto. Es siempre, en todo momento.

CHARLOTTE PERKINS GILMAN

Si consideramos que «eternidad» no significa «duración temporal infinita», sino «ausencia de tiempo», la vida eterna es de aquellos que viven el presente.

LUDWIG WITTGENSTEIN

Al amanecer, Henry tomó su bastón.
No era ni demasiado corto ni demasiado largo.
No era demasiado fino ni demasiado grueso.
Al igual que la naturaleza, era como tenía que ser.
Henry echó una ojeada al mundo exterior
y entonces se sumió en la naciente bruma.

THOMAS LOCKER

Trascendiendo el desear y el soñar

Solamente cuando trascendemos el fantasear, el desear y el soñar, empieza a producirse la verdadera conversión y despertamos renacidos. El sueño se vuelve realidad. Porque la realidad es la meta, mal que nos pese. Y sólo podemos acercarnos a ella mediante una conciencia siempre en expansión, ardiendo cada vez con más fuerza, hasta que incluso la propia memoria se desvanezca.

****

Cuando el individuo es totalmente creativo, uno con el destino, no hay ni tiempo ni espacio, ni nacimiento ni muerte. El sentimiento hacia Dios se vuelve tan intenso que todo –orgánico e inorgánico– late con el ritmo divino. En el instante de suprema individualización, cuando se percibe la identidad de todas las cosas y uno se siente, simultáneamente, total y extáticamente solo, el cordón umbilical es, por fin, cortado. No subsiste ni el anhelo de un útero, ni el anhelo del más allá. El claro sentimiento de eternidad. Más allá de esto no hay evolución, sino sólo un perpetuo movimiento de creación y más creación.

HENRY MILLER

Una es la transformación

La eternidad que buscamos ha sido siempre «con nosotros», más cercana de lo que nosotros estamos respecto a nosotros mismos, parafraseando a San Agustín, porque todo lo que hemos de hacer es «olvidarnos» de nosotros mismos y darnos cuenta de que siempre hemos sido. Pero debido a la habitual inquietud de nuestras mentes no somos capaces de experimentar el presente –ser aquí– y de esta manera nos perdemos algo de él.

¿Cómo sería esa experiencia no dual del tiempo? No sería un universo estático... porque mi punto de vista es que la inmutabilidad del Ahora no es incompatible con el cambio. Seguiría habiendo transformación aunque experimentada de diferente manera, puesto que uno es la transformación misma en vez de su observador. Un cambio de este tipo supondría un fluir más suave y continuo que el que estamos acostumbrados, pues sin elaboraciones ni proyecciones mentales nacidas del desasosiego, la mente dejaría de dar saltos discontinuos de una a otra cosa y trataría de fijarse. En cierto modo, nada sería diferente: «yo» seguiría levantándome por la mañana, desayunaría, me iría a trabajar, y así sucesivamente. Pero, al mismo tiempo, habría algo completamente intemporal en esas actividades... En lugar de un aparentemente sólido «yo» que las ejecutara, habría en ellas una cualidad de vacuidad y serenidad inmutable.

DAVID LOY

La verdad se encuentra en todas partes, en todas nuestras experiencias. No hemos de tratar de, esporádicamente, tener una experiencia sublime y mágica desdeñando, en el intento, lo que realmente nos sucede. No hemos de esforzarnos por encontrar la verdad. Cada instante es la expresión de la verdad en nuestras vidas, si sabemos cómo mirar.

SHARON SALZBERG

No te muevas. Tan sólo muere una y otra vez. No te anticipes. Nada puede salvarte porque sólo posees este momento. Ni siquiera la iluminación te ayudará ahora porque no hay otros momentos. Sin futuro, sé sincero contigo mismo y exprésate plenamente. No te muevas.

SHUNRYU SUZUKI

La respuesta (pasaje)

Una luz penetró en mi cerebro:
«¡Ajá!» –grité con regocijo.
El mundo irradiaba viveza y bullicio
y yo –aliviado y gozoso–
me sentía el más feliz de los mortales.

Y desde aquella destacada noche
en la movediza ciénaga,
viví mis días en claridad,
mis noches con hilaridad,
tan fragante como una rana.

STEPHEN MITCHELL

Tus Budas

Los que me iluminan son, todos, mis Budas. En vez de intentar descubrir Budas en elevados y preciosos palacios, ¿no deberías ser capaz de descubrir a tus Budas en tu ciudad, en tu mercado, en tus calles? Todo el mundo posee cualidades valiosas e iluminadoras. Si aprendes y practicas esas cualidades, será como encontrarte con Buda y practicar sus enseñanzas.

JAE WOONG KIM

Cuando llega la muerte (pasaje)

Y así pues, lo contemplo todo
como una hermandad de hombres y mujeres,
y considero el tiempo sólo como una idea,
y considero la eternidad como otra posibilidad;

y pienso en cada vida como una flor,
tan corriente y tan singular como una margarita de campo;

y en cada nombre como una agradable música en la boca,
tendiendo –como todas las músicas– hacia el silencio;

y en cada cuerpo como un adalid del coraje; algo
precioso para la Tierra.

Acabado esto, quiero decir:
toda mi vida fui novia del asombro.
Fui el novio llevando al mundo entre mis brazos.

MARY OLIVER

Esta pertinaz ilusión

El 15 de marzo de 1955, Albert Einstein escribió una nota de pésame a la familia de su amigo Michele Besso, el cual había muerto una semana antes. La carta da comienzo con una dolorosísima confesión respecto a su propia vida.

«Lo que más admiraba de Michele era el hecho de que fue capaz de vivir tantos años con una mujer, y no sólo en paz, sino en constante unión, algo en lo que yo, lamentablemente, fracasé en dos ocasiones».

Más aún: después de recordar su primer encuentro con Michele, casi seis décadas atrás, cuando ambos eran estudiantes universitarios en Zurich, y la dificultad que tuvieron para mantener el contacto en los años siguientes, Einstein deja a un lado su melancolía y se remonta a un plano más elevado. Su párrafo final rezuma puro poder espiritual: «Así pues, al dejar este extraño mundo, ha vuelto, una vez más, a ir algo por delante de mí. Eso no significa nada. Para aquellos de nosotros que creemos en la física, esta separación entre pasado, presente y futuro es solamente una ilusión, aunque pertinaz».

En menos de cuatro semanas Einstein siguió a su amigo de toda la vida en su salida de este extraño mundo.

HANS CHRISTIAN VON BAEYER

Einstein dijo que la experiencia del Ahora es algo especial para el Hombre, algo esencialmente diferente del pasado y del futuro, y que esta importante diferencia no se da ni puede darse en el ámbito de la ciencia.

La música del silencio

El mensaje central del monacato, expresado a través del canto, es la suprema importancia del tiempo y de cómo nos relacionamos con él: cómo nos ocupamos y respondemos al momento presente, a lo que tenemos ante nosotros.

El mensaje de las horas consiste en vivir cotidianamente con los verdaderos ritmos diarios. Vivir conscientemente, respondiendo –y dirigiendo intencionadamente– nuestras vidas desde el interior, sin ser arrastrados por las exigencias del reloj, por los planes exteriores, por las puras reacciones a aquello que suceda. Viviendo los verdaderos ritmos nos volvemos más reales. Aprendemos a escuchar la música del momento, a oír sus dulces súplicas, sus sensatas directrices. Aprendemos a danzar, un poco, en nuestros corazones, para abrir algo más nuestras puertas interiores, a escuchar la música del silencio, el divino aliento vital del universo.

DAVID STEINDL-RAST & SHARON LEBELL

Contacto directo

Cuando dedicamos suficiente atención consciente y ecuanimidad a nuestra experiencia ordinaria, alcanzamos la purificación y la capacidad de comprender. Y, como resultado de esa purificación y de esa capacidad de comprender, nuestra felicidad intrínseca, nuestra verdadera realidad espiritual a la que tenemos derecho por haber nacido, es desvelada y descubrimos que lo que considerábamos como el mundo fenoménico –el mundo del tiempo, del espacio y de la materia– resulta ser en realidad un mundo de energía espiritual con la que estamos en contacto directo a cada instante. Al purificarse nuestros sentidos, al interrumpirse nuestros conflictos internos en todos los niveles, el flujo de esos sentidos ordinarios se revierte hacia una oración, un *mantra*, o un canto sagrado, y descubrimos que viviendo sencillamente nuestra vida nos hallamos a cada instante en contacto con el Origen.

SHINZEN YOUNG

Despertando

Una noche me estaba quedando dormido y de repente mi mente se detuvo en su incesante actividad, y se quedó quieta. Fue como si se hubiera vuelto hacia dentro y se hubiera hundido en sí misma. Sentí que una suprema sensación de bienestar engullía mi ser y mi mente se quedó, por un instante, libre, sin pensamientos ni percepciones. Me sentí invadido por una profunda sensación de bienestar y felicidad. Me sentí envuelto en una sábana de amor y seguridad, o, más bien, sentí que yo era Eso: la envoltura y lo envuelto, todo a la vez. No había diferenciación en la experiencia. Yo era ese estado. Y nada más. No estaba experimentando un estado exterior a mí. No era una felicidad debida a algo en particular, sino un gozo incondicional que todo lo impregnaba, independiente de todo excepto de sí mismo. Era como si el río de la siempre activa conciencia fluyendo en riadas de pensamientos y percepciones hubiera llegado al océano de la silenciosa, siempre plena, e ilimitada consciencia.

No tenía idea de qué era aquello, ni marco de referencia en el que encajarlo. Ni siquiera se me ocurrió comentarlo con nadie. Durante muchas noches «intenté» que sucediera de nuevo para tratar de capturarlo, pero el intentarlo parecía solamente alejarlo aún más. Por entonces tenía ocho o nueve años.

DAVID W. ORME-JOHNSON

Las experiencias vienen y se van, pero la consciencia está siempre aquí.

Dejará de haber tiempo

—No, no en una eterna vida futura, sino en la vida eterna aquí. Hay momentos... alcanzas momentos en que el tiempo, súbitamente, se detiene y se convierte en eternidad.

—¿Esperas alcanzar esos momentos?

—Sí.

—Es casi imposible en nuestro tiempo –respondió Nicolai con lentitud, distraídamente. Los dos hablaban sin el menor asomo de ironía–. En el Apocalipsis el ángel jura que dejará de haber tiempo.

—Lo sé. Eso es realmente cierto; diferente y exacto. Cuando toda la humanidad alcance la felicidad, entonces dejará de haber tiempo porque no será necesario. Un pensamiento realmente acertado.

—¿Dónde lo pondrán?

—En ninguna parte. El tiempo no es un objeto, sino una idea. Se extinguirá en la mente.

FYODOR DOSTOYEVSKY

¿Quién soy yo?

De vez en cuando he divisado ese secreto lugar. Por lo general era como si lo viera a través de un cristal oscuro, pero a veces con una abrumadora claridad. Una vez resplandeció en un clavel rojo, incandescente en la ventana de una floristería. Otra vez brilló en el errabundo polen. En otra ocasión en un cielo asaeteado por el hielo. Lo he visto serpenteando entre un torbellino de polvo alrededor de un *pony* que daba vueltas. Lo he visto centelleando en un guijarro del pizarroso lecho de un riachuelo. Me he deslizado en ese secreto lugar mientras observaba los halcones, mientras contemplaba el cáliz de un lirio, mientras cepillaba el pelo de mi mujer. Esas metáforas son inexactas. La experiencia no es un vislumbre de nuevos reinos, ni un convertirse en alguien nuevo, sino el reconocimiento –completo e instantáneo– de quién soy yo.

SCOTT RUSSELL SANDERS

Cuando nos deshacemos de la idea de «algo especial», todo se contempla como naturalmente radiante y extraordinario.

Agradecidamente, Ser

... La experiencia fue de gozo y gratitud, alcanzado en ciertos momentos el éxtasis y en otros, sumergiéndose en una vasta, profunda e iluminadora paz. No había emociones negativas, ni dudas, ni terror, ni lucha. Sólo una completa confianza en la vida y en el misterio que sostenía la vida. Era la inmortalidad *ahora*; la eternidad palpablemente *presente*. No deseaba ir a ninguna parte, ni cambiar nada, sino simple y agradecidamente, *ser*. La única urgencia era la de que todo el mundo debería realizar esa misma beatitud pues nos pertenece a todos al habernos sido regalada o por algún inefable misterio, sea el que fuera. No es que el dolor y el sufrimiento no existan. Existen, pero en un nivel más superficial e impermanente. Quizás pudiéramos decir: en un nivel de prueba.

La sensación apareció tras unos 20 minutos de solícita plegaria y, gradualmente, fue incrementando su intensidad hasta alcanzar un tremendo y arrebatador gozo. Me descubrí rebosando gratitud hacia la vida... me sentí desbordado por un exceso de vida. Casi no podía soportarlo. Creía morirme, aunque sabía que era imposible.

RELATO DEL RERU

Una mente en calma

Dices que son esenciales la tranquilidad de la mente y un corazón sosegado. ¿Es así? ¿O es sólo una simple teoría, un simple deseo? Al sentirnos tan alterados, tan distraídos, deseamos esa calma, esa tranquilidad... lo cual es, simplemente, un escape. No es una necesidad. Es un escape. Si vemos su necesidad, si nos sentimos convencidos de que es lo único importante, lo único esencial, entonces, ¿preguntaremos cuál es el método para obtenerla? ¿Es necesario un método cuando ves que algo es esencial?

Un método implica tiempo, ¿no es así? Si no ahora, sí más tarde... mañana, o en un par de años, alcanzaré la tranquilidad. Lo cual significa que no ves la necesidad de sentirte en calma. De este modo, el «cómo» se convierte en una distracción. El método se convierte en una manera de aplazar la esencia de la tranquilidad. Y por eso practicas todas esas meditaciones, esos trucos, ese falso control... para poder obtener finalmente la paz mental. Y por eso todos los diversos métodos sobre cómo disciplinarnos para poder adquirir esa tranquilidad. Lo cual significa que no ves la necesidad, la inmediata necesidad, de tener una mente en calma. Cuando ves esa necesidad, no preguntas en absoluto por el método. Ves la importancia de tener una mente en calma y **tienes** una mente en calma.

J. KRISHNAMURTI

¿Dónde están esas ilusiones?

Un monje que estaba de visita preguntó:

—En su sermón de la otra noche usted dijo que todos, de forma innata, poseemos la Mente Búdica. Aunque me siento enormemente agradecido por sus enseñanzas, creo que si todo el mundo estuviese dotado de una Mente Búdica los pensamientos engañosos no surgirían.

El maestro le replicó:

—Ahora mismo, mientras afirmas esto, ¿dónde **están** esas ilusiones?

BANKEI

Ves a través

Un instante es eternidad;
la eternidad es en el ahora.
Cuando ves a través de este único instante
ves a través del que ve.

WU-MEN

La tarea

Cuando cada día
es sagrado

cuando cada hora
es sagrada

cuando cada instante
es sagrado

la tierra y tu
el espacio y tú
llevando lo sagrado
a través del tiempo

alcanzarás
los campos de luz.

GUILLEVIC

Y estos son los campos de luz.

Averiguando el camino

Vosotros, cabezas de chorlito, en vez de preguntar qué es Buda
deberíais empezar a preguntaros acerca de todos los seres sensibles.

Preguntad por todo.
Cuando tengáis hambre
preguntad por la comida.
Preguntadle el camino a la luz de la luna.
Encontrad un puerto en el que florezcan los limoneros,
en el que florezcan los limoneros.
Preguntad dónde se puede beber en el puerto.

Preguntad y preguntad hasta que no quede nada por preguntar.

KO UN

*¡Qué limonero tan bonito! Corre el riesgo y pregunta por
lo que temes preguntar.*

Agota los restos de tu pasado y no esperes nada de tu futuro. Si no te apegas al presente podrás deambular en paz de un sitio a otro.

BUDA

No prolongues el pasado,
no invites al futuro,
no alteres tu innata vivencia,
no temas a las apariencias.
¡No hay más que eso!

PATRUL RINPOCHE

Plena posesión

La vida no pretende rebosar significación espiritual en un distante futuro, sino que puede hacerlo a cada instante si la mente se descarga de ilusiones. Sólo a través de una mente tranquila y clara puede percibirse la verdadera naturaleza de la inmensidad espiritual, no como algo que haya de ser, sino como algo que ya ha sido, es y será siempre una eterna autorrealización. Cuando cada instante rebosa de importancia eterna, no subsisten ni el persistente apego al pasado sin vida, ni la anhelante expectativa de un futuro, sino un vivir integral en el eterno Ahora. Solamente viviendo así puede realizarse en vida la dimensión espiritual e infinita de la Verdad.

No es correcto privar al presente de toda importancia subordinándolo a una meta futura, pues esto significa concentrar imaginariamente toda su importancia en un futuro irreal en vez de percibir y realizar la verdadera importancia de todo lo que existe en el eterno Ahora. En la eternidad no hay flujos ni reflujos, ni espacios sin importancia entre intermitentes cosechas, sino una plenitud de ser que no puede ser empobrecida ni un solo instante. Cuando la vida parece improductiva o vacía no se debe a una reducción de la inmensidad de la Verdad, sino a la propia falta de capacidad para asumir su plena posesión...

MEHER BABA

¿Quién hay aquí ahora?

Pregunta: ¿He de esperar a que surja la experiencia directa?

Respuesta: ¡No! Esperar significa que no está aquí. Esperarla es ponerla en un tiempo futuro y no tenerla ahora. ¡Lo que no es Aquí y Ahora nunca será tu verdadera y fundamental naturaleza!

No te estoy diciendo que aguardes el futuro. Dime simplemente quién eres ahora mismo. Si no eres ya lo que eres, te convertirás en otra cosa y si te conviertes en otra cosa tendrás que perderte a ti mismo. Por eso, no anheles aquello que no es Aquí. ¡Descubre, pues, quién es aquí y ahora! No en el pasado ni en el futuro. ¿Qué es lo que es presente Aquí y Ahora?

H.W. L. POONJA (POONJAJI)

Ésta es otra pregunta muy útil. Siempre que digas: «Yo...», pregúntate: «¿Quién es aquí y ahora?

Pasando por alto nuestro mayor regalo

... Buscamos por todas partes fuera de nosotros mismos tratando de encontrarnos. Acumulamos experiencias, relaciones, conocimiento y objetos. Anhelamos reconocimiento por parte de los demás para verificar nuestra importancia. Pero aunque podamos haber encontrado placer o premios de diversas maneras, frecuentemente hemos pasado por alto nuestro mayor regalo, oculto a simple vista: nuestra apasionada presencia. No nos damos cuenta de este regalo porque estamos muy ocupados buscando otras cosas en otras partes. En tanto dependamos del aumento de la sensación de ser nosotros mismos para ser felices, nos sentiremos decepcionados. El contarnos cuentos acerca de lo que nos falta es lo que nos obliga a una incesante persecución de nuestros deseos, lo cual nos asemeja –como diría mi maestro Poonjaji– a bestias de carga guiadas por un loco. La felicidad surge en la relajada simplicidad, viviendo el presente y contentándonos con esta vida que nos ha sido concedida.

Lo que se conoce como «realización» es, simplemente, la percepción de esta inmaculada presencia aquí y ahora, dándonos cuenta o percibiendo claramente el milagro tan vulgar de simplemente ser. Esto no requiere alcanzar nada puesto que está ya sucediendo. No requiere circunstancias especiales, ni epifanías vitales, ni preparaciones meritorias. Es plenamente presente en cada instante de nuestras vidas, siempre fresco e inocente a pesar de nuestras tristezas, quejas y por muchos fracasos o males que creamos haber soportado. Ni sufrimientos ni transgresiones lo disminuyen, de la misma manera que las buenas acciones no lo mejoran. Incontables pensamientos y experiencias han surgido y desaparecido, sin que ninguno de ellos haya permanecido.

CATHERINE INGRAM

El buscador es la realidad misma

... No sujetes tu mente «aquí»; no busques nada «allí». Quédate, sin artificios, exactamente en la mente del observador y del pensador. No mantengas tu mente «aquí», no busques «allí» los objetos de tu meditación. Quédate sin artificios exactamente en la mente que está practicando la meditación.

Tu mente no será hallada mediante búsqueda alguna. La mente ha estado vacía desde el comienzo mismo. Buscar no es necesario porque el buscador es la realidad misma. Permanece imperturbado en aquél que está buscando. Comprendiendo o sin comprender, cierto o falso, existente o no existente, sea lo que sea, permanece sin artificio en aquél que está pensando. Bueno o malo, grato o desagradable, feliz o triste, sea cual sea el recuerdo que surja, sin aceptarlo ni rechazarlo, permanece sin artificios en aquél que recuerda. Deseable o indeseable, surja lo que surja, permanece sin artificio en el surgir.

PATRUL RINPOCHE[1]

1.- De *Simply Being*, traducido por James Low.

Desprendiéndote

Dejémoslo claro: despertar no constituye en modo alguno una meta. Solamente puedes alcanzarlo descartando toda intención, toda motivación, incluyendo la de obtener el despertar. Has de desprenderte de toda intencionalidad, de todos tus deseos, incluso del más elevado. No puedes dirigirte hacia el despertar porque si pudieras invocar aún el más ligero argumento a favor de tu acercamiento al despertar, le estarías dando la espalda. En realidad, el valor infinito –de nuevo– no ofrece nada.

STEPHEN JOURDAIN

No vuelvas la cabeza

Aferrarse al yo es vicio; no aferrarse al yo es pureza. Es como el perro enloquecido tratando siempre de obtener cada vez más comida. ¿Dónde puedes encontrar al Buda? Miles, decenas de miles de personas, son tontos que buscan a Buda.

Cuando el mundo no era, esta realidad aún subsistía. Cuando el mundo sea destruido, esta realidad no será destruida. ¡Mírame! Soy simplemente yo. El Verdadero Ser es simplemente esto. Aquí, ¿qué más tienes que buscar? En un momento así no vuelvas la cabeza ni cambies de expresión. Si lo haces, lo pierdes de inmediato.

JOSHU

Fíjate en tu belleza ahora mismo. ¿Para qué tratas de iluminarte o ser santo?

No dudes

—Ahora, señalaré directamente tu mente original para permitirte despertar. Aclara tu mente para atender a lo que voy a decirte... te indicaré una puerta de entrada a través de la cual podrás regresar al origen. ¿Oyes el graznido de los cuervos y el gorjeo de los arrendajos?

—Sí, los oigo.

—Ahora, gira en redondo y escucha tu esencia que escucha. ¿Hay aún tantos sonidos en ella?

—Cuando voy ahí, todos los sonidos y distinciones se vuelven imperceptibles.

—¡Maravilloso, maravilloso! Dices que cuando estás ahí todos los sonidos y discriminaciones son absolutamente imperceptibles... Puesto que no pueden ser percibidos, ¿no significa eso que en ese instante hay un espacio vacío?

—Originalmente no vacío. No es, evidentemente, oscuro.

—¿Cuál es la sustancia que no es vacía?

—No tiene forma. No hay manera de expresarla en palabras.

Ésta es la vida de los Budas y de los maestros Zen. No dudes más.

CHINUL

Mientras escribo esto oigo los sonidos de las calles de Manhattan y el zumbido de las calefacciones. ¿Los oyes?

Hay dos maneras de vivir tu vida. Una es como si nada fuera un milagro. La otra es como si todo fuera un milagro.

ALBERT EINSTEIN

La gente ve a Dios cada día. Sólo que no Le reconocen.

PEARL BAILEY

El verdadero cielo es en todas partes, incluso en el lugar en que estás y por el que caminas... Si los ojos del hombre se abrieran, vería a Dios en todas partes en este cielo, porque el cielo se halla en el centro más interno que se extiende por todas partes.

JACOB BOEHME

El asceta que no podía esperar

Un asceta, famoso por estar iluminado, llegó a la sincera conclusión de que no estaba en realidad totalmente liberado. Pensó que la enseñanza de Buda le ayudaría y cruzó toda la India hasta que llegó adonde estaba Buda y pidió verle. Le contestaron:

—Está haciendo su ronda de pedir limosnas. Aguarda aquí y pronto le verás.

—No puedo esperarle –respondió el asceta–. Mostradme el camino y le encontraré.

Y se dirigió al centro de la ciudad. Allí vio al Buda yendo de casa en casa con su cuenco de pedir limosna. El asceta se postró de rodillas y, abrazando los pies de Buda, le dijo:

—Tú te has liberado. Por favor, enséñame la práctica que me conduzca a la liberación.

—Con mucho gusto –le respondió Buda–, pero no aquí. Ahora no es el momento ni el lugar. Ve a mi centro de meditación y espérame allí.

—No puedo esperar. En ese tiempo tan breve puedo morir yo o puedes morir tú. Ahora es el momento. Por favor, enséñame.

Buda le miró y vio que su muerte estaba cercana. Se dio cuenta de que debía dársele la enseñanza de una vez...

—Cuando veas —le dijo— sé sólo el ver. Cuando oigas, sé sólo el oír. Cuando huelas, saborees o toques, sé sólo el oler, el saborear y el tocar. Cuando pienses, sé sólo el pensar.

BUDA

Dirígete a él lisa y llanamente

Le doy la vuelta en la sartén a mi pequeña tortilla, por el amor de Dios. Cuando está hecha, si no tengo nada que hacer, me postro en el suelo y adoro a Dios, quien me ha concedido la gracia de hacerla. Entonces me levanto más contento que un rey. Cuando no hay nada que pueda hacer, es suficiente con recoger del suelo una brizna de paja, por el amor de Dios.

La gente busca métodos para aprender a amar a Dios. Desean llegar mediante no sé cuántas clases diferentes de prácticas. Sufren mucho —y por diversos medios— para permanecer en presencia de Dios. ¿No es más corto y más directo hacerlo todo por el amor de Dios, utilizando todas las tareas de la situación en que te encuentras para dar testimonio de él y para mantener su vivencia en nuestro interior mediante la comunicación con Él a través del corazón? Él no tiene preferencias al respecto. Has de dirigirte a Él lisa y llanamente.

HERMANO LAWRENCE

Todo es mente

Una persona se duerme en esta habitación y sueña que ha emprendido un viaje alrededor del mundo a través de todos los continentes. Al cabo de muchos años de agotador viaje vuelve a su país, se dirige hacia su *ashram* y entra en la habitación.

Justo en este instante se despierta y descubre que no se ha movido en absoluto, sino que ha estado durmiendo. No ha vuelto a esta habitación tras grandes esfuerzos, sino que estuvo aquí todo el tiempo.

Y preguntas:

—¿Por qué, siendo libres, nos imaginamos limitados?

Yo te contesto:

—¿Por qué, estando en la habitación, te imaginas viajando alrededor del mundo, cruzando desiertos y mares?

Todo es mente.

RAMANA MAHARSHI

[*Al autor de este fragmento se le diagnosticó en 1993 la enfermedad de Lou Gehrig, y murió nueve años más tarde.*]

... Me encuentro al final de una vida acortada por la enfermedad y no puedo evitar ser arrastrado fuera del momento presente al llorar mis pérdidas y enfrentarme a mis miedos. Suspiro por mi coraje perdido como un bailarín de *hula* y temo el día en que seré incapaz de llevar una cucharada de mermelada de lima hasta mis labios. Pero todos estamos caminando por un filo. El momento presente es, en sí mismo, un filo; una evanescente fracción de tiempo entre pasado y futuro. Somos alejados de él continuamente por nuestros placeres y preocupaciones terrenales. Incluso ahora puedes estar pensando que es el momento de tomar otra taza de café con uno de esos bollos de arándanos. Parece que siempre es el momento de hacer algo diferente de lo que estamos haciendo ahora. Mientras lees en tu silla te descubres pensando en la discusión de anoche con tu mujer, en que ya es hora de barrer las hojas, de ver tu correo electrónico, de dormir, etc.

El momento presente, como el búho listado o la tortuga marina, se ha convertido en una especie en peligro de extinción. No obstante, cada vez me doy más cuenta de que morar en el momento presente, a pesar de todo lo que nos atrae fuera de él, es nuestra disciplina más espiritual. O más claramente: yo diría que la atención al presente es nuestra salvación. El momento presente, vivido plenamente, es nuestra puerta hacia la vida eterna.

PHILIP SIMMONS

Nirvana y samsara no son dos.

MILAREPA

La vida no es diferente del nirvana,
El nirvana no es diferente de la vida.
Los horizontes de la vida son los del nirvana.
Los dos son exactamente iguales.

NAGARJUNA

El presente no es un momento evanescente: es la única eternidad.
El Tiempo es el samsara; el Presente es el nirvana.

WEI WU WEI

Ni más ni menos

¿Quién es el que está meditando? Si te sientas y cierras los ojos y te pones a buscar, nunca encontrarás al meditador. ¿Por qué razón meditas?

Por eso, mientras estés ahí, a la expectativa, o incluso abriéndote a la iluminación, nada sucederá. La anticipación es, por sí sola, suficiente para garantizarlo. Anticiparse es una función mental ligada al recuerdo del pasado y a las expectativas de lo que acontecerá en un futuro. Mientras se dé, no habrá posibilidad de que surja nada más. En cierta manera puedo decirte que, tanto si meditas como si no meditas, da igual.

Cuando ves y comprendes la naturaleza de «lo que es», su simplicidad, su inmediatez, su singularidad y su transitoriedad, también comprendes que la meditación formal es superflua. Estás sentado en la mesa de la cocina bebiendo café y surge el pensamiento: «Tendría que ir a meditar». Entonces te das cuenta de que no sirve de nada porque donde estás «es lo que es». Lo que es, es, ¿por qué ir a buscarlo escaleras arriba? Cuando aceptas esto es posible reconocer que lo que eres es conciencia absoluta. Ni más ni menos.

TONY PARSONS

¿Qué es esto?

Justo antes de morir a la edad de 60 años, Bassui se sentó en la postura del loto y dijo a los que se hallaban congregados a su alrededor:

—¡No os dejéis confundir! ¡Observad directamente! ¿Qué es esto?

Lo repitió en voz alta y entonces, tranquilamente, expiró.

BASSUI

Ésta es una gran pregunta: ¿Qué es esto? Esta mente, este ser, esta vida, este momento. ¿Qué es esto?

Sí

Como un atento e inmenso Anfitrión, dale la bienvenida
Dile «sí» a esto,
«sí» a esto y «sí»
a cada esto.

Tu verdadera vida llega
cuando has instalado tu pequeño comercio
en la intersección del Ahora y del Sí.
Reconoces todas las cosas como Emisarios
y manifestaciones de una Voluntad superior y misteriosa,
y a todo lo que *es* como una forma de soporte
(aunque lo que es soportado puede que no sea tu ego).
Cuando das la bienvenida a cada momento presente siempre,
el tiempo se detiene y te
conviertes en parte de **Ello**, en parte de la Divina Presencia.
Esta Presencia es sutil y animada
y sostiene tu conciencia sin esfuerzo alguno
de la misma manera que el agua mantiene flotando al bote.

Deja pues que tu conciencia sea vasta e inclusiva
como si todo estuviera aconteciendo
dentro de tu mente. Escúchalo todo,
míralo todo, siéntelo todo,
con este sencillo recibimiento en tus labios:
«Sí».

GARY ROSENTHAL

Vida es sólo este lugar, este instante y esta gente aquí y ahora.

VINCENT COLLINS

Estamos aquí y es ahora. Aparte de esto, todo conocimiento humano no es más que un reflejo.

H. L. MENCKEN

Solamente cuando dejamos de tener miedo empezamos a vivir en cada experiencia –dolorosa o placentera–, a vivir agradeciendo cada momento, a vivir en abundancia.

DOROTHY THOMPSON

Cada paso

Recorriendo este espacio ilusorio, como un sueño,
sin buscar las huellas que pueda haber dejado;
la canción del cuco me indica que vuelva a casa,
y al oírla, ladeo mi cabeza para ver
quién me dice que regrese.
Pero no me preguntes adónde voy
mientras viajo por este mundo limitado
donde cada paso que doy es mi casa.

DOGEN

Esta mañana

Esta mañana he nacido de nuevo y una luz brilla en mi tierra.
Ya no busco el cielo en tu mortal y distante tierra,
no quiero tus puertas del cielo, ni quiero tus calles de oro.
Esta mañana he nacido de nuevo y una luz brilla en mi alma.

Esta mañana he nacido de nuevo, y he nacido completo.
Me erguí por encima de mis problemas y me sostuve sobre mis propios
    pies.
Mi mano se siente ilimitada, mi cuerpo se percibe como el cielo.
Me siento en casa en el universo donde los planetas vuelan.

Esta mañana he nacido de nuevo, mi pasado ha muerto y desaparecido.
Este gran y eterno momento es mi gran y eterna alborada.
Cada gota de mi sangre, cada aliento de vida que respiro
se halla unido a esas montañas, y las montañas, al mar.

Siento sobre mí al sol. Sus rayos se arrastran por mi piel.
Respiro la vida de Jesús y la del viejo John Henry.
Y me doy a mí mismo, mi corazón y mi alma entera por ayudar a un
    amigo.
Esta mañana he nacido de nuevo, estoy en la tierra prometida.

WOODY GUTHRIE

Desbordándose

... Estando absolutamente quietos en medio de nuestro mundo conceptual y conflictivo podemos descubrir la explosión de unidad, de amor, que es la verdadera realidad de la vida.

Aquí está el reto. Detente. Mira. Escucha.
Nada se interpone.
Espontáneamente, la vida se desborda.

STEVEN HARRISON

Sé quietud y descubre que eres Dios.
Sé quietud y descubre que eres.
Sé quietud y descubre.
Sé quietud.
Sé.

*Llamo a esto: «La Oración de las Seis Líneas». La sexta
línea es mi favorita.*

Siéndolo todo

Vivimos en la confusión y en la irrealidad de las cosas.
Hay una realidad.
Tú eres esa realidad.
Cuando lo sepas,
sabrás que no eres nada,
y, no siendo nada,
lo eres todo.
Eso es todo.

KALU RINPOCHE

Toda la enseñanza

Ni pasado
ni futuro.

Mente abierta,
corazón abierto.

Completa atención,
sin reservas.

Eso es todo.

SCOTT MORRISON

Reflexiones

[*Lo que sigue son extractos de conversaciones
que he mantenido sobre este libro.*]

¿Y ahora, qué? ¿Qué puedo hacer para vivir en el ahora?

Josh: Date cuenta de cómo deseamos movernos, cambiar de marcha, establecer metas. Pero te sugiero que en vez de desplegar cualquier clase de plan espiritual, prestes una escrupulosa atención a los pensamientos mismos. ¿Qué está haciendo tu mente cuando planteas la pregunta: «¿Qué puedo hacer para vivir en el ahora?»

Bien, estoy tratando de ganar más consciencia del momento presente, de encontrar una manera de vivir esto en mi vida y alcanzar un lugar de paz.

Josh: Me estoy fijando en tu lenguaje: ganar, encontrar, alcanzar... me pregunto: ¿Dónde estás ahora?

Estoy sentado aquí, en esta habitación, y eso no se parece en nada a ninguna clase de estado iluminado. Es completamente vulgar.

Josh: En este instante tan corriente te animo a experimentar plenamente el estar sentado en esta habitación simplemente inspirando y espirando. ¿Puedes mantenerte aquí sin buscar una paz o iluminación futura?

Me parece que capto lo que quieres decir, pero es más fácil decirlo que hacerlo.

Josh: La atención en el presente no es «hacer» nada. Nuestras vidas pueden ser fácilmente consumidas por el esfuerzo, el buscar, el controlar –un mundo de esfuerzo y actividad siempre en movimiento–. Cuando buscamos la felicidad en otra parte o en otro momento, pasamos por alto la plenitud de lo que tenemos a mano. La paz a la que este libro apunta no se alcanza mediante la tensión o el esfuerzo. Cuando nos imaginamos que deberíamos tener unas experiencias más espirituales o más especiales, estamos ignorando la realidad inmediata y ordinaria, la cual, correctamente vista, es extraordinaria.

Muchos pasajes del libro dicen que el nirvana se encuentra justo delante de nuestros ojos. Veamos, delante de mis ojos sólo veo pura porquería. ¿Es esto el nirvana? ¿Qué es lo que no veo?

Josh: Cuando dices que sólo ves porquería, ¿ves las cosas como son o ves las cosas como *tú* eres? Fíjate en las veces en que tus pensamientos se encierran en un círculo repetitivo de interpretaciones, filtros, juicios y proyecciones. Hay un antiguo refrán: «Cuando un ratero encuentra a Buda en su camino, únicamente se fija en sus bolsillos». Cuando tu foco de atención es limitado, solamente ves los bolsillos de Buda. Te animo a que retrocedas y contemples a Buda en su totalidad.

¿Estás sugiriendo que éste es el estado iluminado?

Josh: Una buena pregunta... como un koan zen. ¿Qué es esto, este momento? No importa lo que los maestros espirituales digan o piensen. Lo que importa es como vives esa pregunta. Tú eres la única autoridad de tu vida. *Aquí* es donde sucede la exploración: en *este* momento y en *este* lugar. ¿Cuál es *tu* experiencia vital? Es una invitación abierta a descubrir cuál es tu realidad... ahora, ahora y ahora.

Has estado meditando durante muchos años y muchas de las contribuciones de tu libro proceden de maestros de meditación. Me pregunto: ¿debería meditar?

Josh: ¿Qué quieres decir con «meditar»? ¿Estás meditando ahora?

No, ahora estamos conversando. Me pregunto si tú crees que me ayudaría, por ejemplo, meditar cada mañana durante unos 30 minutos.

Josh: De manera que «meditar» es, para ti, estar sentado en silencio sobre un cojín, con los ojos cerrados y todas estas cosas, ¿no?

Correcto. Estoy tan atareado trabajando y ocupándome de mi familia que sólo por la mañana puedo tener un tiempo para mi espiritualidad.

Josh: Date cuenta de que estás convirtiendo la espiritualidad en algo separado de tu vida familiar y laboral. Estar atento en todos y cada uno de los momentos de tu vida es meditar. La definición más simple de meditación es: «Cuando veas, sólo ve; cuando escuches, sólo escucha». Sentarte en tu cojín de meditación es una forma particular de atención. Comer un sándwich, cambiar los pañales de tu hijo o negociar un contrato es también meditación.

Me doy cuenta de cómo toda acción realizada siendo plenamente consciente, es meditación. Pero es muy difícil para mí mantener ese nivel de atención.

Josh: ¿Escuchas ahora mis palabras?

Sí, desde luego.

Josh: ¿Te percibes a ti mismo sentado en esta habitación?

Sí.

Josh: Pues eso es todo: la conciencia natural cotidiana. No es necesario esforzarse ni forzar nada, ni buscar nada especial o distinto de este momento. Esto es meditación.

Sí, pero incluso mientras te oigo hablar estoy medio fantaseando sobre ir a comprar después. Mi mente se halla muy distraída con los pensamientos.

Josh: Los pensamientos no son el problema. Se hallan incluidos en la totalidad de este momento. Si nos fijamos podemos darnos cuenta de cómo aparecen, se quedan por ahí y luego desaparecen, todo de una manera relajada, abierta y acogedora.

Siempre estoy haciendo planes y preocupándome por lo que sucederá la próxima hora, esta noche, o la semana que viene. A veces eso me vuelve loco.

Josh: Algunos viven toda su vida en el futuro, en lo que yo llamo «otro momento», sin darse cuenta nunca. Lo he estado haciendo durante muchos años. Esta forma de ser es agotadora. Cuando descubres tu atención atrapada en algún imaginario futuro, deberías, suavemente, reconocerlo y devolverla a lo que tienes delante.

En este momento me siento tenso y molesto por una discusión que he tenido esta mañana con mi hermano.

Josh: La realidad para ti, en este momento, es una sensación de incomodidad y tensión. Me pasé años intentando ser santo tratando de distanciarme de mis pensamientos y mis sentimientos. Utilizaba un lenguaje espiritual para decirme a mí mismo que mis emociones eran fantasías. Finalmente me di cuenta de que me ayudaba más (y era más agradable) examinar los pensamientos que constituían el origen de mi incomodidad. Siempre que me siento tenso o enfadado me ayuda indagar en los supuestos y creencias subyacentes en la situación. Y descubrí que me resultaba más fácil identificar claramente esos pensamientos cuando aceptaba mis sentimientos de una manera más abierta. Respecto a tu disgusto con tu hermano, podrías prestar más atención a lo que te estás diciendo a ti mismo sobre él: cómo te ha tratado, qué debía haber hecho de otra manera, y cosas así.

¿No es esto más psicología que espiritualidad?

Josh: Cuando nos enfrentamos directamente a lo que estamos experimentando, las etiquetas como «psicología» o «espiritualidad» dejan de tener significado. Sólo existe la conciencia de lo que hay. Esta exploración tiene lugar en el momento presente. No es necesario analizar nuestra infancia o visualizar estados mentales positivos. Si algo es desagradable, examino mis pensamientos al respecto. Momento a momento, a medida que voy desvelando las falsedades, la realidad empieza a brillar por sí misma. Byron Katie lo llama «deshacer». Por cierto, creo que las cuatro preguntas de Katie son de gran ayuda.

Algunos de los maestros que aparecen en este libro nos animan a abandonar toda esperanza. No lo entiendo. Creo que el tener esperanzas es algo positivo, incluso maravilloso.

Josh: El tener esperanzas puede que sea positivo, pero se transforma fácilmente en un ignorar y evitar la vida tal y como es ahora. Y si nos convertimos en adictos a las esperanzas, nunca estamos aquí.

No te estoy sugiriendo que debas dejar de hacer planes. Simplemente considero cómo sería vivir en este presente real.

Creo que he hecho progresos gracias a la meditación y a otras prácticas espirituales. ¿Es eso una buena señal?

Josh: Cuando nos focalizamos en progresar, ¿cuál es el resultado? Estamos constantemente juzgándonos, confrontando nuestro estado mental con algún criterio, comparándonos con otros, y esforzándonos por alcanzar un estado de mayor sabiduría y santidad. Y esto puede resultar agotador. En su lugar, ¿por qué no dejas a un lado toda noción de «mejorar» y te relajas en la claridad de tu propio estado natural?

Mi amigo se pasó años en un ashram *de la India y parece que logró muchas cosas. Sigo pensando que yo debería ir allí.*

Josh: Nuestras mentes piensan con frecuencia en los demás, en otros lugares, en otros momentos. Podría resultarte muy útil darte cuenta de eso. En este momento, ¿qué tiene que ver contigo la vida de tu amigo? Cuando te lo imaginas en la India, ¿qué imágenes surgen en tu mente?

[Riendo] Bien, lo visualizo meditando en un exótico jardín, rodeado de pavos reales, y recibiendo secretas enseñanzas de algún iluminado gurú que resplandece en la oscuridad.

Josh: Es una buena imagen. ¿Estás de acuerdo en que esas imágenes se desarrollan por completo en tu mente? Tú eres el guionista-director y has elegido a tu amigo como la estrella de esta película ficticia que has creado. Y no es un documental. Cuando ves esa película, ¿qué piensas?

Pienso que si no voy a la India, me lo perderé.

Josh: Date cuenta del sentimiento que subyace en «me lo perderé». La mayoría de nosotros mantenemos una relación con eso; es una vieja historia. ¿Hay otros instantes en tu vida en los que sientas que te estás perdiendo algo, en los que anheles estar en otra parte o hacer algo diferente, o mejor?

Sí. Probablemente tengo esos pensamientos varias veces al día.

Josh: Creo que esas historias recurrentes –»me lo estoy perdiendo», «no soy suficientemente bueno», «esto no debería estar sucediendo»– son los naturales koans zen de la vida cotidiana. Esos koans emergen muchas veces al día bajo diferentes disfraces. No es necesario que busques a un maestro Zen para que te los plantee.

Fijarme en mis historias no resulta muy espiritual. ¿No debería tener alguna clase de experiencia mística?

Josh: Realmente, eso es tan espiritual como lo quieras tomar. La realidad es como es: en este momento, justo aquí. No necesitamos buscar en otra parte, algo más, otras experiencias, otros mundos o realidades. Éste es el gran secreto, el secreto abierto. Dar la bienvenida a esa realidad puede ser una gran revolución.

¿Estás sugiriendo que hay un acercamiento «súbito»a la iluminación, un «atajo», como opuesto a un lento proceso gradual?

Josh: «Súbito» o «gradual», son conceptos basados en la fantasía de lograr algo. La atención despierta está más allá de esos conceptos. Cuando nos abandonamos estando abiertos, estamos en la eternidad, misteriosa, intemporal, más allá de todo pensamiento o concepto. Esta verdad se halla más próxima a ti que tus ojos. No necesitamos ser avanzados meditadores para darnos cuenta de ella.

¿De modo que no son necesarios años de práctica para realizar esto?

Josh: Buscar implica tiempo, pero «ver», no. Sí; puedes estar buscando durante décadas o verlo en este instante. ¿Por qué esperar?

¿De manera que lo único que he de hacer es llevar una vida normal, contento y feliz de ser yo mismo, sin meditar ni practicar nada?

Josh: No necesitamos de ninguna vida santa o especial aparte de la que vivimos. Nuestra vida cotidiana es perfecta y suficiente. Este momento actual es suficiente. Has mencionado ser, sencillamente, tú mismo. Aquí tienes algunas preguntas para reflexionar: «¿Quién eres «tú»?», «¿Quién es este «ser» que eres?»

¿Estás en contra de las prácticas espirituales?

Josh: No. La distinción que hago se refiere a la manera en que se desarrollan esas prácticas espirituales. Si un determinado método te ayuda a ver con claridad, ¡maravilloso! Sin embargo, determinadas suposiciones subyacentes o no expresadas que puedas tener mientras te hallas realizando prácticas espirituales pueden hacer que te sea virtualmente imposible estar presente. Mi propia experiencia es que la verdad no se halla en ninguna práctica o tradición determinada. Las grandes enseñanzas y los grandes maestros solamente apuntan hacia nuestra esencia, independientemente de cualquier práctica que puedas decidir emprender.

No me puedo imaginar sin hacer planes para el futuro. ¿Cómo se puede funcionar así en el mundo real?

Josh: No podemos vivir en el futuro. Solamente podemos vivir la vida en este momento. En un nivel práctico, desde luego, estamos haciendo planes a días, meses y años vista. Eso es irracional, pero lo que sucede es que nuestras mentes pueden quedarse atrapadas en un constante estado de focalización futura. La realidad es que ni conocemos, ni podemos, controlar el futuro. Cuando prestamos atención al momento presente, nuestra vida resulta enriquecida y plena, sin tener que preocuparnos por el mañana más que en la medida en que lo hacen los lirios del campo. A lo que me refiero con esto es a la manera en que opera la mente para que, por ti mismo, seas capaz de ver cómo ser libre en tu hogar y en tu vida.

Quiero mejorar el mundo para mis hijos y cambiar mi vida por una mejor. Si vivo plenamente el presente, ¿no me volveré pasivo?

Josh: En absoluto. Imaginemos que, de repente, se incendiara este edificio. Instantánea, espontáneamente darías un salto, te pondrías en movimiento con rapidez y ayudarías a la gente a huir de las llamas e incluso realizarías alguna acción de valor. Tu cuerpo-mente reacciona de mil maneras que no requieren pensar. De hecho, posee una inteligencia que trasciende todo lo que conscientemente puedas saber. Ser consumido por pensamientos como: «Esto no debería estar sucediendo», o «¿Por qué yo?», puede afectar negativamente a tu respuesta.

Cuando respondes a la vida en la medida en que ésta se va desarrollando en el presente, te relacionas íntimamente con la gente y con el mundo que te rodea. No hay distancia alguna. Es lo opuesto a la pasividad. Estás abierto y contribuyes activamente de modos y maneras inimaginables en este instante.

Me gustaría volver a preguntarlo: ¿hay algo que pueda hacer para practicar esto?

Josh: No hay nada que practicar, ni nada que conseguir, ni ningún lugar al que hayas de ir. Todo se centra en la vivencia de este momento. En realidad es muy sencillo. No se requiere de filosofía, religión o conceptualización alguna. El reconocimiento directo es la clave. Entonces, todos y cada uno de los momentos se convierten en meditación, en sobria atención. El nirvana es aquí y ahora.

Fuentes y permisos

Quiero expresar mi gratitud por su sabiduría a todos aquellos que han contribuido a esta recopilación. Los textos seleccionados proceden de libros, artículos de revistas, entrevistas en periódicos, canciones, obras de teatro, películas, poemas, relatos personales, cintas de audio, transcripciones y archivos privados, procurando por todos los medios la mayor exactitud respecto a los originales. Cualquier omisión o error ha sido no intencionado. Para los textos más extensos de prosa y poesía se indican las consiguientes autorizaciones. Los textos más breves se han considerado cubiertos por las autorizaciones de la legislación sobre derechos de reproducción. Se incluyen las direcciones de internet correspondientes para que los lectores puedan obtener una mayor información adicional. Quiero agradecer a Fred Courtright y Cathy Gruber, de la Permissions Company, sus esfuerzos por conseguir las necesarias autorizaciones.

Las fuentes bibliográficas de los textos vienen ordenadas alfabéticamente.

Abbey, Edward, *Desert Solitaire*, (Ballantine Books, 1991)

Acocella, Joan, *Article: Second Act*, (*New Yorker Magazine*, 6 January 2003).

Adams, Robert, *Silence of the Heart*, (Copyright © 1987 de The Infinity Institute.).

Adyashanti, *My Secret Is Silence*, (Copyright © 2003 de Adyashanti. Con permiso de Open Gate Publishing.); www.zen-satsang.org

Al-Hallaj, Mansur – poema atribuido a Mansur.

Alexander, Christopher, *The Timeless Way of Building*, (Oxford University Press, 1979); www.patternlanguage.com

Almaas, A.H., *The Diamond Heart: Book Three* (Copyright © 1990 de A.H. Almaas) y *The Pearl Beyond Price (*Copyright © 2000 de A. H. Almaas), con permiso de Shambhala Publications, Inc.); www.shambhala.com; www.ridhwan.org

Ardagh, Arjuna Nick, *Wide Awake*, editado por Quidam Green Meyers, (The Book Three, 2002); www.livingessence.com

Baba, Meher, *Discourses*, (Copyright © 1987 de Avatar Meher Baba P.P.C. Trust. Con permiso de Avatar Meher Baba Perpetual Public Charitable Trust, Ahmednagar, India.); www.meherbaba.com

Babcock, Donald C., «The Little Duck,» (*New Yorker Magazine*, 4 Octubre, 1947, vol. 23, nº 33)

Ball, Alan, *American Beauty,* guión

Balsekar, Ramesh S., *A Net of Jewels*, (Copyright © 1996 de Ramesh K. Balsekar. Con permiso de Advaita Press.); www.advaita.org; www.ramesh-balsekar.com

Bamford, Christopher, *In the Presence of Death*, (Lapis, 1999. Con permiso del autor.)

Bamidbar Rabba, *Eyes Made for Wonder*, de Lawrence Kushner, (Jewish Lights, 1998)

Bankei, *Bankei Zen*, traducido por Peter Haskel, (Grove Weidendeld, 1990)

Barbour, Julian, *The End of Time*, (Oxford University Press, 1999)

Bassui, *Three Pillars of Zen*, de Philip Kapleau, (Copyright © 1989 de Roshi Philip Kapleau. Con permiso de Doubleday, una división de Random House, Inc.); *Mud and Water* de Arthur Braverman, (North Point Press, 1989)

Batchelor, Stephen, *Buddhism Without Beliefs*, (Copyright © 1998 de Stephen Batchelor & The Buddhist Ray, Inc. Con permiso de Riverhead Books, una división de Penguin Putnam Inc.)

Bayda, Ezra, *Being Zen*, (Copyright © 2002 de Ezra Bayda. Con permiso de Shambhala Publications, Inc.); www.shambhala.com

Beckett, Samuel, *Collected Poems in English and French*, (Copyright © 1961 de Samuel Beckett. Con permiso de Grove/Atlantic, Inc. and Calder Publishers, Ltd.)

Bennett-Goleman, Tara, *Emotional Alchemy*, (Harmony Books, 2001); www.emotionalalchemy.com

Berger, John, *The Shape of a Pocket*, (Pantheon Books, 2001)

Berger, K.T., *Zen Driving*, (Ballantine Books, 1988)

Bhagavad Gita, traducido por Stephen Mitchell, (Copyright © 2000 de Stephen Mitchell. Con permiso de Crown Publishing Group, una división de Random House Inc.); www.stephenmitchellbooks.com

Blackburn, Albert, *Now Consciousness*, (Idlywild Books, 1983)

Boehme, Jacob, *The Confessions of Jacob Boehme*, traducido por Frederick D. Maurice, (Methuen and Company, 1920)

Boorstein, Sylvia, *Pay Attention, For Goodness Sake*, (Ballantine Books, 2002); www.spiritrock.org

Boucher, Sandy, *Hidden Spring*, (Wisdom Publications, 2000); http://sandyboucher.com

Brach, Tara, *Radical Acceptance,* (Bantam Books, 2003); www.imcw.org

Brother Lawrence, *Ordinary Graces*, (Pickwick Publications, 1989)

Brown, Edward Espe, *Tomato Blessings and Radish Teachings,* (Riverhead Books, 1997); www.yogazen.com

Buddha, «Udana 4:1»; «Samyuta Nikaya, XXXV 23»; «Khuddaka Nikaya»; *The Buddha Speaks*, (Copyright © 2000 de Anne Bancroft. Con permiso de Shambhala Publications, Inc.); *Connected Discourses of the Buddha*, (Wisdom Publications, 2002)

Buechner, Frederick, *Listening to Your Life; Now & Then*, (Copyright © 1992 de Frederick Buechner. Con permiso de HarperCollins Publishers, Inc. y the Harriet Wasserman Literary Agency, Inc.)

Burroughs, John – www.ecotopia.org/ehof/burroughs/apprec.html

Capote, Truman, *A Christmas Memory*, (Knopf, 1989)

Carse, James P., *Breakfast at the Victory*, (HarperCollins, 1994)

Chah, Ajahn, *365 Buddha*, (Funny Publishing Ltd., 1993)

Chase, Mildred, *Just Being at the Piano*, (Creative Arts Books, 1985)

Chinul, *Minding Mind: Secrets of Cultivating the Mind*, traducido por Thomas Cleary, (Shambhala Publications, 1995)

Chödrön, Pema, *The Places that Scare You*, (Copyright © 2001 de Gampo Abbey. Con permiso de Shambhala Publications, Inc.); www.shambhala.com; www.gampoabbey.org

Chuang Tzu, *The Complete Works of Chuang Tzu*, traducido por Burton Watson, (Columbia University Press, 1968)

Cohen, Leonard, «Anthem» de *Stranger Music Selected Poems and Songs*, (Toronto McClelland & Stewart, 1994); www.leonardcohen.com

Connor, James A., *Silent Fire*, (Crown Publishers, 2002)

Cooper, David A., *The Heart of Stillness*, (Bell Tower, 1992)

Cushnir, Raphael, *Unconditional Bliss*, (Quest Books, 2000); *Wide Awake*, Quidam Green Meyers, (The Book Three, 2002); www.livingthequestions.org

Daibai, *Zen Poems of China and Japan*, editado por Lucien Stryk, Takashi Ikemoto, and Taigan Takayama. (Copyright © 1973 de Lucien Stryk, Takashi Ikemoto, and Taigan Takayama. Con permiso de Doubleday, una división de Random House, Inc.)

Dalai Lama, *The Essence of the Heart Sutra*, traducido y editado por Geshe Thupten Jinpa, (Wisdom Publications, 2002)

Das, Lama Surya – Reeditado con permiso del autor. www.dzogchen.org

Dass, Ram, *Be Here Now*, (Crown Publishers, 1971. Con permiso de Hanuman Foundation.); *Still Here*, (Riverhead Books, 2000); www.ramdasstapes.org

Data, Omkara – www.coresite.cjb.net

Davies, Paul, *That Mysterious Flow*, (Copyright © 2002 de Scientific American, Inc. Todos los derechos reservados.)

De Caussade, Jean-Pierre, *The Sacrament of the Present Moment*, (Harper San Francisco, 1982, 1989)

De Mello, Anthony, *Awareness*, (Image Books – Doubleday, 1990); *One Minute Wisdom*, (Image Books – Doubleday, 1988); www.demello.org

Deida, David, *Naked Buddhism; Waiting to Love*, (Copyright © 2001, 2002 de David Deida. Con permiso de Plexus); info@deida.com, 888-626-9662; www.deida.com

Deshimaru, Taisen, *The Ring of the Way*, (E.P. Dutton, 1983)

Dogen, *Enlightenment Unfolds*, editado por Kazuaki Tanahashi, (Copyright © 1999 de San Francisco Zen Center. Con permiso de Shambhala Publications, Inc.); *The Zen Poetry of Dogen*, de Steven Heine, (Copyright © 1997 de Steven Heine. Con permiso del traductor; Charles Tuttle publisher.); *Shobogenzo: Zen Essays by Dogen*, traducido por Thomas Cleary, (Copyright © 1986 de Thomas Cleary. Con permiso de University of Hawai Press.)

Dostoyevsky, Fyodor, *The Possessed*, (Random House, Modern Library, 1936)

Eckhart, Meister, *Meister Eckhart: A Modern Translation*, traducido por Raymond Blakney, (Copyright © 1941 de Harper & Brothers. Con permiso de HarperCollins Publishers, Inc.)

Eliot, T.S., *Four Quartets*, (Copyright 1940 de T.S. Eliot, renewed © 1968 de Esme Valerie Eliot. Con permiso de Harcourt, Inc. y Faber and Faber, Ltd.); *Ash Wednesday*, (Faber and Faber, 1963)

Elliot, Holy Bridges, *Behold God in Many Faces*, (St. Mary's Press, 1993)

Emerson, Ralph Waldo, *Self-Reliance*, 1841

Epstein, Mark, *Thoughts Without a Thinker*, (Basic Books, 1996)

Feldman, Christina, *The Buddhist Path to Simplicity*, (Thorsons, 2001); www.gaiahouse.co.uk

Fenner, Peter – Con permiso del autor; www.wisdom.org

Foyan, *Instant Zen: Waking Up in the Present*, editado por Thomas Cleary, (North Atlantic Books, 1994)

Franck, Frederick, *The Stereopticon*, (Copyright © 1997. Con permiso de *Parabola*, the Magazine of Myth and Tradition.)

Freemantle, Francesca, *Luminous Emptiness*, (Copyright © 2000 de Francesca Freemantle. Con permiso de Shambhala Publications, Inc.); www.shambhala.com

Gallagher, Winifred, *Spiritual Genius*, (Random House, 2001)

Gampopa, *The Jewel Ornament of Liberation*, traducido por Herbert V. Guenther, (Shambhala Publications, 1971, Copyright © 1959 de Herbert V. Guenther. Con permiso de Georges Borchardt, Inc.)

Gangaji – www.gangaji.org

Gita, Ashtavakra, *The Heart of Awareness: Ashtavakra Gita*, traducido por Thomas Byrom, (Copyright © 1990 de Thomas Byrom. Con permiso de Shambhala Publications, Inc.); www.shambhala.com

Glassman, Bernie, *Infinite Circle*, (Copyright © 2002 de Bernie Glassman. Con permiso de Shambhala Publications, Inc.); www.peacemakercommunity.org; www.shambhala.com

Goldberg, Natalie, *Thunder and Lightning, Cracking Open the Writer's Craft*, (Bantam Books, 2000); www.nataliegoldberg.com

Goldstein, Joseph, *The Experience of Insight,* (Shambhala Publications, Inc., 1987); www.dharma.org

Gorrell, Donna Lee, *Perfect Madness*, (Copyright © 2001 de Donna Lee Gorrell. Con permiso de Inner Ocean Publishing, Inc.)

Gross, Philippe L. and Shapiro, S.I., *The Tao of Photography*, (Ten Speed Press, 2001)

Guillevic, *Selected Poems*, Traducido por Denise Levertov. (Copyright © 1968, 1969 de Denise Levertov Goodman and Eugene Guillevic. Con permiso de New Directions Publishing Corporation.)

Gunaratana, Henepola, *Mindfulness in Plain English*, (Wisdom Publications, 1993); www.bhavanasociety.org

Gurdjieff, George I., *Gurdjieff: The Anatomy of a Myth*, de James Moore, (Element, 1991)

Guthrie, Woody, «This Morning I Was Born Again» (Copyright © 2000 de Woody Guthrie Publications Inc.); www.woodyguthrie.org

Gyaltsap, Shechen, *The Spirit of Tibet*, traducido por Padmakara
Translation Group, (Copyright © 1996 de Padmakara Translation
Group. Con permiso del traductor.)

Gyamtso, Tsultrim Khenpo, *The Three Nails, Part II*, traducido por Ari
Goldfield. (*Bodhi Magazine*, Nov 6–7, 1999); http://ktgrinpoche.org

Hafiz, *The Subject Tonight Is Love*, traducido por Daniel Ladinsky,
(Copyright © 1996 de Daniel Ladinsky. Pumpkin House Press.)

Hagen, Steve, *How the World Can Be Like This*, (Copyright © 1995 de
Steve Hagen. Con permiso de Quest Books/The Theosophical
Publishing House, Wheaton, Ill); www.dharmafield.org

Hancock, Butch, *Circumstance*, (Copyright © 1999 de Two Roads
Music (BMI)/Administered by BUG. Todos los derechos reservados).

Hanh, Thich Nhat, *Be Free Where You Are*, (Copyright © 2000 de
Thich Nhat Hanh. Con permiso de Parallax Press.); *Miracle of
Mindfulness*, (Beacon Press, 1999); www.plumvillage.org;
www.parallax.org

Harding, Douglas, *Face to No-Face*, (Inner Directions Publishing,
2000),

Hare, David, *The Hours*, guión basado en la novela de Michael Cunnin-
gham, (Miramax/Hyperion, 2003); www.doingnothing.com

Harrison, Steven, *Getting to Where You Are*, (Tarcher/Putnam, 1999);
The Question to Life's Answers, (Sentient Publications – 2002);
Being One, (Sentient Publications – 2002);

Heart Sutra – traducido por la Comunidad Zen de Nueva York.

Hendricks, Gay, *A Year of Living Consciously*, (HarperSanFrancisco,
1998), www.hendricks.com

Heraclitus, *Fragments: The Collected Wisdom of Heraclitus*, traducido
por Brooks Haxton, («Fragment 41»), (Copyright © 2001 de
Brooks Haxton. Con permiso de Viking Penguin, una división de
Penguin Putnam Inc.)

Hesse, Hermann, *Siddhartha*, traducido por Hilda Rosner, (Copyright
© 1951 de New Directions Publishing Corporation, escrito en 1920).

Housden, Maria, *Hannah's Gift*, (Copyright © 2002 de Maria Housden. Con permiso de Bantam Books, una división de Random House, Inc.)

Huber, Cheri, *There Is Nothing Wrong With You*, (Keep It Simple Books, 1993); *That Which You Are Seeking Is Causing You To Seek*, (Un centro de meditación budista, 1990); www.thezencenter.org

Hui-Neng, *The Sutra of Hui-Neng*, traducido por Thomas Cleary, (Copyright © 1998 de Thomas Cleary. Con permiso de Shambhala Publications, Inc.); www.shambhala.com

Huxley, Aldous, *Island*, (Harper and Row, 1962); http://somaweb.org

Indian Parable, *Wisdom of India: Fairy Tales and Parables* de Heinrich Zimmer

Ingram, Catherine, *Passionate Presence*, (Gotham Books, 2003); www.dharmadialogues.org

Ionesco, Eugene – *Learning by Heart*, de Corita Kent y Jan Steward, (Bantam, 1992)

Jakushitsu, Genko, *A Quiet Room: The Zen Poetry of Zen Master Jakushitsu*, traducido por Arthur Braverman, (Copyright © 2000 de Arthur Braverman. Con permiso de Charles E. Tuttle Co., Inc. of Boston, Massachusetts and Tokyo, Japan.)

Jesus, *The Gospel of Thomas*, traducido por Stephen Mitchell. Con permiso del traductor; *The Gospel of Thomas*, the Nag Hammadi Library, Stanzas 113 and 3, editado por James M. Robinson, (HarperCollins, 1978, 1988)

Johnson, Spencer, *The Precious Moment*, (Copyright © 1981 de Spencer Johnson. Con permiso de Doubleday, una división de Random House, Inc.)

Joko Beck, Charlotte, *Everyday Zen*, (HarperSanFrancisco, 1989)

Joshu, *The Recorded Sayings of Zen Master Joshu*, traducido por James Green, (Shambhala Publications, 1998)

Jourdain, Stephen, *Radical Awakening*, (Inner Directions Publishing, 2001); www.innerdirections.org

Kabat-Zinn, Jon, *Wherever You Go, There You Are*, (Hyperion, 1994); www.mindfulnesstapes.com

Kabir, *The Kabir Book*, traducido por Robert Bly, (Copyright © 1977 de Robert Bly. Con permiso del traductor.)

Kalu Rinpoche, *The Message of the Tibetans* de Arnaud Desjardins (Stuart and Watkins, 1969); www.kdk.org

Kane, Ariel and Shya, *Working on Yourself Doesn't Work*, (ASK Productions, 1999); www.ask-inc.com

Katie, Byron, *Loving What Is*, escrito con Stephen Mitchell, (Harmony Books, 2002); www.thework.com

Kaye, Les, *Zen at Work*, (Crown Trade Paperbacks, 1996); www.howardwade.com/kannon_do/kdo.html

Kazantzakis, Nikos, *Zorba the Greek*, traducido por Carl Wildman, (Scribner/Simon & Schuster, 1952, renewed 1981)

Keating, Thomas, *An Interview with Thomas Keating*, (*Parabola,* the Magazine of Myth and Tradition, Febrero 1990); www.centeringprayer.org

Keizan, *The Record of Transmitting the Light*, traducido por Francis Dojun Cook, (Center Publications, 1981); *Transmission of Light*, traducido por Thomas Cleary, (North Point Press, 1990)

Kerouac, Jack, *The Scripture of the Golden Eternity*, (Copyright © 1960 de Jack Kerouac. Con permiso de City Lights Books.)

Keyes, Roger, *Hokusai Says*. Con permiso del autor.

Khema, Ayya, *Be an Island*, (Wisdom Publications, 1999)

Khen, Nyoshul, *Natural Great Perfection*, traducido por Lama Surya Das, (Copyright © 1995 de Surya Das. Con permiso de Snow Lion Publications.); www.dzogchen.org

Khyentse, Dilgo, *The Hundred Verses of Advice of Padampa Sangye*, traducido por Padmakara Translation Group, (Copyright © 2002. Con permiso de Shambhala Publications, 2004; www.shechen.org

Kim, Jae Wong, *Polishing the Diamond*, traducido por Yoon Sang Han, (Wisdom Publications, 1999)

Kitchens, James A., *Talking to Ducks*, (Fireside Book/Simon and Shuster, 1994)

Klein, Jean, *The Ease of Being*, (The Acorn Press, 1981); www.jeanklein.org

Ko Un, *Beyond Self*, traducido por Young-Moo Kim y Brother Anthony, (Copyright © 1997 de Young-Moo Kim y Brother Anthony. Con permiso de Parallax Press); www.parallax.org

Koestler, Arthur, *The Invisible Writing*, (Beacon Press, 1954)

Kornfield, Jack, *The Art of Forgiveness, Lovingkindedness, and Peace*, (Copyright © 2002 de Jack Kornfeld. Con permiso de Bantam Books, una división de Random House, Inc); *After the Ecstasy, the Laundry*, (Bantam Books, 2000); www.spiritrock.org

Krishnamurti, J., *On God*, (Copyright © 1992 de Krishnamurti Foundation Trust, Ltd. and Krishnamurti Foundation of America. Con permiso de HarperCollins Publishers, Inc); *In the Light of Silence and Surely, Freedom from the Self*, (Con permiso de the Krishnamurti Foundation Trust); www.kfa.org, www.kfoundation.org

Kushner, Lawrence, *God Was In This Place and I Did Not Know*, (Copyright © 1998 de Lawrence Kushner. Con permiso de Jewish Lights Publishing, P.O. Box 237, Woodstock, VT 05091); www.jewishlights.com

Lama Shabkar, *The Flight of the Garuda*, traducido por Keith Dowman, (Wisdom Publications, 1994)

Lerner, Marc, «Holding Silence's Hand, (Con permiso del autor); marclerner@lifeskillsinc.com

Levine, Stephen, *A Year To Live; Healing Into Life and Death*, (Copyright © 1997 de Stephen Levine. Con permiso de Bell Tower, una división de Random House, Inc.)

Levitt, Peter, *100 Butterflies*, (Broken Moon Press, Copyright © 1992 de Peter Levitt. Con permiso del autor.); www.johnclilly.com

Lilly, John – www.johnclilly.com

Lin-Chi (Rinzai), *Zen Teachings of Master Lin-Chi*, traducido por Burton Watson, (Columbia University Press, 1999)

Locker, Thomas, *Walking with Henry*, (Copyright © 2002 de Thomas Locker. Con permiso de Fulcrum Publishing)

Loy, David, *Non-Duality*, (Humanity Books, 1988 y 1998)

Lozoff, Bo, *It's a Meaningful Life*, (Viking, 2000); www.humankindness.org

Lucille, Francis – del manuscrito inédito *Eternity Now*; www.francislucille.com

Lusseyran, Jacques, *And There Was Light*, traducido por Elizabeth R. Cameron, (Parabola Books, Copyright © 1963 de Elizabeth R. Cameron. Con permiso de Little, Brown and Company.)

Ly Ngoc, Kieu, *Women in Praise of the Sacred*, traducido por Thich Nhat Hanh and Jane Hirshfield, (Copyright © 1994 de Thich Nhat Hanh and Jane Hirshfield. Con permiso de HarperCollins Publishers, Inc. y Michael Katz.)

Maezumi, Taizan, *Appreciate Your Life: The Essence of Zen Practice*, (Copyright © 2001 de White Plum Asanga, Inc. Con permiso de Shambhala Publications, Inc.); www.shambhala.com; www.zcla.org

Magid, Barry, *Ordinary Mind*, (Wisdom Publications, 2002); www.ordinarymind.com

Maharaj, Nisargadatta, *Yo Soy Eso*, Editorial Sirio; *Nectar of Immortality*, editado por Robert Powell, (Blue Dove Press, 2001); www.nisargadatta.net

Maharshi, Ramana, *Talks with Sri Ramana Maharshi*, (T.N. Venkataraman, 1989); *The Essential Teachings of Ramana Maharshi*, (Inner Directions Publishing, 2001); www.ramana-maharshi.org

Main, John, www.wccm.org

Manson, Herbert, *The Death of al-Hallaj*, (University of Notre Dame Press, 1979)

Maslow, Abraham, *Religions, Values and Peak Experiences*, (Viking, 1970); www.maslow.com

Matthiessen, Peter, *The Snow Leopard*, (Viking, 1978)

Maung, U Kyi, *Instinct for Freedom* de Alan Clements, (New World Library, 2002)

McEwan, Ian, «Joy» de *Hockney's Alphabet*, editado por Stephen Spender, (Random House in association with the American Friends of AIDS Crisis Trust, 1991)

McLeod, Ken, *Wake Up to Your Life*, (HarperCollins, 2001); www.unfetteredmind.org

Merton, Thomas, *In Silence: The Collected Poems of Thomas Merton*, (Copyright © 1977 de Abbey of Gethsemani. Con permiso de New Directions Publishing Corporation.); www.merton.org

Metzger, Deena, *Looking for the Faces of God*, (Copyright © 1989 de Deena Metzger. Con permiso de Parallax Press.); www.parallax.org

Miller, Arthur, *After the Fall*, (Penguin Edition, 1964, 1992)

Miller, Henry, *Standing Still Like the Hummingbird*, (New Dimension Book, 1962); *The Wisdom of the Heart*, (New Directions, 1941); *Plexus*, (Grove Press, 1987); www.henrymiller.org

Mitchell, Stephen, «The Answer» from *The Wishing Bone,* (Candlewick Press, 2003)

Morissette, Alanis, letra de «Thank U» (Ballard/Morissette © 1999. Universal/MCA Music Publishing. A.D.O. Universal Studios Inc.)

Morrison, Scott, *The Gentle Art of Not-Knowing*, (Renaissance Memes, LLC, 2000. Con permiso del autor; www.openmindopenheart.org

Moss, Richard, Con permiso de Richard Moss; www.richardmoss.com

Nagarjuna, *Mahamudra* de Takpo Tashi Namgyal, (traducción Copyright © 1987 de Lobsang Lhalungpa. Con permiso del traductor. Shambhala Publications.); *Verses from the Center*, traducido por Stephen Batchelor, (Copyright © 2000 de Stephen Batchelor. Con permiso de Riverhead Books, una colección de Penguin Putnam Inc.)

Nakagawa, Soen, *One Bird, One Stone*, de Sean Murphy, (Renaissance Books/St. Martin's Press, 2002); www.murphyzen.com

Norris, Gunilla, *Journeying in Place*, (Bell Tower/Harmony, 1994).

Nouwen, Henri J.M., *Here and Now*, (Crossroad, 1994, 1997); http://nouwen.net

Nyima, Chokyi, *Indisputable Truth*, (Copyright © 1996 de Chokyi Nyima Rinpoche, traducido por Erik Pema Kunsang. Rangjung Yeshe

Publications.); www.choklingtersar.org; www.shedrub.org; www.rangjung.com

Oliver, Mary, *New and Selected Poems*, (Copyright © 1992 de Mary Oliver. Con permiso de Beacon Press.)

O'Neill, Eugene, *Long Day's Journey into Night*, (Copyright © 1956 de Eugene O'Neill. Con permiso de Yale University Press.)

Orme-Johnson, David W., – Submission #00048 from The Archive of Scientists' Transcendent Experiences (TASTE), Dr. Charles T. Tart; www.issc-taste.org

Osho, *What Is, Is, What Ain't, Ain't*, (1980); *Ah This!* (2001), Con permiso de Osho International Foundation; www.osho.com

Packer, Toni, *The Light of Discovery*, (Copyright © 1999 de Toni Packer. Con permiso de Charles E. Tuttle Co., Inc. of Boston, Massachusetts and Tokyo, Japan); *The Wonder of Presence*, (Shambhala Publication, 2002); *A Quiet Space*, (Springwater Center Newsletter, Fall 2001. Con permiso del autor.); www.springwatercenter.org

Padmasambhava, *Self-Liberation through Seeing with Naked Awareness*, de John Myrdhin Reynolds, (Snow Lion Publications, 2000)

Pai-Chang, *The Teachings of Zen*, traducido por Thomas Cleary, (Barnes & Noble, and Shambhala Publications, 1998)

Parsons, Tony, *As It Is*, (Inner Directions Foundations, 2000); www.theopensecret.com

Patrul Rinpoche, *Buddha Mind*, traducido por Tulku Thondup Rinpoche, (Snow Lion Publications, 1989); *Simply Being*, (Vajra Press, 1994, 1998); www.snowlionpub.com

Pessoa, Fernando, *Poems of Fernando Pessoa*, traducido por Edwin Honig and Susan M. Brown, (Copyright © 1986 de Edwin Honig and Susan M. Brown. Con permiso de City Lights Books.)

Phillips, Jan, *God Is At Eye Level*, (Quest Books, 2000); www.janphillips.com

Po, Huang, *The Zen Teachings of Huang Po*, traducido por John Blofeld, (Grove Press, 1958)

Poonja, H.W.L., *The Truth Is*, recopilado por Prashanti De Jager, (Samuel Weiser, 1995–2000); *Nothing Ever Happened, Volume 3*, de David Godman, (Avadhuta Foundation, 1998); www.poonja.com

Powell, Robert, *Dialogues on Reality*, (Blue Dove Press, 1996)

Rabbin, Robert, *The Sacred Hub*, (The Crossing Press, 1996); www.robrabbin.com

RERU – Archived experiences (#1263, #1802, #1916, #3670, and #4440) from the Religious Experience Research Centre, Alister Hardy Trust, Department of Theology and Religious Studies, University of Wales, Lampeter. Con permiso de Alister Hardy Trust; algunos relatos aparecen en *Seeing the Invisible* de Meg Maxwell and Verena Tschudin, (Penguin Group, 1991), and Common Experience de J.M. Cohen y J-F. Phipps, (Random Century Group Ltd., 1992); www.alisterhardytrust.org.uk

Ricard, Matthieu and Thuan, Trinh Xuan, *The Quantum and the Lotus*, (Crown Publishers, 2001); www.shechen.org; www.padmakara.com

Richmond, Lewis, *Work as Spiritual Practice*, (Broadway Books, 1999); www.lewisrichmond.com

Rilke, Rainer Maria, *Letters to a Young Poet*, traducido por Stephen Mitchell (Copyright © 1986 de Stephen Mitchell. Con permiso de Random House, Inc.); *The Selected Poetry of Rainer Maria Rilke*, traducido por Stephen Mitchell, (Random House, 1982); www.stephenmitchellbooks.com

Rohr, Richard, *Radical Grace*, (St. Anthony's Messenger Press, 1995)

Rosenberg, Larry, *Living in the Light of Death*, (Copyright © 1986 de Larry Rosenberg. Con permiso de Shambhala Publications, Inc.); www.shambhala.com; http://members.bellatlantic.net/~vze4b9v8

Rosenberg, Marshall B. (Ph.D.) – Con permiso del autor; www.cnvc.org

Rosenthal, Gary – «Yes», Con permiso del author; www.pointbonitabooks.com

Rothenberg, David, *Blue Cliff Record: Zen Echoes*, (Copyright © 2001 de David Rothenberg. Con permiso de Codhill Press.)

Rumi, *The Essential Rumi*, traducido por Coleman Barks y John Moyne, (HarperCollins/Castle Books, Copyright © 1995 de Coleman Barks and John Moyne. Con permiso de Coleman Barks); *Rumi: In the Arms of the Beloved*, traducido por Jonathan Star, (Copyright © 1997 de Jonathan Star. Con permiso de Penguin Putnam Inc.)

Sacks, Oliver, *A Leg to Stand On*, (Touchstone/Simon & Schuster, 1984); www.oliversacks.com

Sahn, Seung, *Compass of Zen*, recopilado por Hyongak and Seung Sahn, (Shambhala Publications, 1997); *Dropping Ashes on the Buddha*, editado por Stephen Mitchell, (Grove Press, 1994); www.kwanumzen.com

Salt, Henry S., *Life of Henry David Thoreau*, (University of Illinois Press, 1993)

Salzberg, Sharon, *Faith*, (Riverhead, 2002); *The Cabbage Sutra*, (Tricycle Newsletter). *A Heart as Wide as the World*, (Shambhala Publications, 1997); www.dharma.org

Sanders, Scott Russell, *Staying Put*, (Beacon Press, 1993)

Sarriugarte, Tracy D. and Ward, Peggy Rose, *Making Friends with Time*, (PBJ Publishing, 1999)

Segal, William, *Opening*, (Copyright © 1998. Con permiso de Continuum International Publishing Group Inc.)

Seng Ts'an, *Zen Chinese Heritage*, traducido por Andy Ferguson, (Wisdom Publications, 2000)

Sexton, Anne, *The Awful Rowing Toward God*, (Copyright © 1975 de Loring Conant, Jr., Executor of Estate of Anne Sexton. Con permiso de Houghton Mifflin Company and Sterling Lord Literistic, Inc. Todos los derechos reservados)

Shainberg, Lawrence, *Ambivalent Zen*, (Pantheon Books, 1995)

Shankar, Vijai S. Dr. – www.ksashram.org

Shapiro, Isaac, *The Teachers of One*, editado por Paula Marvelly, (Watkins Publishing, 2002); www.isaacshapiro.de

Shapiro, Rami M., *Meditation from the Heart of Judaism*, (Copyright © 1997 de Avram Davis. Con permiso de Jewish Lights Publishing, P.O. Box 237, Woodstock, VT 05091); www.jewishlights.com

Shen-ts'an, *Transmission of the Lamp: Early Masters*, recopilado por Tao Yan y traducido por Sohaku Ogata, (Weatherhill, Inc., Abril 1997)

Shi Tou, *Zen Chinese Heritage*, traducido por Andy Ferguson, (Wisdom Publications, 2000); *The Roaring Stream: A New Zen Reader*, editado por Nelson Foster y Jack Shoemaker, (Ecco Press, 1996)

Shiyu, *Meditating with Koans*, traducido por J.C. Cleary, (Asian Humanities Press, 1992); www.jainpub.com

Shoshanna, Brenda, *Zen Miracles*, (John Wiley and Sons, 2002); www.brendashoshanna.com

Shulman, Alix Kates, *Drinking the Rain*, (Copyright © 1995 de Alix Kate Shulman. Con permiso de Farrar, Straus & Giroux, LLC.); www.alixkshulman.com

Shulman, Jason, *The Master of Hiddenness*, (A Society of Souls, 1999), www.kabbalah.org

Simmons, Philip, *Learning to Fall*, (Copyright © 2002 de Philip Simmons. Con permiso de Bantam Books, una división de Random House, Inc.); www.philipsimmons.org

Smith, Huston, *The World's Religions*, (HarperCollins, 1991)

Stafford, William, *The Way It Is: New and Selected Poems*, (Copyright © 1991, 1993, 1998 de Estate of William Stafford. Con permiso de Graywolf Press.)

Steger, Manfred B. and Besserman, Perle, *Grassroots Zen*, (Copyright © 2001 de Manfred B. Steger and Perle Besserman. Con permiso de Charles E. Tuttle Co., Inc. of Boston, Massachusetts and Tokyo, Japan.)

Steindl-Rast, David and Lebell, Sharon, *Music of Silence*, (Seastone, 1998, 2002)

Stuart, Maurine, *Turning Wheel*, Primavera 1990.

Suzuki, D. T., *Zen Buddhism*, (Doubleday/Anchor, 1956)

Suzuki, Shunryu, *Crooked Cucumber*, de David Chadwick, (Broadway Books, 1999); *Not Always So*, (HarperCollins, 2002); www.sfzc.com

Ta Hui, *Swampland Flowers: The Letters and Lectures of Zen Master Ta Hui*, traducido por Christopher Cleary, (Copyright © 1977 de Christopher Cleary. Con permiso de Grove/Atlantic, Inc.)

Tarrant, John, *The Light Inside the Dark,* (HarperCollins, 1998); www.pacificzen.org

Thoreau, Henry David, *Thoreau on Man and Nature*, (Peter Pauper Press, 1960); *Walking*, (HarperSanFrancisco, 1994)

Thorp, Gary, *Sweeping Changes*, (Walker and Company, 2000)

Titmuss, Christopher, *The Awakened Life*, (Shambhala Publications, 2000); www.insightmeditation.org

Tolle, Eckhart, *The Power of Now*, (Copyright © 1999 de Eckhard Tolle. Con permiso de New World Library); www.newworldlibrary.com; www.eckharttolle.com

Trungpa, Chögyam, *Meditation in Action* (1991); *Cutting through Spiritual Materialism* (1973); *The Myth of Freedom* (2002), Shambhala Publications, Inc.; www.shambhala.org

Tsoknyi, Drubwang, *Carefree Dignity* (Copyright © 1998 de Tsoknyi Rinpoche, traducido por Erik Pema Kunsang y Marcia Binder Schmidt. Con permiso de Rangjung Yeshe Publications.); www.pundarika.org; www.rangjung.com

Tsu-hsin, *The Teachings of Zen*, editado por Thomas Cleary, (Barnes and Noble, 1998)

Tsun ba je gom, *Buddhism Without Beliefs* de Stephen Batchelor, (Riverhead, 1997); www.martinebatchelor.org/stephenbio.html

Un Curso de Milagros – *Gifts from a Course in Miracles*, editado por Frances Vaughn and Roger Walsh, (Tarcher-Putnam, 1995)

Urgyen, Tulku, *Rainbow Painting*; *As It Is, Volume I*, ambos traducidos por Erik Pema Kunsang, (Copyright © 1996, 1999 de Tulku

Urgyen Rinpoche. Con permiso de Rangjung Yeshe Publications); www.rangjung.com

Von Baeyer, Hans Christian, *Maxwell's Demon*, (Random House, 1999)

Wagoner, David, *Traveling Light*, (Copyright © 1999 de David Wagoner. Con permiso de University of Illinois Press y el autor.)

Walker, Alice, *The Color Purple*, (Pocket Edition, 1990)

Watts, Alan, «This Is It» from *The Way of Liberation*, (Vintage Books, 1973); www.alanwatts.com

Watzlawick, Paul, *How Real Is Real?* (Vintage Books, 1976)

Wei, Wei Wu, *Walking through the Mirage*; www.weiwuwei.8k.com

Welch, Lew, *Ring of Bone: Collected Poems 1950–1971*, (Copyright © 1973. Con permiso de Grey Fox Press.)

Whitman, Walt, *Leaves of Grass*, (The Modern Library, 2001)

Whyte, David, *Where Many Rivers Meet*, (Copyright © 2000 de David Whyte. Con permiso de Many Rivers Press.); www.davidwhyte.com

Wiederkehr, Macrina, *Seasons of the Heart: Prayers and Reflections*, (HarperCollins, 1991)

Wilber, Ken, *The Eye of Spirit; One Taste: The Journals of Ken Wilber; Grace and Grit*, (Copyright © 1998, 1999, 1993 de Ken Wilber. Con permiso de Shambhala Publications, Inc.); www.shambhala.com

Wren-Lewis, John, «The Dazzling Dark» de *What Is Enlightenment* revista y material de un próximo libro. Con permiso del autor.

Wright, James, «Today I Was Happy, So I Made this Poem» de *Above the River: The Complete Poems*. Copyright © 1963 de James Wright. Con permiso de Wesleyan University Press.

Wu-men – *The Enlightened Heart*, editado y traducido por Stephen Mitchell, (Copyright © 1993 de Stephen Mitchell. Con permiso de Harper Collins.)

Yerachmiel, Ben Yisrael Reb, *Open Secrets: The Letters of Reb Yerachmiel Ben Yisrael*, traducido y editado por Rami M.

Shapiro, (Human Kindness Foundation, 1996. Con permiso del autor.) www.shinzen.org

Young, Shinzen, – Con permiso del autor.

Yuanwu, *Zen Wisdom*, traducido por Thomas Freke, (Godsfeld Press, 1997); *Zen Letters: Zen Master Yuanwu*, traducido por J.C. Cleary y Thomas Cleary, (Shambhala Publications – 1994)

Yun-feng, *The Teachings of Zen*, traducido por Thomas Cleary, (Shambhala Publications, 1998)

Zaleski, Irma, *The Door of Joy*, (Copyright © 1998. Con permiso de *Parabola*, the Magazine of Myth and Tradition.)

Agradecimientos

Quiero dedicar este libro con todo mi agradecimiento a Tulku Urgyen quien me dio a conocer la naturaleza de la mente, y a Byron Katie quien, con el regalo de su indagación, me mostró una nueva forma de vivir una vida despertada a cada instante.

Deseo también mostrar mi especial agradecimiento a todos aquellos que han contribuido al nacimiento y evolución de este libro: mi agente Michael Katz; Edmund Mercado por su incansable trabajo de coordinación; mis generosos editores, Joel Héller, Victor Davich, Reed Moran y Carol Williams; y mis amigos que compartieron conmigo sus opiniones y me mostraron su apoyo: Raphael Cushnir, Susan Piver Browne, Stephen Mitchell, Kate Lila Wheeler, Dr. Joe Siegler, Craig Smith, Alan Gensho Florence, Loch Kelly, Terry Patten, Steven Sashen, Rande Brown, Bill McKeever, Amy Gross, Mark Matousek, Catherine Ingram, Lama Surya Das, James Shaheen, Bill Higgins y Sharon Salzberg. Gracias a mis amables colaboradores en Element: Belinda Budge, Jacqueline Burns, Carole Tonkinson, Steven Fischer, Greg Brandenburgh, Matthew Cory y Simon Gerratt.

Expreso mi reconocimiento y gratitud a mis mentores durante todos estos años: Tsoknyi Rinpoche, Mingyur Rinpoche, Khenpo Tsultrim Gyamtso, Nyoshul Khen Rinpoche, Patricia Sun, Helen Palmer, Jiyu Roshi y todos los sabios que, aun sin conocerlos personalmente, siempre me han inspirado.

Mi gratitud a todos los sabios amigos, enseñantes, maestros, escritores, autores, poetas y artistas, cuyas maravillosas visiones han dado color a estas páginas.

Expreso también mi agradecimiento a todos los editores y autores que permitido que sus textos sean incluidos: Shambhala Publications, Ranjung YESHE Publications (Eric & Marcia Schmidt), Wisdom Publications, Snow Lion Publications, Parallax Press, Religious Experience Research Centre, Coleman Barks, Open Gate Publishing,

Riverhead Books, Crown Publishing, Doubleday, Dr. Marshall B. Rosenberg, Gary Rosenthal, Stephen Mitchell, Plexus, Charles E. Tuttle Co., Parabola Magazine, Peter Fenner, New Directions, The Padmakara Translation Group, Quest Books, Bantam Books, Robert Bly, City Lights Books, The Krishnamurti Foundation Trust, Jewish Lights Publishing, Bell Tower, Peter Levitt, Little, Brown & Company, HarperCollins, New Directions Publishings, Renaissance Memes, Richard Moss, Lobsang Lhalungpa, Beacon Press, Dr. Charles Tart, Osho International Foundation, Toni Packer, Codhill Press, Penguin Putnam, Continuum International Publishing Group, Houghton Mifflin, Farrar, Strauss & Giroux, Graywolf Press, Grove/Atlantic, New World Library, University of Illinois Press, University of Hawai Press, Many Rivers Press, Grey Fox Press, John Wren-Lewis y Rabí Rami M. Shapiro.

Sobre el autor

Josh Baran ha sido sacerdote zen, colaborador de *Trycicle: the Buddhist Review*. Actualmente es asesor en estrategias de comunicación en Nueva York. Ha trabajado con Amnistía Internacional, Earth Day, Rock the Vote, The Pediatric AIDS Foundation, Universal Pictures, Warner Records y Microsoft. Durante muchos años se ha ocupado de las visitas del Dalai Lama a los Estados Unidos del Este, de sus relaciones con los medios de comunicación.

Cómo contactar con el autor:

Josh estará encantado de recibir por e-mail cualquier sugerencia de los lectores:

josh@nirvanaherenow.com

Además de vuestros comentarios e ideas, le encantaría recibir cualquier texto favorito que celebre esta sabiduría intemporal. Por favor, incluid el origen de dichas citas, sea cual sea el material que enviéis.

Podéis visitar también su página en internet:

www.nirvanaherenow.com

Índice

THE SCARECROW BOOK

THE SCARECROW BOOK

JAMES GIBLIN & DALE FERGUSON

CROWN PUBLISHERS, INC., NEW YORK

ACKNOWLEDGMENTS: We want to thank the following institutions and individuals who helped us track down facts and photographs for the book: the Orientalia Division, the Prints and Photographs Division, and the American Folklife Center of the Library of Congress; the National Agricultural Library, U. S. Department of Agriculture; the Library of the Museum of the American Indian, Heye Foundation; the New York Public Library and its Picture Collection; the Massachusetts Horticultural Society Library; the Old Sturbridge Village Library; the Chicago Museum of Science and Industry; the Museum of American Folk Art; Plimouth Plantation; the School of Food and Natural Resources and the Slavic Languages Department, University of Massachusetts; the Hadley Farm Museum; the Ely Farm Library; the Norfolk Rural Life Museum; Somerset House, Ltd.; the W. Atlee Burpee Company.

Paula J. Fleming, the National Museum of Natural History, Smithsonian Institution; Kathy Rose, the Photographic Collection, American Museum of Natural History; John Rousseau, Natureworks, Inc.; Crispin Gill, Editor, *The Countryman;* Don Yoder, Editor, *Pennsylvania Folklife;* Gerald E. Parsons, Archive of Folk Song, the Library of Congress; Jim Cope; Maishe Dickman; Ruthe M. Ferguson; Barbara Grosset; Richard B. Newton; Jeanne Prahl; and Sondra Radosh.

We especially want to thank Mr. Senji Kataoka of Tokyo, Japan, who sent us a beautiful selection from the more than three thousand photographs he has taken of Japanese scarecrows.   — THE AUTHORS

10 9 8 7 6 5 4 3 2 1

Frontispiece: Newlywed scarecrows, *Rachel Ritchie/Boston Globe*
Illustrations on pages 48–51 by Susan Detrich

The text of this book is set in 14 pt. Garamond Book.
The illustrations are black-and-white photographs.

Library of Congress Cataloging in Publication Data
Giblin, James.   The scarecrow book.   Summary: Discusses the many different types of scarecrows farmers in various parts of the world have used over the past 3000 years to protect their crops. 1. Scarecrows — Juvenile literature. [1. Scarecrows] I. Ferguson, Dale, joint author. II. Title. SB996.C6G53 1980   632'.68   80-13800
ISBN: 0-517-53862-8

For Ann and Kelley and Norma Jean
— J.G.

For my mother
— D.F

THE SCARECROW BOOK

The French called it "the terrifier."

The Zuni Indians named it "the watcher of the corn sprouts."

We call it a scarecrow.

When we think of a scarecrow, we usually think of a figure that looks like a man or a woman, standing in the middle of a field. But over the centuries, people have used many different kinds of scarecrows to protect their crops. Some were noisemakers that rattled and banged. Others were pieces of cloth that waved in the wind, or metal objects that shone in the sun. Some scarecrows were dead birds. Others were live men and boys.

Ever since people began to grow grain, crows and other birds have been a danger to the crops. An attack by a flock of

Japanese scarecrow
Senji Kataoka

hungry birds might mean that a farmer would lose so much corn or wheat that he and his family would starve during the long winter months. To prevent that from happening, farmers of long ago began to make scarecrows.

Scientists have not found any of those early scarecrows, but they know they existed because people drew or wrote about them, and their pictures and words have survived. From these we know that some ancient peoples believed scarecrows had special powers. The Greeks believed a scarecrow god protected their gardens, and they carved wooden statues of him. The Japanese believed scarecrows could see everything that was going on around them.

This book describes these and many other scarecrows that farmers in different parts of the world have used over the centuries.

Egyptian farmers scaring birds
away from a field
Wall painting from the tomb of Nakht.
Metropolitan Museum of Art,
photograph by Egyptian expedition

The oldest scarecrows we know of were made along the Nile River more than three thousand years ago. To protect their wheat fields from the flocks of quail that flew over them every autumn on their way south, Egyptian farmers built rectangular wooden frames, put them in the middle of the fields and covered them with fine nets. Then the farmers wound long white scarves around their own bodies and hid at the edge of the fields to wait for the quail.

As soon as the quail appeared, the farmers ran into the fields, waving their scarves and shouting. This frightened the quail so much that many of them landed on the nets, where their feet became caught in the fine mesh. The farmers stuffed the quail into sacks and took them home. Besides protecting the crops with these scarecrows, the farmers and their families had a fine quail dinner.

Figure of a young man resembling
Priapus, from ancient Italy
Cleveland Museum of Art,
Sundry Purchase Fund

The first scarecrows that looked like people were probably the wooden statues made by farmers in Greece more than twenty-five hundred years ago.

The Greeks believed that a god named Priapus helped them protect their wheat fields and the grapes in their vineyards, and they told many stories, or myths, about him. In one myth, he was the ugly son of a handsome god named Dionysus and a beautiful goddess named Aphrodite. Because Priapus was such a homely baby, his mother left him on a hillside to die. Fortunately he was discovered by some vineyard keepers, who took him home with them.

When Priapus was eight or nine, he often played in the vineyards. The keepers noticed that crows and other birds stayed away from the grapes when Priapus was there, and they decided that the birds were frightened by the boy's ugly face and twisted body. The keepers encouraged him to come to the vineyards every day, and at harvesttime they gathered in more grapes than ever before.

The news of how Priapus had protected the grapes soon spread all over Greece. Some farmers thought that statues that looked like Priapus might keep the birds away from their grapes and wheat, so they carved wooden statues of him, painted them purple and stood them in their fields. Sure enough, the birds stayed away, and in the fall the farmers harvested bigger crops than ever. As more and more Greek farmers carved statues of Priapus, he became known as the god of gardens.

We do not know how much of this myth is true, but we do know that Greek farmers carved statues of Priapus and used them as scarecrows. Usually a club was put in one of the statue's hands and a sickle in the other. The club made the statue look more dangerous, and the sickle was supposed to help ensure a good harvest.

At harvesttime there was a celebration, and Greek farmers put sheaves of newly cut grain and piles of grapes beside the statues of Priapus to thank him for protecting the crops.

The Romans copied many Greek customs, and they, too, carved figures of Priapus and put them in their fields.

When Roman armies occupied what is now France, Germany and England, they brought Roman customs with them, including a belief in Priapus. So wooden statues of him appeared in the fields and gardens of those countries, and farmers continued to use them even after the fall of the Roman Empire in A.D. 476.

At the same time the Greeks and Romans were using statues of Priapus to guard their crops, Japanese farmers were making other kinds of scarecrows to protect their fields of rice.

From the time the Japanese began to grow rice, almost twenty-five hundred years ago, every plant has been precious because only twenty percent of Japan's terrain is suitable for farming. To protect their crops, Japanese farmers often hung old rags and meat or fish bones from sticks placed in the middle of their fields. Then they set the sticks on fire. The burning rags and bones smelled so bad that birds and small animals stayed away.

The Japanese called this kind of scarecrow a *kakashi*, which means something that has a bad smell. At first the word was used only for scarecrows made of rags, bones and sticks. But later the Japanese started calling all scarecrows kakashis, whether they smelled bad or not.

There were several different kinds of kakashi in ancient Japan, but all of them were built on tall bamboo poles. Rice grows best in four to six inches of water, and during the three-month growing season the poles soaked up the water without rotting.

Some kakashis were bamboo sticks hung from wooden boards that were placed on slender poles in the fields. When the wind blew, the boards swayed and the bamboo sticks clattered together, scaring the crows and sparrows away.

Other kakashis were colored streamers of cloth or shiny pieces of metal and glass that were tied on ropes. Farmers strung the ropes from poles around the field. When the streamers blew in the wind and the glass or metal objects flashed in the sun, the birds stayed away from the rice plants.

Japanese farmers also made kakashis that looked like people. This kind of scarecrow had a wooden frame and was often stuffed with straw. It was dressed in typical Japanese farming clothes: a round straw hat that rose to a peak in the middle, and a raincoat made of reeds. A bow and arrow were often placed in its arms to make it look more threatening.

Like the Greeks, the Japanese thought that one of their gods helped to protect the crops. The god's name was Sohodo-no-kami, which means protector of the fields. The Japanese believed that the spirit of Sohodo-no-kami left his home in the mountains every spring, came down to their farms

Japanese scarecrow holding
a bow and arrow
Senji Kataoka

and entered the kakashis that looked like people. His spirit stayed in the kakashis all summer long, watching over the rice plants as they grew.

Because birds flew so close to the kakashis and sometimes landed on them, Japanese farmers thought the birds told their secrets to the god's spirit. "Though his legs do not walk, he knows everything under heaven," a Japanese farmer would often say of his scarecrow.

At the beginning of the harvest in late September, Japanese farmers offered freshly cut stalks of rice to the scarecrows. This was their way of thanking Sohodo-no-kami for protecting the crops.

After the harvest, in mid-October, the farmers believed that it was time for the spirit of Sohodo-no-kami to return to his home in the mountains. The farmers brought all the scarecrows in from the fields, put them in a great pile and surrounded the pile with special rice cakes for the god to eat on his journey home. Then they lit the scarecrows with a torch and burned them. This ceremony was called "the ascent of the scarecrow."

The following spring, Japanese farmers would make new kakashis for the spirit of Sohodo-no-kami to enter.

Japanese scarecrow dressed
in the traditional reed raincoat
Senji Kataoka

Like Japanese farmers, European farmers in the Middle Ages believed their scarecrows had special powers, and many superstitions grew up around them. In Italy, farmers placed the skulls of animals on the tops of tall poles in the fields. They thought the skulls would drive away both birds and diseases harmful to the crops.

In Germany, farmers made figures of witches out of wood and carried them out to the fields at the end of winter. The farmers believed the witches would draw the evil spirit of winter up into their bodies, so that spring could come. The witches also served as scarecrows and helped to keep crows away from the newly planted seeds of wheat and oats.

According to a very old German story, scarecrows were even used to frighten people. In the story a small German kingdom, threatened with attack by a powerful neighbor, gathered all the wooden scarecrows from miles around and lined them up on the field of battle. When the enemy saw the figures from a distance, they thought they were soldiers and, believing they were outnumbered, they fled. The people of the small kingdom celebrated their "victory," and then carried the scarecrows back to the fields.

While the scarecrows in Germany and some other European countries were made of wood, in medieval Britain scarecrows were boys of nine, ten and older.

These boys were called bird scarers or bird shooers, and they were usually the sons of peasants. The land the peasants farmed was owned by a lord or other landowner, and part of the peasants' crop had to be given to the landowner as payment for the use of the land. The peasants were allowed to keep the rest of the crop for themselves and their families to live on.

In the 1300s the boy bird scarers patrolled the wheat fields carrying bags of pebbles and small stones. When any crows or starlings appeared, the boys would run after them, waving their arms and throwing stones. As they ran they would sometimes shout, "Crow, crow, get out of my sight, or else I'll eat thy liver and light [lung]."

All summer long the bird scarers watched over the fields

from dawn to dark, in good weather and bad. To help pass the time, they made slingshots and had contests to see who could hit the most fence posts as well as birds.

Then in 1348 the Great Plague struck Britain. The disease killed almost half of the population. Landowners had to find other ways to protect their crops. Some surrounded their fields with piles of thorny brush to keep the birds from landing. Others stuffed a sack with straw, carved a face out of a turnip or a gourd and made a scarecrow that they stood against a pole. They hoped the scarecrow would make the birds think a boy was guarding the field.

On farms where there were still a few boys to act as bird scarers, each boy had to patrol three or four acres by himself. Some bird scarers were only seven years old, and a few were girls. These bird scarers did not carry bags of stones; instead they carried clappers made of two or three pieces of wood joined together at one end.

Wooden clappers used by British birdscarers
Norfolk Museums Service,
Great Britain (Rural Life Museum)

The clappers enabled the bird scarers to guard the fields more carefully and easily. A stone drove away only one or two birds at a time, but the loud noise of the clappers scared off entire flocks.

As a bird scarer walked through the fields and banged his clappers, he often sang this song:

Away, away, away, birds,
Take a little bit and come another day, birds.
Great birds, little birds, pigeons and crows,
I'll up with my clappers and down she goes!

The bird scarers built rough shelters of sticks and dirt to stay in when wind or rain swept through the fields. They brought their dinners with them in cloth bags, and sometimes sang this lullaby when they settled down for a meal or to rest:

Flee away, blackie cap, don't ye hurt my master's crop,
While I fill my tatie-trap [mouth], and lie me down to
*   take a nap.*

Many British boys and girls were proud of being bird scarers and spent their winter evenings carving new clappers for the next season's work.

Bird scarers continued to patrol British farms for hundreds of years. Then in the early 1800s new factories and mines opened up all over Britain and many of the bird scarers left to take better-paying jobs in them. They were replaced in British fields by human-looking scarecrows, just like the ones we see on farms today.

Indian tribes in North America in the 1600s and earlier depended on corn for food. The Pueblos, who lived in a dry region of the Southwest, said: "Without water, there is no corn. Without corn, we die."

To protect their crops, Indian tribes in all parts of North America used scarecrows of one kind or another. They also used bird scarers. But unlike the bird scarers in Britain, most of the Indian bird scarers were grown men.

In the area that is now Virginia and North Carolina, Indian bird scarers sat on raised wooden platforms at the side of the cornfields. Roofs of woven straw sheltered the men from the sun and the rain. When they saw a crow or a woodchuck approaching the corn, the men would howl or shout at it until it fled.

In Georgia, entire families of Creek Indians were selected by their chiefs to watch over the tribe's cornfields. When spring came, the families left their village and moved into huts built in the grassy spaces between the fields so they would be close to the growing corn. They lived there all summer and took turns protecting the crop from birds and other pests. After the corn was harvested in the fall, they moved back to the village for the winter.

The Seneca Indians, who lived in what is now New York State, soaked corn seeds in a poisonous herb mixture and scattered them over the fields. When a crow ate one of these poisoned seeds, it would become dizzy and fly crazily around the field, scaring away other birds.

In the American Southwest, the lands of the Zuni Indians were so crowded with crows that the Zunis invented many different kinds of scarecrows.

Zuni children in the late 1800s even had contests to see who could make the most unusual scarecrow. A white man who lived among the Zunis once saw an old woman scarecrow that the children had made. She had a basket on her back, and a rattle in her hand that was made from a dog's rib, a tin can and a stick. When the wind blew, the rattle clacked and clattered and scared away the crows.

The man also saw a male scarecrow with outstretched arms and long gray hair made from a horse's tail. The scarecrow's face was a piece of black rawhide, with a hole at the bottom for the mouth. A huge tongue made from a red rag hung loosely from the mouth and swung back and forth in the wind.

The Zunis called their human-looking scarecrows "the

watchers of the corn sprouts." But they didn't keep all the crows and ravens away, so the Zunis built another kind of scarecrow.

Cedar poles were placed about six or nine feet apart all over a cornfield. A bunch of thorny leaves was tied around the top of each pole so birds could not land there. Cords made from fibers of the yucca plant were then strung from pole to pole, forming a sort of giant clothesline that ran back and forth across the field. Tattered rags, pieces of dog and coyote skins and the shoulder blades of animals were hung from the lines. The sight of the rags waving in the wind and the sound of the bones clacking against each other kept most birds away.

But some birds were not stopped by either "the watchers of the corn sprouts" or the yucca lines, so the Zunis also set little rope nooses in the ground between the corn plants. Every day the Zunis gathered up the birds whose legs had been caught in these nooses and carried them home, where they were starved to death.

When a bird was dead, the Zunis sewed its body to a cross made out of two twigs. Then they hung it upside down, with its wings outstretched, from one of the yucca lines. The Zunis believed that the sight and smell of the dead crow would scare off other crows if nothing else did.

The Navajos, too, hung the bodies of dead crows on poles to frighten away other birds. And like many Indians in Virginia and North Carolina, some Navajo men acted as bird scarers. The Navajos also made scarecrows that looked like people, and sometimes they simply tied a bunch of rags to a stick, hoping that the birds would fly away when the rags waved in the wind.

One Navajo scarecrow seen by a traveler in the 1930s was completely original. It was a toy teddy bear fastened to the top of a pole! The old Navajo woman who made it claimed it did a very good job of protecting her crop.

Dead crow hanging
from a stick
Robert Doisneau/Rapho

In the 1600s, people from Europe began to settle in North America. Among the first settlers were the Pilgrims, who came from England and landed in Massachusetts in 1620.

The Pilgrims learned about Indian corn, a crop that they had never raised in England, from Squanto, a Pawtuxet Indian living in Massachusetts. Squanto showed the Pilgrims how to plant corn by putting two or three seeds in a small mound of earth and adding a dead herring for fertilizer. Then he made another mound of seeds and fish a foot or so away, and then another, until there was a row.

The Pilgrims often put extra seeds in the mounds. They thought this would ensure that at least some of the seeds would survive raids by hungry crows. As they planted the seeds, the Pilgrim farmers would often say:

One for the cutworm,
One for the crow,
One for the blackbird,
And three to grow.

To protect the corn as it grew, the Pilgrims stood guard in the fields like the bird scarers in their native England. Often all the members of a family, from the youngest to the oldest, would take turns guarding the field from morning till night.

Crows weren't the only creatures that threatened the crop. Wolves dug up the fish that were buried with the corn seeds at the beginning of the season. The biggest and strongest bird scarer in the family kept watch on spring nights when wolves were most likely to creep into the fields. If a wolf appeared, the bird scarer would yell or throw rocks and clubs at it. As a last resort, he might fire a gun, if he had one.

More and more people settled in America in the 1700s, and more land was cleared for farming. Larger fields were created, and a family could no longer afford to spend so much time guarding the crops. Even the children were needed for other jobs.

To replace bird scarers, some farmers made human-looking scarecrows stuffed with straw and put them in their fields. Like the scarecrows in Britain after the Plague, these were usually dressed in old clothes and had turnips or large gourds for their heads.

Other farmers tied strings hung with bright pieces of cloth around their fields, as did the farmers in ancient Japan. Still others covered corn seeds with tar so the birds couldn't reach the kernels inside. But when the sprouts broke through the coating, the birds often pulled them up and ate the seeds.

By the early 1700s many more American farmers had guns, which they sometimes fired in their fields to scare crows and other birds away. Some farmers believed that the mere smell of gunpowder would frighten the crows, so they sprinkled gunpowder on their fields. But usually it didn't work.

As the population of the American colonies grew, the people needed more and more grain. None of the methods farmers had used to protect their fields had been completely successful. Many farmers finally decided that the only way to keep crows away from their crops was to shoot them.

By 1750 towns all up and down the Atlantic coast offered

payments, called *bounties,* for dead crows. These bounties drew young boys, eager for target practice and pocket money, into the fields after school. The boys were a new and deadly kind of bird scarer. They brought in dead crows by the basketful.

In Massachusetts, a boy could earn a shilling — worth about what a dollar is worth now — for each crow he killed. In Pennsylvania, the bounty was three pence for each crow or each dozen blackbirds. Pennsylvania residents even sent a petition to the General Assembly in 1754, asking it to pass a law requiring each new settler in the state to kill at least twelve crows.

By the middle of the 1800s so many crows had been killed that birds were less of a threat. But this created an unexpected problem. Corn borers and other worms and insects, which the birds had once eaten, were now destroying more corn and wheat than the crows had. Scientists then urged farmers to stop killing the crows.

Throughout the country, town meetings were held in

which people argued for and against the killing of crows. Most farmers came to believe that if the crows really served a useful purpose, they should be allowed to live. After the meetings, many towns stopped offering bounty payments for dead crows and went back to using scarecrows.

Soon building a scarecrow became a spring ritual on many small American farms. In some places, neighboring families competed to see who could make the most colorful and unusual scarecrow. While the children gathered old clothing to dress it, the farmer and his wife made the frame.

Immigrants who came to the United States from Europe in the nineteeth century brought with them their own superstitions about crows and their own ideas of how to make scarecrows.

In Pennsylvania, many farmers from Germany, who were known as the Pennsylvania Dutch, thought that every kernel of seed corn should be passed through the hole in a beef bone before it was planted. These farmers believed this would keep the seeds from being eaten by birds.

When a Pennsylvania Dutch farmer planted his seed, he often dug three holes in a corner of the field. In the first hole

Nineteenth-century farmers harvesting wheat, with scarecrow in background
Engraving from "The Song of the Sower" by William Cullen Bryant

he put three kernels of corn for the birds, in the second three kernels for the worms and in the third three kernels for the bugs. He hoped that the birds, worms and bugs would eat the seeds he had planted for them and leave all the others he sowed alone.

Like the farmers in New England, Pennsylvania Dutch farmers believed that the smell of gunpowder would keep crows away from a field. They greased wooden shingles with fat and dusted them with gunpowder. Then they hung the shingles from strings tied to stakes and set the stakes among the rows of corn. When the wind blew, the shingles turned around on the strings and the smell of gunpowder spread all over the field.

The Pennsylvania Dutch also built a human-looking scarecrow, which they called *bootzamon,* or bogeyman. Like most other American scarecrows, the bootzamon's body was a wooden cross. Its head was made of a broom or mop top, or a cloth bundle stuffed with straw.

The bootzamon was usually dressed in a pair of old, torn overalls or trousers, a long-sleeved shirt or coat and a battered woolen or straw hat. Often a large red handkerchief was tied around its neck to cover the place where the head was fastened to the body.

Sometimes a second scarecrow was put at the opposite end of the field or garden. It was called *bootzafraw,* or bogeywife, and it was dressed in a woman's long dress or coat. A sunbonnet was often placed on its head.

Many Pennsylvania Dutch farmers believed that the bootzafraw kept the bootzamon company and helped him to protect the corn. They were also used to guard strawberry patches and cherry orchards.

A bootzamon or bootzafraw might even be found near a chicken coop. If a mother crow saw newly hatched chicks in a coop, she was likely to snatch one up and carry it back to her nest to feed her own young. Farmers believed a bootzamon or a bootzafraw would prevent this from happening.

In the twentieth century, scarecrows have been especially popular in bad times. During the Great Depression, in the 1930s, American farmers used scarecrows to protect their small fields of corn and wheat. Some hung dead crows from poles as the Zuni Indians did. Others tied pieces of white cloth to strings and strung them around their fields as the farmers of ancient Japan did.

In America and Europe after World War II, many small farms were combined to make larger ones. Farmers bought more tractors, harvesters and other kinds of mechanized equipment, and agriculture became a big business.

These postwar farmers had little faith in the old-fashioned scarecrow. In 1947 a British magazine asked more than a hundred farmers, "Do scarecrows scare birds?" Fewer than half replied yes.

In place of scarecrows, many farmers began to use poisonous chemicals like DDT to protect their crops. When

A scarecrow from North Carolina
in the 1930s
Dorothea Lange/Library of Congress

insects or birds ate something that had been covered with one of these chemicals, they died very quickly.

By the 1950s the use of such poisons in the United States was widespread. Farmers dipped seeds in chemicals before they planted them, and then as the crops grew they dusted or sprayed them with chemicals. On very large farms, planes flew low over the fields, spraying acre after acre of corn and wheat with DDT and other chemicals.

Then, in the early 1960s, scientists discovered that these chemicals didn't break down quickly enough into nonpoisonous substances. They feared that the chemicals might remain on the crops and ultimately poison the people who ate them.

By the late 1960s people began asking for foods that had been grown without agricultural chemicals. Many farmers stopped using them and sought other ways to protect their crops.

Some farmers, like their fathers and grandfathers, tied miles of strings hung with pie plates or tin cans around their fields. Others used whirligigs that spun in the air like small windmills and startled birds and animals.

In Britain, a fireworks company invented an "automatic crop protector." This was a metal box with three arms that was placed on top of a pole. Connected to the box was a rope containing caps that exploded every forty-five minutes. Whenever one of the caps exploded, the three metal arms flapped up and down, making a loud clatter. The noise and flash of the explosion, followed by the clash of the metal arms, was guaranteed to scare away animals and birds. It also scared any people who happened to be passing by.

In some areas, small planes that had once sprayed chemicals on crops were equipped with noisemaking machines. They flew over large cornfields and drove away crows and other birds. The only problem with this bird-scaring device was that the noise sometimes made birds fly down into the corn rather than away from it.

(Left) British fireworks scarecrow
Illustrated London News
(Below) Modern scarecrow made
of metal reflectors
Natureworks, Inc.

On other farms, huge funnel-shaped light traps were used to protect the crops. At night the strong spotlights behind the funnels were turned on. Birds blinded by the lights flew down into the funnels and were trapped in cages at the bottom. The farmers let most of the birds go free, but killed the crows and other birds that threatened their crops.

One farmer in New England trapped about twenty crows by chasing them into a corner of the field where he had spread some seed in a burlap net. He made a tape recording of their cawing and then let the birds go. The next day he put the tape recorder out in his cornfield and turned it up to full volume. The sounds of the terrified crows kept other birds away better than anything else the farmer had ever tried!

Farmers and gardeners still use human-looking scarecrows today. There are even ready-made ones for sale. A large seed company offers an inflatable vinyl model that flaps its arms and legs in the wind.

Inflated scarecrow made of vinyl
W. Atlee Burpee Co.

Most people who use scarecrows prefer to make their own, though. Homemade scarecrows can be found on small country farms, in suburban vegetable gardens and in city community gardens. One city gardener, when asked if scarecrows scared birds, said he wasn't sure if they did or not. But he knew that at night thirty or so scarecrows on an acre of land did a good job of keeping thieves out of the garden.

Human-looking scarecrows guard fields and gardens in Britain, France, China and Japan, as well as the United States. Many are stuffed with straw and wear worn-out clothes like the scarecrows of long ago. But others are dressed in blue jeans instead of wool trousers, have heads made of plastic bottles, and wear wigs instead of sunbonnets.

Live bird scarers are also used today. In India and some Arab countries, old men sit in chairs at the edge of the fields and throw stones at attacking birds. And in the spring of 1979

Modern Japanese scarecrow
Senji Kataoka

British scientists at a plant-breeding institute advertised for a bird scarer after other devices had failed to keep birds away from their experimental crops.

The job paid the equivalent of $2.40 an hour and the bird scarer had to start work at 4:00 A.M. From then until nightfall he would walk up and down through the ten-acre cornfield and wave his arms to scare away the crows and rooks that were eating the seeds.

The job would last for about three weeks, until the corn plants were too big for the birds to pull up. Then the bird scarer wouldn't be needed again until late summer, when the corn ripened. At that time the birds would return, and once more the bird scarer would have to drive them away.

As long as birds are a threat to their crops, farmers all over the world will continue to use scarecrows of one kind or another, just as they have for the past three thousand years.

A Scarecrow for Your Garden

The directions that follow tell you how to build a small scarecrow, about 5 feet tall, suitable for low-growing vegetables such as lettuce and radishes. It will probably be easier to make if an older brother or sister, or your father or mother, helps you.

YOU WILL NEED:

- A 1-inch-by-3-inch wooden board, 6 feet long. This will be the spine of your scarecrow. Try to have it sawed to a point at one end by the lumber dealer.

- Another 1-inch-by-3-inch board, 2 feet long. This will be your scarecrow's arms.

- A hammer and some 1½-inch nails.

- Whatever clothes you choose — worn-out jeans and a flannel shirt, or an old skirt and a blouse.

- Two or three pieces of string or yarn, long enough to wrap around the scarecrow's waist and neck.

- An old white pillowcase.

- A bundle of straw, a small pile of dry leaves, a package of cotton or synthetic batting or a bunch of rags.

- Colored pencils, wax crayons or waterproof paints.

- A shovel.

- Some pebbles or small stones.

- Whatever finishing touches you choose — a hat, a shawl, a baseball cap.

DIRECTIONS:

1. Gather all the materials you'll need and bring them to a place where you will not damage the floor, and where you'll have enough room to lay your scarecrow out flat. Put old newspapers on the floor.

2. Put the shorter piece of wood across the 6-foot piece of wood in the form of a cross. Center the shorter piece about 12 inches from the top of the longer piece, and nail the two pieces together with three or four nails.

3. If you're dressing your scarecrow in pants, put one leg of the pants over the bottom of the longer piece of wood and pull up the pants – the other leg will hang free. Or you can stuff both legs with straw. If you're dressing the scarecrow in a skirt, put the skirt around the longer piece of wood and pull it up. Don't pull either the pants or the skirt all the way up to the piece of wood that will be the

scarecrow's arms. You'll want to leave room for the shirt or blouse.

4. Put a shirt or blouse over the scarecrow's arms, and tuck it into the pants or skirt. If the shirt has buttons, button them up. Then tie the waist securely with a piece of yarn or string.

5. Stuff the pillowcase with the straw, leaves, batting or rags. This will be your scarecrow's head. Give it a round shape, and then flatten one side. This side will be your scarecrow's face.

   Slip the open end of the pillowcase over the top of the scarecrow's "spine" — the long piece of wood — and tie it in place securely with string. Be sure to keep the flatter side of the head facing you.

6. With the pencils, crayons or paints, draw in the eyes, nose and mouth of your scarecrow's face, using as few lines as possible. The simpler the facial features are, the farther away you'll be able to see them.

7. When the face is dry, your scarecrow will be ready for the garden. After you've chosen the right spot and the scarecrow has been carried out to it, dig a narrow hole about 9 inches deep. Put the scarecrow in place, and pack the hole

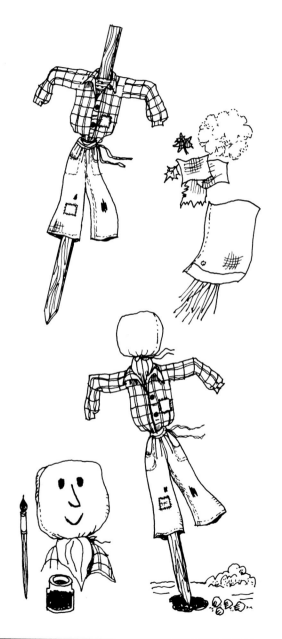

with dirt and stones so that the scarecrow will stand straight. If you can, have someone help you by holding the scarecrow in place while you fill in the hole.

8. Now you can add some finishing touches to your scarecrow's costume. You may want to put an old baseball cap or stocking cap on its head, or a broad-brimmed cowboy hat. Or you may decide your scarecrow would look nice in a wig or a brightly colored bandanna or a black hat with a veil.

   At the end of each arm you can hang tinfoil pie plates that will shine in the sun and clatter in the wind. Or maybe you'd like to pin a pair of mittens or old gardening gloves to the ends of the sleeves to make hands for your scarecrow.

9. It's a good idea to check up on your scarecrow during the summer, especially after a storm. If it's wobbly, you may have to pack more dirt and rocks around it to make sure that it remains standing.

10. When the summer is over and your crop is harvested, carry your scarecrow inside the garage or barn. Next summer, you can dress the frame in fresh clothes and make a new head and face for it.

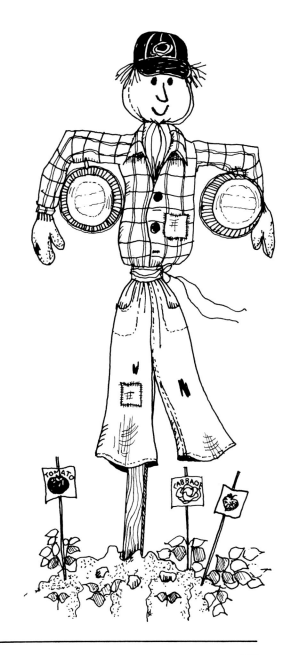

Bibliography

Baker, Margaret. *Folklore and Customs of Rural England.* London: David and Charles Ltd., 1974.

Crevecoeur, Michel Guillaume St. Jean de. *Sketches of Eighteenth-Century America.* New Haven: Yale University Press, 1925.

Cushing, Frank Hamilton. *Zuni Breadstuff.* New York: Museum of the American Indian, Heye Foundation, 1920.

Doisneau, Robert. *Epouvantables Epouvantails.* Paris: Editions Hors Mesure, 1965.

Encyclopedia of Superstitions, Folklore and the Occult Sciences of the World. Chicago: Yewdale and Sons, 1903.

Fried, Fred and Mary. *America's Forgotten Folk Arts.* New York: Pantheon, 1978.

Gras, Norman Scott Brien. *A History of Agriculture in Europe and America.* New York: F. S. Crofts, 1940.

Graves, Robert. *The Greek Myths.* Vol. 1. New York: Penguin Books, 1960.

Hand, Wayland, D., ed. *Popular Beliefs and Superstitions from North Carolina.* Durham: Duke University Press, 1964.

Hawkins, Benjamin. *A Sketch of the Creek Country.* Atlanta: Georgia Historical Society, 1848.

Herbert, Jean. *Shinto at the Fountainhead of Japan.* New York: Stein and Day, 1967.

Hill, Willard Williams. *The Agricultural and Hunting Methods of the Navajo Indians.* New Haven: Yale University Press, 1938.

Howe, George and Harrer, G. A. *A Handbook of Classical Mythology.* New York: Gale Research, 1970.

Joya, Moku. *Things Japanese.* Tokyo: Tokyo News Service Ltd., 1960.

Long, Amos, Jr. "Dutch Country Scarecrows," in *Pennsylvania Folklife,* Fall 1961.

Mangelsdorf, Paul Christoph, and Reeves, R. G. *The Origin of Indian Corn and Its Relatives.* College Station: Agricultural and Mechanical College of Texas, 1939.

Montet, Pierre. *Everyday Life in Egypt in the Days of Rameses the Great.* Translated by A. R. Maxwell-Hyslop and Margaret S. Drower. New York: St. Martin's Press, 1958.

Parker, Arthur Caswell. *Iroquois Uses of Maize and Other Food Plants.* Albany: University of the State of New York, 1910.

Rutman, Darrett Bruce. *Husbandmen of Plymouth: Farms and Villages in the Old Colony 1620-1692.* Boston: Beacon Press, 1967.

Index